近世王権論と「正名」の転回史

大川　真著

御茶の水書房

訂正とお詫び

本著ｐ２２の注（１４）において重大な誤りがありました。ご迷惑をお掛け致しました関係各位に謹んでお詫び申し上げるとともに、下記の通り訂正致します。

筆者

【誤】

ｐ２２　注（１４）池内敏氏は　↓

前掲書　↓

【正】

紙屋敦之氏は

『大君外交と東アジア』（吉川弘文館、一九九七年）

近世王権論と「正名」の転回史　目次

目　次

序論　研究史と本書の立場 3
はじめに――「二人の君主」という問題―― 3
一、近世の王権をめぐって 7
二、本書の立場 16

第一部　新井白石の政治思想史的研究

はじめに――新井白石研究史の整理―― 32

第一章　新井白石の鬼神論再考 45
はじめに 45
一、鬼神を「しる」 48
二、生霊及び厲鬼への対処 52

三、キリシタンの厲鬼と将軍継嗣問題　58
おわりに　62

第二章　新井白石の王権論　75

1、新井白石の国家構想——国王復号・武家勲階制の検討を通じて——　75
はじめに　75
一、国王復号説について　80
二、武家勲階制について　91
おわりに　95

2、文武論をてがかりとした近世王権論研究　104
はじめに　104
一、熊沢蕃山の王権論　107
二、山県大弐の王権論　115

三、新井白石の王権論　118
おわりに　125
第三章　伊兵衛殺人事件考──新井白石の君臣観──　133
はじめに　133
一、伊兵衛事件に対する白石の見解　136
二、父子天合・君臣義合観　141
三、忠孝一致論との論理的相違　145
おわりに　150

第二部　「正名」の転回史──近世後期思想史をめぐって──

第一章　叫ばれる「正名」──統一的国家イデオロギーの成立──　165

はじめに――叫ばれる「正名」という思想空間 165
一、正名論・名分論・尊王論の予備的考察 168
二、荻生徂徠と新井白石の「称謂」・「正名」 170
三、中井竹山の正名論 173
四、菱川秦嶺の批判 180
「叫ばれる正名」における藤田幽谷『正名論』の位置――おわりにかえて―― 185

第二章　後期水戸学における思想的転回 199
――会沢正志斎の思想を中心に――
はじめに――「正名」の転回―― 199
一、「自然」――言語的作為の否定として―― 204
二、「心」――活物的人心観―― 209
おわりに 215

第三章　頼山陽における政治なるもの 225
はじめに 225

一、封建・郡県論の予備的考察 227
二、政権の維持運営術 231
三、名実乖離論 237
おわりに――十九世紀的思潮との関連から―― 242

結論

結論 253
あとがき 263
初出一覧 267
文献リスト 269
索引（人名・事項）（巻末）

近世王権論と「正名」の転回史

序論　研究史と本書の立場

はじめに――「二人の君主」という問題――

政治的君主と身分的君主が共存するという政体構造をどう理解すればよいのか。現在でも、日本の歴史・文化の最大の謎である。

鎌倉期以降、政治的実権を武家の棟梁である将軍が握り、天皇は政治権力をほとんど喪失したが、その地位は保たれることとなった。以後その状態は、明治天皇制国家が成立するまで、およそ七〇〇年にわたり維持されることになる。この政体構造は諸外国の歴史に見られない日本独自のものである。そもそも「天皇」「将軍」「幕府」という名称は歴史的に一貫して用いられたことはなく、この名称が定着するのは近代に入ってからである。それ以前では、天皇は「禁裡」、将軍は「公方」、幕府は「公儀」などと一般的に呼ばれていた[1]。付言すると、東アジア外交文書においては、国家元首に付せられる「天子」号や「皇帝」号は、天皇と将軍のどちらにも用いられなかった。漢代以降の中国の君主は、儒教の天命思想に由来する「天子」号と政治支配の頂点に立つ「皇帝」号の二つの称号を持っていたが[2]、天皇と将軍のどちらか一方だけを唯一の君主として見なせないような特異な政治体制にあることを、当時の政治家・知識人は認識していた[3]。たとえば東アジア外交の公式文書では、天皇は「天皇」、将軍は「大君」（または「国王」）

という称号であった。さらに言えば、朝鮮通信使の日記では、将軍は、公家の最高位である「関白」として表現されることも多かった。[4]しかし日本の将軍は、普通の「関白」ではないことは朝鮮通信使もよく承知をしていた。天和通信使（天和二年・一六八二年来日）正使尹趾完は粛宗に、「関白は帝位を摂ると雖も、職品は則ち従一位、しかして即今執政者たる者は、これ従四位なり。関白、その権勢の重を以て、王事を行ふ、しかして爵はこれ人臣……」（『粛宗実録』巻一三）[5]と報告している。

天皇と将軍はどちらも唯一の君主ではなく、両者は言わば共存体制にあったのだが、問題は、両者の関係をどう理解するかという点にある。その際に分かりやすい説明の仕方は、前者を「権威」的存在、それに対して後者を「権力」的存在というものである。戦後は天皇制国家に対する嫌悪感から天皇無力論が学界の主流であったが、国家論の隆盛、家永三郎の教科書裁判などの契機を経て、七〇年代頃から、天皇・朝廷は、国家のなかで重要な役割を担い、「法」の源泉的地位や宗教的カリスマを保つ「権威」的な存在として考えられるようになった。

天皇＝権威、将軍＝権力という図式を前提とし、前近代の国家運営は権威と権力の補完によって成り立っていたとする説明は分かりやすい。前述の通りこのような見方は七〇年代頃から広まったのであるが、実は福澤諭吉が『文明論之概略』（明治八年・一八七五年刊）に早くも示している。また法制史家石井良助のように、政治的埒外に置かれた武家政権成立以降の天皇の在り方こそが真の姿であるとする「天皇不親政の伝統」論も、この図式に似た考えである。[6]この図式の淵源をより遡れば、ケンペル『日本誌』（英語版一七二七年、ドイツ語版一七七七年〜七九年）[7]にある天皇を「宗教的皇帝」（die geistlichen Erbkssiser）、将軍を「世俗的皇帝」（die weltlichen Erbkssiser）とする見方にあるかもしれない。

しかし近年ではこの図式に疑問符を投げかける研究が多く提示されるようになった。東照宮信仰に見られるように、江戸期の徳川将軍にも独自の宗教的権威があり[8]、また様々な象徴儀礼によって支えられた「御威光」による将軍の支配は十分に権威的であった[9]。また天皇は日本の君主の「役」を担ったとする見解もあるが[10]、鳴物停止という服喪儀礼の日数では、天皇の死去より将軍のそれの方がはるかに多い日数となっている[11]。以上のことから考えれば、どちらが権威的であるか権力的であるか、君主であるか臣下かという二者択一的な問いはほとんど意味をなさない。天皇と将軍との二重王権とする山本博文氏[12]や、公武結合王権論を提唱する堀新氏[13]に賛同する立場を私は取っている。一八世紀後期の有職家である大塚蒼梧（大塚嘉樹、橘嘉樹。一七三一年～一八〇三年）は『慶長公家諸法度註釈』（写本中、最も古い奥付は寛政七年・一七九五年）、「禁中並公家諸法度」第一四条の「国王」を天皇、将軍の両者とする解釈を示している[14]。ちなみに天皇と将軍との関係が、君主と臣下として明確に提示されたのは一八世紀末の大政委任論成立以降である。

天皇＝権威、将軍＝権力とする見方はもはや現在の研究では通用しないが、しかしこの見方から引き継ぐべき大きな問題がある。それは、「政治的に全国を統一した政権が、なぜ政治権力を喪失した天皇を必要とするのか」という問題である。これは政治学者丸山眞男が「政事の構造」論[15]で鋭く剔った問題でもある。丸山は、政治の決定権（Decision-making）が天皇→太政官→摂関→武家へと下降して移るも、国家の正統性（Legitimacy）は変わらずに天皇に残ってきたという日本独自の政治構造をクリアーに描き、それによって独裁政権の不在というプラス面と無責任の体系というマイナス面が生まれたと結ぶ。決定権と正当性の乖離から生まれた「無責任の体系」は、天皇と為政者の問題に留まらず、不祥事を起こす官僚や政治家、民間企業に至るまで、現代でも文字通り「病」として蔓延している。天皇制の問題は天皇それ自身の問題ではなく、政治実権を掌握した当時の政権との関係で考えなければならない問題である。「二人の君主」を「権威と権力」という便利なシェーマを使用せずに、当時の人々の認識にあたうる限り即して分析を進めていく必要がある。

かかる問題を設定した際に、最も注目される思想家の一人が近世中期の政治家でもある新井白石である。新井白石の主導により行われた政治改革（「正徳」の治）では、「日本国王」号の復号や閑院宮家創設など、「二人の君主」の在り方に関わる重大な施策が実行されているからである。新井白石が「二人の君主」を戴く日本の政治構造をどのように理解し、また一連の政策によって整理・再定義しようとしたのか、現代の眼差しを投影することなく、あくまで彼の認識にしたがって詳細に考察する必要があろう。本書の第一部は新井白石の思想論である。白石研究史の検討や思想の全体像の把握につとめながら、白石の王権論を分析の中心に据えた。

そして白石の研究を進めるにつれて、彼を批判した近世後期の尊王（皇）論者である藤田幽谷が、白石が思想原理とした「正名」という論理を、彼も思想命題の中心に置いているという大きな謎に突き当たった。後に詳述することになるが、『論語』を出典とする「正名」とは、白石と幽谷においては、自らの理想とする国家像を提示するために、実効的政治支配の頂点に立つ「将軍」の称号を正すことに特化した議論を指す。そして将軍号の「正名」には、もう一人の君主である「天皇」との関係をどのように捉えるのかという問題が含意される。「佐幕」と「尊王（皇）」という一見真逆に思える立ち位置にある二者が、なぜ同じ「正名」という思想原理に立脚しているのか。さらに同じ思想原理に基づきつつも、なぜ白石は将軍を「国王」号へと、幽谷は「摂政」号へとそれぞれ正名することを主張し、両者の提示する国家像に大きな相違が生じるのか。これらの問いに答えるためには、「佐幕」か「尊王（皇）」かという二項対立的で表層的なレッテルを完全に破棄していき、それぞれの思想の内奥に歩を進めていく必要がある。その際には、同じ「正名」を用いつつも、それぞれの思想家において全く違う内容が示されていることが予想される。白石が活躍した一八世紀初期の思想と幽谷らが活躍する後期の思想の間に、大きな地殻変動が見られるのではなかろうか。

本書のタイトルを「近世王権論と「正名」の転回史」とし、とりわけ「正名」という一般に馴染みのない言葉を用いたのもかかる問題提起と視点に基づくからである。

本書は、日本近世思想史研究史上において、正当に位置づけられることのなかった中期の政治家・思想家新井白石の思想を、政治思想面、とりわけ正名思想に着目して捉え直すとともに、後期の名分論・尊王（皇）論が、白石の正名思想を批判対象としそれを反定立させることによって、昂揚していったことを、立体的・構造的に解明していくことになる。また本書の試みは、丸山眞男以来の古学派―国学を基軸とする近世思想史像とは一線を画して、新たな視角から近世中後期思想史を捉え直すとともに、近世から近代への激動期において、近代天皇制国家がどのようなイデオロギーの醸成によって成立したのかという問いへささやかな解答を提示しようとするものである。

一、近世の王権をめぐって

（一）近世史からの研究

はじめに本書で使用する「王権」につき大まかに以下のように定義したい。

「国家を構成する身分階層の多くから、「正統」な支配として認識される君主とその身分集団や支配体制機構。」

重要なのは「正統」の内実である。「正統」をどのように捉えるのかによって、政体構造と頂点に立つ君主の位置づけも変化する。その詳細な検討は後ほど行うこととして、まず天皇と朝廷、将軍と幕府をめぐる近世史からの研究を概観する。

戦後から七〇年代前半までは、天皇制に対する強烈な批判意識を伴って、いわゆる天皇無力論が支配的であった。朝鮮通信使が将軍の代替わりに慶賀に来ても、天皇の即位には来なかった外交慣行に注目し、将軍が統治者であると論じた羽仁五郎[16]や、近世の天皇は名目的な存在であり、幕藩権力を荘厳化させることに存在意義があり、幕末の公武合体論も将軍側の翼賛イデオロギーであると述べた服部之総[17]ら、講座派の見解に代表される見解である。その他、この時期の北島正元[18]、佐々木潤之介[19]らも天皇無力論の立場に立っている。この潮流のなかにおいて、政治的に無力であるという事実を価値的に顛倒させたのが、石井良助である。石井は、近世のように親政しなかった天皇の在り方こそが、「自然」「本来の姿」であり、天皇が親政したのは上代と近代のごく一部で、それは外国法を国制の基礎としてしまった「作為的」なものであると論じた[20]。石井の論はいわゆる天皇不親政論としてその後の識者に影響を与えることとなる。なお一九五〇年の歴史学研究会大会において、石母田正が、天皇は一封建諸侯に転じながらも、政治的・精神的権威として存在したために、封建的アナーキー克服の際に拠り所となったと発言したことは、国家論的枠組みの中で天皇の役割を解明するその後の研究史の流れを先取ったと言えるが、この時期では石母田発言の意義はあまり共有されなかった。

七〇年代中頃以降になると、家永教科書裁判を契機に、日本史研究者全般に、「君主」としての天皇の内実を改めて再考する気運が高まり[21]、さらに国家論の隆盛も乗じて、天皇は日本近世国家のなかで重要な役割を果たしたとする見方が主流となる。原昭午氏は、幕末の世直し一揆などを例にあげ、天皇が村落共同体の世界観において政治的・宗教的権威として存在していたと述べた[22]。朝尾直弘氏、宮地正人氏、深谷克己氏ら、この分野を代表する研究者が華々しい活躍を見せるのも、この時期からである。朝尾氏は、織田・豊臣・徳川政権と天皇家との政治的関係を分析し、武家政権が封建的主従関係と律令制国制との統合に成功し、天皇は幕藩制国家（「幕藩制国家」は後に「公儀」という用語に替わり、国家論の射程は拡大した）のなかに、「固有の統治文化、および習俗を体現する象徴的権威」として位置づけられたと論じた。[23]宮地氏は、天皇制を「法」としての体系から捉え、武家、神職、僧ら諸身分階層への官位叙任の機能に天皇が果たした役割を論じた。[24]深谷氏は、公武和融が近世国家の基本形態と規定し、武家官位制などの考察を通じ、天皇が公儀にとって「金冠」部分として機能したと論じた。[25]一九七〇年代の後半から、家職構造の分析を通じ、諸宗教者や諸芸能者の身分編成に果たした公家の役割を解明した高埜利彦氏の研究、[26]八〇年代に入ると、独自の「兵営国家論」[27]を前提にして、宗教的権威の無い武家は国土支配のために天皇の祭祀王的権威を必要としたとする高木昭作氏の研究、[28]宮地氏と同じく「法」の体系から天皇制を捉えつつ、近世国家において天皇に最も要請された機能は武家官位制の授与権であったと論じた水林彪氏の研究がある。[29]また十八世紀後半（寛政期）から権威上昇のために画策した朝廷側、大政委任論を根拠として公家への抑制と政権の権威強化を図った幕府側の双方の動きを、政治史的立場からダイナミックに描いた藤田覚氏の研究[30]がある。

九〇年代以降から現在に至る研究は、朝尾、宮地、深谷らの諸氏で示された方向性をより実証する形で進められた。改元の問題を通じ、幕府が関与した朝廷運営の実態を解明した久保貴子氏の研究、[31]天皇―武家伝奏の機構の詳細な解明を行った藤井讓治氏の研究、[32]公家社会の詳細な解明を行った橋本政宣氏の研究[33]がある。

以上、概括すると、七〇年代を境に、従来の天皇無力論から、天皇が近世国家（公儀）に果たした役割・意義に注目するようになり、[34]朝尾、宮地、深谷、高埜氏らの研究を発展継承する形で、朝幕間の具体的な政治動向、機構、家職制、官位制、身分制など具体的な事例に沿った実証解明が進んできた。思想史研究者である私は、これらの日本史からの豊饒な研究蓄積に敬意を表しつつ、思想史研究からの積極的な問題提起を行っていきたい。

その問題提起とは天皇の持つ「権威」という言葉である。前掲の高木氏は、従来の研究がその内実が検討されてこないにもかかわらず天皇の「権威」という言葉を使用してきたと指摘した[35]。また幕府による対朝廷政策の実態解明を行っている野村玄氏は、天皇・朝廷を「権威」的存在とする見方がステレオタイプ化し、抽象性が高い分析用語であるが故に、研究者の手を離れて一人歩きしてしまっていると警告を発している[36]。「権力」が物理的暴力を最終手段とする強制力を指すのに対し、「権威」は（a）精神的影響力、（b）制度的・法的威力に基づく強制力を指す[37]。天皇の「権威」が一人歩きしてしまった原因は、日本史からの研究が、「権威」の（b）面、すなわち法体系、機構、家職制度、政治動向などの実証解明に重きを置き、「権威」の持つもう一つの面である（a）すなわち主観性・精神性の問題――個人の内面・集団の論理――を十分に検討してこなかったという一点に存する。この面での研究は思想史研究が本領とするところであるが、たとえば前掲久保氏の研究史整理で挙げられている思想史側の研究は、宮沢誠一氏の研究のみであり[38]、野村氏の研究にも思想史研究者側の議論は十分に取り入れられていない[39]。（b）の側からの研究を充実させるためには（a）の側からの問題提起的な議論を、（a）の側からの研究を進展させるためには（b）の側からの実証的な研究成果を、それぞれ取り入れた上で活溌に相互交流していくべきであろう。

もう一つの近世天皇制研究の問題点として、研究対象が制度・機構面などに細分化される形で進められてきたことによって、近世国家における「将軍」と「天皇」とがどのように関連づけられるかという大きな議論が見られなくなってきているという弊害が挙げられる。言い換えれば個別実証的な研究の蓄積が豊かにあるのに対し、それを統合化する志向があまり見られないということである。近世国家の全体像の喪失とも言えようか。「将軍」と「天皇」との関連性は、国家の支配イデオロギーから論じられる問題であるが、現在の研究ではそのような志向性は見られない。

日本史の研究史を概観し以上の二点の問題を指摘したが、実はこの問題は思想史研究者側に根本的な原因があると私は考える。

（二）近世思想史研究の問題点──近世天皇論の不在──

戦後の近世儒学思想史研究は、丸山眞男の『日本政治思想史研究』（東京大学出版会、一九五二年。以下『研究』と略記）に対する修正や批判を中心に進められてきた。丸山は、近世日本社会を封建社会と規定する。その封建的支配構造に適合した教学が朱子学であり、朱子学における自然法的秩序観が伊藤仁斎・荻生徂徠らの古学派、本居宣長などの国学を経て、突き崩され、近代へと進むという図式を提示した。『研究』は、丸山氏自身が述べているように、「近代の超克」が叫ばれていた執筆当時にあって、成熟した近代的政治思想（道徳から分離された作為的制度観）が既に近世において準備されていたことを主張したものである。斯かる問題史的に構成された『研究』は、日本近世社会・国家観及び朱子学観の実態解明において不備を残すこととなる。その不備を鋭く指摘したのが、尾藤正英氏の『日本封建思想史研究──幕藩体制の原理と朱子学的思惟──』（青木書店、一九六一年。以下『封建思想史研究』と略記）である。尾藤氏は、幕藩制社会を、家産制支配論理に基づく中央集権的国家として規定する。そして、制度、思惟様式の点から、封建的思惟である中国朱子学が家産制国家である近世日本の支配イデオロギーたり得なかったことを解明し、朱子学が近世日本社会・国家に不適合であったとする見解を提示した。

『研究』と『封建思想史研究』がその後の研究者に与えた影響は大きく、『研究』第二章で見られる「主体性」論を高く評価し、徂徠学を「主体的人格による秩序の創出」という面で捉え直した平石直昭氏の研究[40]、様々な「場」において朱子学の不適合性を実証した渡辺浩氏の研究[41]、諸思想が徳川政権のイデオロギーとして機能する過程やその生成における虚偽意識を解明したH・オームス氏の研究[42]、近世日本社会に適合したのは朱子学ではなく兵学であったとする前田勉氏の研究[43]、近世日本思想におけるシンクレティズムやアマルガムの意味を論じた黒住真氏の研究[44]などに多大な影響を与えた。

『研究』・『封建思想史研究』の包括的な検討はおき、ここで先ほど述べた日本史研究との連関から二冊の問題を述べる。丸山も尾藤氏も鋭く天皇制支配に対決しようとした研究者であるが、この二冊は、近世天皇論を不在にしたまで論述されているのである。『研究』で描かれた近世国家像が天皇の存在を欠いた武家政権一元主義に基づいており、『研究』では天皇論を論じることはできなかったために、のちに『現代政治の思想と行動』(上)(下)[45]において天皇制と直接対決するわけであるが、そこでも対象とされるのは軍事国家としての近代天皇制国家であり、丸山は日本政治の二元支配(diarchy)構造をどう位置づけるかという考察を発展できなかったと黒住真氏は指摘している[46]。一方で丸山の徹底した批判者であった尾藤氏の『封建思想史研究』においても、朱子学＝体制的(近世的)―古学＝反体制的(近代的)という『研究』の構図への批判に躍起になって、近世天皇論の不在(換言すれば、丸山の一元的な近世国家論)に対する批判は見られない。その後に尾藤氏は、近世社会が「役」の体系と呼ぶべき原理で成立しており、天皇は君主としての「役」を担う存在として公儀のなかに位置づけられるという近世天皇論を提示したが[47]、この見解が、自身が解明してきた思想家のイデオロギーとどのように関連するのか不明瞭である感は否めない。

丸山・尾藤氏に見られるこのような論述の不備、視座の欠落の根本的な原因は何か。それは古学派―国学を基軸とする近世思想史像、さらに言えば徂徠学中心史観[48]にある。

丸山は、荻生徂徠の思想のなかに、近代天皇制国家の論理と相反する、成熟した作為的制度観を見いだし、尾藤氏は、近代天皇制国家の論理と連続する、祭政一致の論理や集団主義的思惟の存在を強調するが[49]、そもそも徂徠自身は、いわゆる「朝幕」関係論について立ち入った言及を避けていた。両氏は価値論のレベルで相反する徂徠像を提示するが、論述命題を近世天皇論に置いた時に、近世天皇論を引き出す素材として荻生徂徠を措定するのは、かなり無理がある。徂徠と天皇制とをめぐって、両者の間で全くの対照性が見られるのは、徂徠の主観から全く離れた上で、研究者の主観内部において価値づけを行う状況に陥っていることを露呈している。また徂徠学中心史観に立つが故に、古学派以外の思想への内在的理解を怠っていることも大きな問題点である。[50]丸山は、中国の朱子学と近世日本の朱子学を「自然法的思惟」として同質化し、近世後期の尊王（皇）思想や名分論の昂揚を「自然法的秩序の再生」と一括し、尾藤氏は、朱子学の外来思想性を強調するあまりに、体制内にいた各朱子学者の思想個性にまで目が行き届かない。この点、古学派が中国の朱子学にバイアスをかけた形で「朱子学」像を作り出し、それに対抗することにより、自己の思想を形成したと論じた田原嗣郎氏の研究は注目すべきである。[51]換言すれば、我々は「朱子学」という簡単な括りをしがちであるが、古学派の批判から浮かび上がる「朱子学像」はそのまま宋学の在り方に結びつくものではない。また近世日本思想史で圧倒的に多いのは「朱子学者」と言われる思想家であるが、それぞれがどのように中国の朱子学を変容させたかについては依然として解明は進んでいない。[52]朱子学から用語を借りつつも、あるいは朱熹のエピゴーネンたらんとする自己意識を表明しながらも、実際の思想の中身は、かなり中国朱子学の内実と異なっていることが多い。この点が、ドラスチックな批判を繰り広げて自己の思想を形成した古学派と異なり、日本「朱子学」研究が進んでいない大きな原因の一つであると思われる。ここで念のため述べておくが、私は荻生徂徠という巨人を低く見積もる者ではない。近世思想史上、最高の知性を持った思想家の一人として私も考える。ただし政治思想家としての徂徠の本領は、二弁（『弁名』・『弁道』）[53]などに見られる、君主による政治言語制定論と、『政談』に見られる、エントロピーが増大した「江戸」の安定化、言い換えれば都市工学論にある。この分野においては希世の才を発揮した政治思想家であるが、徂徠だけが近世思想史の基軸となるわけではない。特に近世天皇論を思想史から論じようとすれば、徂徠以外の基軸を見いだす必要がある。

その際に、たとえば本居宣長を基軸にすることもあるいは可能であるかもしれない。宣長はまさしく「天皇」を中心命題とした思想家である。ただし宣長研究においても、戦後の研究史では「天皇」や「皇国」といった言説が回避されて進められてきた[54]。それでは宣長を基軸にして近世天皇論を語ろうとすれば、どのような論述が可能となるのか。結論から言えば、宣長からは「ユートピア」は出てくるが、「イデオロギー」は出てこない。したがって「将軍」と「天皇」を組み込んだ国家イデオロギーを彼から論じるのは不可能である。

本居宣長の本格的な学問研究は村岡典嗣によってはじめられ、村岡は、宣長の学問方法をA・ベックが展開した文献学に同定した[55]。言うまでもなく、村岡の「発見」により日本思想史学がはじめて方法論を獲得したのであるが、政治思想として国学が注目されるようになったのは松本三之介氏の研究を先駆とする[56]。松本氏は、「神」のはからいとして絶対化された既存の政治支配体制に被支配者は無条件に服従することを説く国学の思想と、近代天皇制の支配論理との連続性を指摘する。国学の政治イデオロギー的性格を指摘する見解は東より子氏[57]にも見られる。他に、近年の宣長研究では、子安宣邦氏の研究が挙げられる。また子安氏は『古事記伝』での記述に見られるように「皇国」絶対化の言説がトートロジー（自己循環的）な性質を有していたことを指摘している[58]。これらの研究の成果を否定するわけではないが、宣長思想の「ユートピア」的性質が完全に見落とされている。

K・マンハイムは、『イデオロギーとユートピア』[59]において、「存在拘束性」を全体的イデオロギーとして一般化し、マルクス主義の反映論、一方で新カント学派に見られる主観主義の双方の立場を批判的に継承した。端的に言えば、イデオロギーが諸階層・諸集団の利害関心を反映したものである一方で、イデオロギーによって諸階層・諸集団に新たな現実がもたらされることを論じたのである。その際に思想を「イデオロギー」と「ユートピア」との二面に分け、どちらも現実から超越する性格を有しながらも、後者の方が現実に対する反作用的性格を強く持つことをマンハイムは明らかにした。マンハイムの理論をそのまま援用するわけではないが、日本思想史においては「イデオロギー」が融通無碍に研究者によって使用されている現状を鑑みると、「イデオロギー」と「ユートピア」という使い分けから思想の性質を論じることは、今でも一定の有効性を持ち得ると私は思う。特に本居宣長という思想家を論じる際には、この視点が有効である。

周知の通り、宣長は、当代に染みついた「漢意《からごころ》」から脱却することを第一義として説く。宣長の狙いは、中国や儒教の価値観を排除することに止まらない。彼が説いたのは、すべての価値観が「道」(政治規範)に集約されることへの断固とした拒絶である。言い換えれば、あらゆる価値がイデオロギー化されることへの頑なまでの拒絶である。したがって彼が提示した「皇国」像や天皇観は、今の社会で実現すべき当為的性質を有するとは考えなかった。その意味でどこまでも宣長は「ユートピア」的思想家である。この点は丸山の『研究』第一章第四・五節の中心的論点であり、「政治が非政治化(Entopolitisieren)されること」を指摘した丸山の眼力はさすがというべきであるが、丸山はその後の研究でこの点を深化させることはできず、他の研究者においても、宣長思想のユートピア性についてはまともに触れられることはなく、近代以降との連続性を安直に指摘する研究が横行している。

宣長思想の本質はむしろ個人のアイデンティティに訴えかける魔力性にある。この点に踏み入ったのは、相良亨である(60)。相良は、宣長の「せむすべなく、いとも悲し」という、世の不条理を禍津日神のはからいとして仕方なく受容して悲しむ態度が安心論へと結びついているという構造を明らかにし、相良の論は前田勉氏によって深められた(61)。宣長には、現在の不条理を既存の因果律で解消することなく、それを不条理としてそのまま受け取るという近代的自我の相貌がある。さらにその不条理を受容する奥底には、「世中の事はみな、神の御はからい」「世中の人は人形」(『玉くしげ』）と述べるごとく、神への畏敬と「被造物」感というヌミノーゼ（R・オットー）的な感情がある。かかる意味で、宣長はどこまでも神学者なのである。したがって宣長が説く古代天皇制国家への憧憬の感情が、当代に実現すべき国家イデオロギーとなり得るわけではない。宣長は国家イデオロギーを抽出するには不適な思想家である。

二、本書の立場

本書で解明対象とするのは近世中後期の国家論である。扱う思想家は、徳川政権中枢にいた新井白石、そして中井竹山らの寛政期朱子学者、尊王（皇）論者として括られた会沢正志斎や頼山陽である。どの思想家も近世政治思想史研究で通史的に正当な位置づけをされることはなかった。

付言すると、上記の思想家を選択する意図は、初めから私のなかにあったのではない。「佐幕」（反天皇制）的思想家として位置づけられることが多かった新井白石の国家論を文献史学的に読解していくうちに、彼の思想のなかで、「正名」（「名」を正す）という原理が中核に存在することに気づいた。さらに注目すべきは、「尊王（皇）」思想を代表する後期水戸学の創始者藤田幽谷の主著は『正名論』と題されているように、同じく「正名」を主題としているのである。天皇観をめぐって、「佐幕」―「尊王（皇）」という対立した構図に置かれた白石と幽谷がなぜ同じく「正名」を思想原理としたのか。従来の研究では全くこの問題を無視してきた。私は、「佐幕」―「尊王（皇）」という二項対立的な図式[62]を破棄し、両者が「正名」という同じパラダイムに立ちながらも、なぜ異なる国家像を提示したのかという問いを立てる。その問いに答えるためには、「正名」をキーワードにして、従来の通史とは全く異なる見取り図を示す必要があると考え、十八世紀から十九世紀で「正名」に関する重要な議論を展開した上記の思想家を帰納的に分析の対象としたのである。以下、それぞれの思想家の個別研究史における論点を示す。

新井白石は、「近代学問の父」(宮崎道生)としてその科学的合理性に対する評価が中心であり、政治思想からの評価の歴史は極めて浅い。政治思想面からの解明は、ケイト・W・ナカイ氏を中心に進められてきたが、白石は国家権能を将軍に一元化させようとしたとするナカイ氏の見解は、資料読解に重大な不備があると私は考える。中井竹山に対しては、大阪町人の自由な気質を反映した批判精神の持ち主として描かれることが多いが、白石への批判によって提示される国家像に対する内在的理解は乏しい。後期水戸学の大成者と言われ幕末志士たちのバイブルとも言われる『新論』の著者会沢正志斎に対しては、近代天皇制国家イデオロギーとの連続を見いだすナラティブが定型化しているが、正志斎が十八世紀末からの国家論を転回させた形で新たな国家論を創出したことの意義は全く看過されてきた。頼山陽に対しては、「勢」・「天」原理の解明に焦点を絞り研究が進んできたが、彼が政治的君主(将軍)と身分的君主(天皇)とにそれぞれ異なる論理を振り分けていたことの意味は論じられてこなかった。

丸山、尾藤説を真に発展継承させるためには、両者が描けなかったもう一つの近世思想史像を描く必要がある。丸山によれば、徂徠以降の思想史は、「自然的秩序の再生」として、下降線を辿り、近代的な成熟した政治思想から遠ざかるということになるが、徂徠以降の思想を正当に理解しなければ、「天皇」に真に対峙し得ないという視座に本書は立つ。

以上の課題設定を基に、本書は、新井白石で提起された「正名」による実効的政治支配の正当化論が、大政委任論が成立し近代天皇制国家の準備がはじまる十八世紀末(藤田覚氏)になると、中井竹山らによって反転されて天皇を頂点とした身分制に基づく国家像が提示され、さらに十九世紀に入り、会沢正志斎、頼山陽らによって、政治言語を作為することへの拒絶と天皇による民心統合論、政治的責任から乖離した天皇論が表出されたことにより、天皇制国家イデオロギーが成立段階へと至る動的な思想史を描いていく。見方を変えれば、近世後期において尊王(皇)論、名分論が発生し昂揚するメカニズムを説き明かしていくことを目的としている。

なお改めて本書で使用する「王権」の定義を述べてみよう。

「国家を構成する身分階層の多くから、「正統」な支配として認識される君主とその身分集団や支配体制機構。」

焦点となるのは、「正統」の内実である。日本思想史において「正統性」の概念に切り込んだのは丸山の「闇斎学と闇斎学派[63]」という論攷である。丸山は、闇斎学派の分析を通じて、広義の「正統」を、教義・世界観を中心とする正統（Orthodoxy）と統治者・統治体系を主体とする正統（legitimacy）との二つに分けた。ただし日本思想史においては、この分析視角は有効に機能しない。なぜか。丸山が念頭に置いたのは、西洋キリスト教社会における「正統」（―異端）概念をモデルとして置いたからである。付言すれば、西洋の「正統」概念は、法王・教皇・教会などの宗教勢力と国王などの世俗政治勢力との構図を前提にしている。これを日本の場合に援用しようとした場合、むしろそのモデルが適用不可であることを強く実感せざるを得ない。それは天皇が「天皇教」の教祖でなく、西洋社会の教会に比定しうるような強固な宗教組織の存在が一貫してなかったことを原因とする[64]。したがってO正統とL正統に代わる視角が必要となるが、近世において国家イデオロギーを創出した思想家の基盤が儒教にあり中国の正統論を規矩としていたことを、ここで強調したい。

中国では『春秋公羊伝』の「君子大《とうとぶ》㆓居正㆒」・「王者大㆓一統㆒」という二つの契機が相俟って王権の「正統」性を認める。「居正」は道徳的条件、すなわち王朝交代における為政者の徳義（禅譲・放伐論）などを対象とし、「一統」

は政治的条件、すなわち為政者の政治支配力などを対象とする。さらに日本思想史においては、仏教の伝灯論に影響を受け皇統の連綿性を謳う『神皇正統記』以来の「正統」概念の伝統がある[65]。また正統な王権の長である「天子」については、「天命」を授与された為政者という儒家の伝統的な定義があるが、それのみならず、『論語』巻八季氏篇にある定義、すなわち「征伐」(軍事的・政治的支配権)のみならず、「礼楽」(文化的教化権)を持つ治者であるという定義が浸透していた。特に「礼楽」の保存に関しては、王朝の連続性を必要条件とし(中国では度重なる異姓革命により前王朝の文物が破壊されてきたという認識が日本の儒者にあった)、その結果「万世一系」と「礼楽」保持との関係が極めて密接になる[66]。

すなわち近世日本の儒者にとって王権の正統性とは、①軍事的・政治的実力によって国家を統治する。②長期の連続性を有する王朝で文化的教化権を把持する、という二つの要件で構成されている。この二つの要件からすれば、②を満たしながら①を満たさない天皇家も、①を満たしながら②を満たさない将軍家も、どちらも全き「正統性」を得ない不完全な王権となる。加えてより問題が複雑化するのは、儒教に見られる王覇区分論を「天皇」と「将軍」との関係には適用不可であるということである。中国では「力を以て仁を仮《か》る者は覇。…徳を以て仁を行ふ者は王。」(『孟子』公孫丑上)という「王」と「覇」の別を説く考え方があり、軍事的政治実力によって成立した王権に対して正統性を認めない傾向が強いが、この考え方によればまさに徳川家こそが「覇」ということになり、当代政権に対しては否定的姿勢を取らざるを得ない。しかし徳川の治世に生きたイデオローグたちは、どのような立場であれ、徳川政権の存在を認めないわけにはいかない。徳川家による政権運営を前提にした上で、天皇をどのように位置づけるかということに心血を注ぐことになる。このために近世日本のイデオローグたちは、「覇」の定義を『孟子』からではなく、後漢・應劭撰『風俗通義』(皇覇)「言把持天子政令、糾率同盟也」に見られるような覇者観、すなわち「天子」の勅命・官位授与権などを恣意的に利用した武家という定義に転換させる[67]。この定義は白石によって提示されたものだが、後代のイデオローグたちにも継承される。この定義を前提にして、徳川家は「覇者」であることを免れ、徳川家の軍事実力による支配の正統性を認めるか（白石）、あるいは天皇への「尊王（皇）」によって勅命・官位授与権を恣意的に利用しなかったことに正統性を認めるか（竹山ら）という方向性に分かれる。その分岐を決定するのが、各イデオローグたちが用いた「正名」という概念に対する論理構造の相違である。

今までの思想史研究では、徳川政権の正統性は、天皇との関係論を組み込んだ形（いわゆる朝幕関係論）で決定されることを看過してきたが、近世の国家論イデオロギーは、どちらの王権の存在も不可欠とする二重王権制構造（儒教的概念からすれば二つの「不完全」な王権を組み込んで、はじめて日本国家が成り立つという構造）を前提に成立していることを本書では強調したい。したがってそれは、定準とした中国の思想家の議論をそのまま借用できないことを意味している。なぜなら中国国家では、皇帝を頂点とした一元的国家ヒエラルヒーで構成され、二つの王権が同時に存在することはないからである。かかる事情によって、近世日本のイデオローグたちには、この二つの王権の関係性をどのように理解していけばよいかという難問が突きつけられる。それに応じて、王権の正統性に対する議論も複雑化する。そして、そこに政治言語に対する思想家独自の意匠が生まれるのである。本書でキーコンセプトとした「正名」（名を正す）は、もともと『論語』にある言葉であり、本来の意味は「こと」・「もの」の実質に名を対応させることを意味し、古代中国では論理学的な論争においてこの概念が主題となった。日本で「正名」が重視されるのは新井白石を先駆とするが、論理学的な色彩が強かった「正名」は、新井白石によって国家論としての色彩に塗り替えられ、徳川政権の政治実力を正当化するイデオロギーの原理として用いられた。その後、十八・九世紀の「正名」を主題とした思想運動のなかで、この白石の国家イデオロギーを反定立する形で、天皇家を身分的頂点とした統一的国家イデオロギー、また天皇と民心との一体性を説くイデオロギー、天皇制の永続化のために、天皇を政治責任から回避するイデオロギーが生成されたのである。

注

（1）渡辺浩『東アジアの王権と思想』（東京大学出版会、一九九七年）。
（2）渡邉義浩『儒教と中国――「二千年の正統思想」の起源――』（講談社選書メチエ、二〇一〇年）。
（3）前近代の東アジア外交では、政権担当者である当時の武家の棟梁を日本側の外交主権者とし、天皇は介入しないということが前提となっており、「天皇」号に対する日本側、中国・朝鮮側の認識を明確にうかがうことは難しいのであるが、たとえば「朝鮮以将軍与国王同位、書間不往来日本、以国王譲将軍、故以将軍為国王、以天子為天王、称曰唐例也」（『続善隣国宝記』、久保亭識語、天明四（一七八四）年）、また後に詳述する新井白石の国王復号説では、「本朝天子御事、異朝にしては天皇とも又は天王とも称しまいらせ、将軍家の御事をば国王と称す。朝鮮の諸書に見えし所も又しか也。」（『朝鮮国信書の式の事』）とあり、天皇の通称としての「天子」をわざわざ「天皇」という公式称号に換えていることからも、天皇が儒教由来の「天子」号にふさわしい君主として東アジア世界では通用しなかったことがうかがえる。
（4）池内敏『大君外交と「武威」』（名古屋大学出版会、二〇〇六年）、四〇〜四一頁。
（5）引用は、三宅英利『近世の日本と朝鮮』（講談社学術文庫、二〇〇六年）、二三一頁による。また同氏の研究から朝鮮通信使の日本観を学ぶところが多かった。
（6）『天皇――天皇の生成および不親政の伝統――』（山川出版社、一九八二年）。
（7）なおケンペル『日本誌』のオランダ語第二版（一七七三年）巻末附録論文を抄訳したものが、志筑忠雄『鎖国論』（一八〇一年）である。書誌学的調査の成果として大島明秀『「鎖国」という言説――ケンペル著・志筑忠雄訳『鎖国論』の受容史――』（ミネルヴァ書房、二〇〇九年）がある。

（8）東照宮信仰を対象に家康の宗教的権威を解明した曽根原理『徳川家康神格化への道――中世天台思想の展開――』（吉川弘文館、一九九六年）、『神君家康の誕生――東照宮と権現様――』（吉川弘文館、二〇〇八年）などに代表される。

（9）前掲、渡辺浩『東アジアの王権と思想』。

（10）尾藤正英『江戸時代とはなにか――日本史上の近世と近代――』（岩波書店、一九九二年）。

（11）中川学『近世の死と政治文化――鳴物停止と穢――』（吉川弘文館、二〇〇九年）。

（12）「徳川王権の成立と東アジア世界」（水林彪ほか編『王権のコスモロジー』所収、弘文堂、一九九八年）。

（13）堀氏の「公武結合王権論」とは以下のように定義されている。

「将軍か天皇かという二者択一的な思考によって近世武家官位の叙任権、ひいては近世国家官位叙任権の一元化を図ろうとしないように、国家主権の掌握をめぐって公武が対立・抗争していたのではない。公武は相互補完的に存立し、両者が結合して国家を構成するのが中世（少なくとも南北朝以降）・近世の常態であった。こうした当時の人びとの意識や志向性などをふまえた国家論が、公武結合王権論である。」（「近世「公儀」を構成するもの」、堀新・深谷克己編『〈江戸〉の人と身分3　権威と上昇願望』所収、吉川弘文館、二〇一〇年）

（14）池内敏氏は、大塚蒼梧『慶長公家諸法度註釈』を基にして、「大君」号創出の前提として、国内において天皇・将軍の二人国王観があったことを強調している（前掲書参照）。ただし二人国王制がどの程度まで一般化された認識であったのかが不明であり、この点で課題が残る。

（15）「政事《まつりごと》の構造――政治意識の執拗低音」（初出『百華』二五、一九八五年）。のち『丸山眞男集』十二巻所収、岩波書店、一九九六年。

訂正とお詫び

本著p22の注（14）において重大な誤りがありました。ご迷惑をお掛け致しました関係各位に謹んでお詫び申し上げるとともに、下記の通り訂正致します。

筆者

【誤】

p22　注（14）池内敏氏は　↓

前掲書　↓

【正】

紙屋敦之氏は

『大君外交と東アジア』（吉川弘文館、一九九七年）

(16)「天皇制の解明」(『毎日新聞』一九四六年一月一三日～一五日)。
(17)「天皇制絶対主義の確立」(『服部之総著作集』四所収、理論社、一九四八年)。
(18)『日本史概説』Ⅰ・Ⅱ(岩波全書、一九六八年)。
(19)「『幕藩制と天皇』について」(『遡行』三、一九七四年)。
(20)『天皇——天皇統治の史的解明——』(弘文堂、一九五〇年)。のち『天皇——天皇の生成および不親政の伝統』(山川出版社、一九八二年)。
(21)朝尾直弘「幕藩制と天皇」(『大系　日本国家史』近世編所収、東京大学出版会、一九七五年)に検定官の発言が与えた衝撃の大きさが述べられている。
(22)「幕藩制国家の成立について」(『歴史評論』二四四、一九七〇年)。
(23)『将軍権力の創出』(岩波書店、一九七五年)。
(24)『天皇制の政治史的研究』(校倉書房、一九八一年)。
(25)『近世の国家・社会と天皇』(校倉書房、一九九一年)。
(26)『近世日本の国家権力と宗教』(東京大学出版会、一九八九年)。
(27)『日本近世国家史の研究』(岩波書店、一九九〇年)。
(28)「幕藩体制と役」(『日本の社会史　三　権威と支配』収録。岩波書店、一九八七年)。高木氏は後に神国思想観の検討を中心にした天皇論の研究に入る。その成果は『将軍権力と天皇——秀吉・家康の神国観——』(青木書店、二〇〇三年)。
(29)「幕藩体制における公儀と朝廷」(『日本の社会史　三　権威と支配』に収録。岩波書店、一九八七年)。なお水林彪「近世天皇制についての一考察」(上)(下)(『歴史学研究』五九六～五九八、一九八九年)は、方法論的検討としては精緻であるが、天皇の「権威」面は「法」という「本質」の仮象・転倒とする氏の見解には首肯しかねる。
(30)『幕末の天皇』(講談社、一九九四年)、『近世政治思想史と天皇』(吉川弘文館、一九九九年)に収録。

(31) 一連の研究は『近世の朝廷運営』(岩田書院、一九九八年)。
(32) 「江戸幕府の成立と天皇」(永原慶二ほか編『講座　前近代の天皇』二収録、青木書店、一九九三年)。
(33) 『近世公家社会の研究』(吉川弘文館、二〇〇二年)。
(34) 近世史研究者のみならず、他の時代の研究者にもこのような見方が定着している。

「筆者のような中世史研究者の立場からすると、江戸期の天皇は、鎌倉や室町以上にシステムのなかに織りこみずみのようにみえる。武家の首長(ないし候補)を将軍に任官し、大小の武家に官位を授与する手続きは無論のこと、東照大権現という武家の祖神形成まで、神号授与・例幣使というかたちで天皇が関わっている以上、天皇なる存在は、武家政権の不可欠の補完物であったと断定せざるをえない。」(今谷明『武家と天皇――王権をめぐる相剋――』二三五頁。岩波新書、一九九三年)

(35) 前掲『将軍権力と天皇』第五章「天皇権威と近世」。
(36) 『日本近世国家の確立と天皇』序論(清文堂出版、二〇〇六年)。
(37) M・フーコーの権力論によれば、このような「権威」の在り方も、自己規律化による「内的権力」の範疇に収まるが、本論文では一般的な定義に従いそこまで踏み込んだ検討はしない。
(38) 「幕藩体制における天皇をめぐる思想的動向――水戸学を中心に――」(『歴史学研究』別冊、一九七五年)。
(39) わずかに曽根原理氏の前掲『徳川家康神格化への道――中世天台思想の展開――』での議論が言及されているだけである。
(40) 「戦中・戦後徂徠論批判――初期丸山・吉川両学説の検討を中心に――」(『社会科学研究』三九―一〇、一九八七年)。
(41) 『近世日本社会と宋学』(東京大学出版会、一九八五年)。

(42)『徳川イデオロギー』（ぺりかん社、一九九〇年）。

(43)『近世日本の儒学と兵学』（ぺりかん社、一九九六年）。

(44)『近世日本社会と儒教』（ぺりかん社、二〇〇三年）。

(45) 未来社、一九五六～一九五七年。増補版、一九六四年。

(46)「近世思想史を描く際に、『研究』は、その思想空間から天皇の問題を全く排除している。幕府による一元的集中・静的固定という国制論が強調され、そのイデオロギー形態が朱子学だった。そこには天皇の位置は無い。むしろ『研究』は戦時中の作であるから、天皇にふれずに武家政権を叩く構図を取っているのも仕方がないと言えよう。だから先にふれたように、戦後の『現代政治』は、天皇論を取り上げて展開したのである。これは、丸山が目の当たりにした軍事国家としての近代天皇制の論である。近世天皇論ではない。また『現代政治』の天皇制国家論は、権力構成の分析において、『研究』等における閉鎖社会としての徳川国家論とやはりダブっている。目の当たりにした天皇を中心とする軍事国家と徳川国家とが、丸山の論理においては同形である。つまり『研究』『現代政治』いずれにせよ、軍事政権＝武家政権的国家像への批判はあっても、そうした国家像に吸収されないものとしての天皇の問題は、やはり触れられないままになっていると言わねばならない。

　この問題は、日本政治の二元支配（diarchy）構造をどう位置づけるかという問題に行き着く。それは問題としては、古代政治論として「政事の構造」（一九七五～八四年――『丸山眞男集』一二、岩波書店、一九九六年所収）において指摘されている。その問題は、近世近代の政治思想を問題とするなら、「神儒習合」論として端的にあらわれるはずのものである。そして丸山は、「闇斎と闇斎学派」（日本思想大系三一、一九八〇年）で正統性問題を論じたとき、この問題に最も接近したのだが、しかしそれを二元支配論につなげることはしなかった。かくして丸山の天皇論・国制論の対象は、ウルトラ・ナショナリズム／近代天皇制／武家国家批判にとどまっており、近世天皇論にまで届いていない。これは思想史的には、宣長批判・宣長の位置づけの不十分さという問題にもなる。さらに言えば、丸山政治学における、二元的支配的天皇ないし不親政天皇制論への許容感を示すものといえるかもしれない。」（『複数性の日本思想』第一章「日本思想とその研究――中国認識をめぐって――」、三九〜四〇頁、ぺりかん社、二〇〇六年。初出は『中国――社会と文化――』一一号、一九九六年）

（47）「江戸時代の社会と政治思想の特質」（『思想』六八五、一九八一年。のち『江戸時代とはなにか』、岩波書店、一九九一年）。

（48）丸山の研究に導かれ、戦後では徂徠研究が近世日本思想史研究の主戦場となっており、今も徂徠学に関する研究は数多く出される。これは、現在でも丸山の研究が陰に日向に多大な影響力を持っていることの表れである。

（49）「国家主義の祖型としての徂徠」（『日本の名著　荻生徂徠』解説論文、中央公論社、一九七四年）。

（50）黒住真氏は丸山の朱子学像について次のように異議申し立てを行っている。

「こうした思惟構造や社会的機能・制度に関して、果たして実際に、朱子学はそんなに変化を容れない古い固定的なものだったのか、また古学・国学だけがそんなに新しく近代的なものだっただろうか。言い換えれば、朱子学のうちにも、時代的変化への胎動は当然に起こり、近代に向かい合っていたのではないか。」（『近世日本社会と儒教』第一部第五章「徳川儒教と明治におけるその再編」一六七頁、ぺりかん社、二〇〇三年。初出 *"Tokugawa Confucianism and Its Meiji Japan Reconstruction,"* in Benjamin A. Elman, John B. Duncan, and Herman Ooms (eds.), *Rethinking Confucianism : Past and Present in China, Korea and Vietnam,* University of California, August 2002,pp.370–396.）

（51）『徳川思想史研究』（未来社、一九六七年）。

（52）かかる現況において、近世中後期における幕府儒者の思想の解明を進めている中村安宏氏の一連の研究は注目に値する。

（53）江戸の都市構造をめぐる徂徠の政策論については、櫻井進『江戸の無意識――都市空間の民俗学――』（講談社現代新書、一九九一年)。ただし、M・フーコー『監獄の誕生——監視と処罰』(一九七五年)に見られる、自己規律化による「権力」の細部浸透システムがあったという櫻井氏の見解には疑問を感じる。徂徠には衆人環視システムの創出の一方で、「相親しみ相愛し相生じ相成り相輔け相匡し相救ふ」(『弁名』道)という「仁」に基づく共同体観があった。

(54) 前田勉氏は、次のように述べている。

「われわれはこの(丸山の『研究』——注)徂徠から宣長へという問題意識から、徂徠の古文辞学の方法や「作為」の主体としての聖人観が、いかに宣長に否定的に継承されていったのかを解明することを研究テーマとし、それまでの皇国史観の枠内ではとらえきれなかった、数多くの優れた学問的な成果をあげてきたことは周知の通りである。だが、また一方で、徂徠から宣長へと問題を設定することによって、実はわれわれは、宣長の「皇国」中心主義を相対化する有利な地点に立つことができたことを認めなくてはならない。それは戦前にはいささか評判の悪かった徂徠の「中華」主義を対置することによって、宣長の狂信的な「皇国」中心主義を相対化して、宣長の「垣内」(『直毘霊』)から身を引き剥がす拠点を確保することができたといってもよい。そして、お互いに「皇国」中心主義を批判する立場に立つことを前提にして、われわれ研究者は宣長の思想を理解するに際して、「天皇」や「皇国」の問題を直接触れずに済ますことができたのである。しかし、こうした研究方法によって目をつぶってきたことがある。それはまさに「天皇」であり、「皇国」という言説であった。」(『近世神道と国学』二頁、ぺりかん社、二〇〇二年)。

(55)『本居宣長』(警醒社、一九一一年。のち岩波書店、一九二八年)。

(56)『国学政治思想の研究』(有斐閣、一九五七年)。

(57) 東氏は、自己の神学を古事記のなかに読み込んでいくという宣長のイデオロギー虚構を分析している(『宣長神学の虚構』、ぺりかん社、一九九九年)。

(58)『本居宣長』(岩波新書、一九九二年)。

(59)原著一九二九年。未来社版の邦訳(鈴木二郎訳、一九六八年)を参照した。

(60)『本居宣長』(東京大学出版会、一九七八年)。

(61)前掲『近世神道と国学』。

(62)「佐幕」と「尊王(皇)」という言葉自体は使用しなくても、反天皇制的―親天皇制的という図式によって、思想家を評価する傾向は未だ根強い。それは多くの思想家が「朝廷」と「幕府」とを対立するものとして考えていたという研究者の思い込みに拠るところが大きい。しかし八〇年代の日本史研究が明らかにしてきたように、近世の「朝幕」関係は、協調・融和を基調としており、思想史での「朝幕」論はそれとかなりギャップがある。「国家イデオロギー」として朝幕論を研究してきた私には、日本史研究から提示された見方の方こそ、当時の思想家の認識の実態に即していると考えている。

(63)『日本思想大系　闇斎学派』(解説論文、岩波書店、一九八〇年)。

(64)この点につき石田雄氏の次の指摘を参照。

「すなはち、かりに私たちが「天皇制的正統」とよぼうとする正統には、キリスト教の聖書に相当する教典があるわけではなく(戦時中聖書に似た装丁で『神典』と称して古事記、日本書紀などの古典を一冊にまとめたものはあったが)、中心となる体系的信条があるわけでもない。同じことは組織に関してもいえる。キリスト教世界でO正統を確定する組織は教会であったが、日本ではこれに相当するものはなかった。すなわち明治初年に平田派が神道を国教にしようとしたとき、一時教会に類するものを創出しようとする企図があり、一八九六(明治二十九)年には教育勅語普及のため柴田峡治らによる「大日本教会」の構想が示されたが、いずれも成功しなかった。結局「大日本教」ともいわれる信条を公布する固有の組織は存在しなかった。」(「『正統と異端』はなぜ未完に終わったか」、『丸山眞男との対話』四九頁、みすず書房、一九九五年。初出は『みすず』一九九八年九・十月)

(65) 中国の正統論に関する代表的研究として、諸橋轍次、神田喜一郎、内藤湖南、西順蔵ら諸氏の研究が挙げられる。また朱子学の正統論と近世日本思想との関連については、土田健次郎氏の近年の研究が興味深い（「朱子学の正統論・道統論と日本への展開」、吾妻重二編『国際シンポジウム　東アジア世界と儒教』所収、東方書店、二〇〇五年）。

(66) 本書で扱う思想家以外にも、このような考え方は広く見られる。中村安宏氏は、尾藤二洲、林述斎、佐藤一斎らを例に挙げ、とりわけ近世後期の幕府儒者の間で、「文化保存にかかわる天皇観・皇統意識」が共有化されていたと指摘している（「尾藤二洲の天皇観・皇統意識」、『フィロソフィア・イワテ』三二号、二〇〇〇年。「林述斎と佐藤一斎の皇統意識について」、『アルテス・リベラレス』七二号、二〇〇三年）。

(67) 吉田昌彦氏は、天皇を「王」、将軍を「覇」とする王覇論的統治システムが、王政復古前の国家システムとなっていたと論じているが（一連の研究は『幕末における「王」と「覇者」』、ぺりかん社、一九九七年）、それほど簡単な区分はできない。将軍も「王」として定義した白石の試みや、『孟子』とは異なる、白石、竹山らに共有化された「覇者」の定義（「諸侯の長となりて天子を挟て令を発する人」）をふまえる必要があろう。

第一部　新井白石の政治思想史的研究

第一部では、新井白石の思想を政治思想面に焦点を絞り考察していく。はじめに白石研究史を整理し、本書の立場を述べておく。

はじめに――新井白石研究史の整理――

(一) 近現代の白石像

私塾咸宜園《かんぎえん》を創設し多くの優秀な人材を輩出した近世後期の儒者広瀬淡窓（一七八二年〜一八五六年）は、新井白石が志半ばで失脚したことを嘆傷した。

「白石カ文庙ニ仕フルノ日浅クシテ、制作ノ志ヲ遂ゲルコト能ハザリシハ、実ニ儒林ノ遺憾ナリ。独リ儒林ノミナラズ、我邦ノ遺憾ナリ。」（『儒林評』）(1)

また荻生徂徠の孫弟子である海保青陵（一七五五年〜一八一七年）は、白石を徂徠と同様に高く評価している。

「凡そ近来の学者、白石と徂徠とは真のものをきて論じたる人、世の儒者の云ことは、はるかにちがうてをるなり」（『稽古談』巻之一）(2)

「正徳の治」の推進者として知られる近世中期の儒者であり政治家である新井白石（明暦三年・一六五七年〜享保十年・一七二五年。名は君美《きんみ》、通称は勘解由）は、近世の思想家たちに尊敬と憧憬の念、あるいは反抗の情を抱かせる思想家の一人であった。

近現代になっても白石を高く評価する傾向は続くが、その評価に見られる白石像は定型化する。

白石評価の類型の一つは、白石を「合理主義者」「実証主義者」と規定するものである。[4]羽仁五郎は「理性的確信」に満ちた思想家、[3]丸山眞男は、全体の思想系列から孤立した豊かな近代的合理主義を身につけた思想家、[5]源了圓氏は「経験的合理主義者」「実証主義者」、[6]加藤周一は「朱子学的な合理的秩序に対する一種の信頼」「実証主義的な態度」「開放的な精神」が見られる思想家とそれぞれ評価している。[7]他に洋学史の立場からも白石は高く評価される。[8]近代以降、白石は、およそ神秘的な存在や非合理な事実から縁遠く、理性や経験知への確信に満ちた思想家として規定されるようになったのである。

もう一つの類型は白石を博識な知識人として規定するものである。桑原武夫が、「十七世紀末から十八世紀にかけて日本がもちえたもっとも偉大な百科全書的文化人」[9]として規定しているのが、その典型である。

このように白石を二つの定型化されたイメージで規定する先達の営為の多くは、白石を「近代科学の父」「近代科学の啓開者」[10]として顕彰する目的に基づいている。日本の近代学問の自立を願った知識人にとって、まさに白石は「近代学問の父」たるに相応しい存在として映じたに違いない。白石像の定型化は、近代日本学問がその科学性・合理性を確立（確証）していく際に行われた系譜学的作業の一貫として見なすことができる。「誇るべき前近代の知識人」として評価された白石の知の総体は、確かに「合理主義」「実証主義」「博識な思想家」として規定し得る面を有する。私は、近現代の定型化された白石像を反転させ、白石が「非合理主義者」であり、「非実証主義者」であると声高に叫ぶつもりはない。「合理か非合理か」という枠組みで語ることは、また近現代の白石評価のパラダイムに無自覚的に囚われてしまう。近現代の類型化されたイメージは、白石の名を国内のみならず海外の日本研究者たちにも「日本が誇るべき思想家」の一人として知らしめることとなり、その結果、白石研究が開かれて多くの研究者に行われていった学問的意義はまことに大きい[11]。しかしながら、「合理主義者」「実証主義者」「博識な思想家」という白石像の定型化によって見落とされた面もまた存在する

(二) 白石像の再検討

白石像を再検討するにあたり我々が必要とする作業とは、近現代的な評価のパラダイムから脱却し、まず何よりも白石自身の言葉によって、また白石について語った近世の思想家の言葉によって、近世の思想空間の中で白石像を再構成することである。

白石と同じ木下順庵門下で白石の最も良き理解者である室鳩巣（一六五八年～一七三四年）の著作『兼山麗澤秘策』（『兼山秘策』）では、以下のようなエピソードが書かれている。

「新井氏気くせにて、心に尤と存じ候ても、先は人の申儀をおさへ候て、争被申候。是は尤と早速申候へば其分にて止候ゆへ、わざと打もぎ候て人におもはくいはせ可申との儀と見へ申候。是程の儀にても新井氏と争ひ申もの無之候。残の衆何れも聞て居被申候[12]。」

白石はおよそ自己主張が強い人物であり、他人に付和雷同することは最も彼の嫌う所であった。鳩巣には本音を漏

らし、家宣政権の老臣たちについては「何を申候ても老中不学ものに候故甲斐も無之、むかひに相手無之候ゆへに談申儀不罷成(13)」「老臣中政務にすきと被二労思一慮事無レ之、諸事廃置候事被レ申候て殊の外鬱憤不平之体に御座候(14)」と罵言を吐き、彼等への不平・不満をあからさまに表した。圭角の多い白石は、老中から「鬼」として忌み嫌われた(15)。処世術に長けた古今の政治家が周囲から嫉妬を買わないよう謙遜の態度を示すのに対し、白石は自己の政治生命を延命するそうした態度を一切取らなかった。それを懸念した親友室鳩巣は白石が権勢の全盛にあった時に、敢えて次のように忠告した。

「唯盤根錯節利刃にのがる、事なふして、破竹の勢有によつて、其詞色の間、おのづから剛鋭果敢の気盛にして、謙退抑損の心すくなし(16)。」

この言葉は白石の性格をよく物語っている。家継死去に伴い政治的基盤を失った白石に対し、幕閣たちは「異口御同音に筑州故と譏申候(17)」と白石バッシングを強めるが、白石は自己の態度を変えることなく吉宗政権に阿ろうとはしなかった。

明暦の大火の直後に生まれ「火の子」と呼ばれた白石は、中年になり眉間に「火」の字が皺として表れ人々はその因果を不思議がったというが(18)、先ほどのエピソードと照らし合わせれば、「火の字」の皺は白石の性格に由来するものであったと思われる。白石の親友鳩巣が語る以上のエピソードでは、白石が狷介で人と与せず、我の強い人物であったことが窺われる。

同じく木下順庵門下で白石と並び称された詩文の天才祇園南海（一六七七年〜一七五一年）は、白石が常に誦した言葉を紹介している。

「少より大志有り。常に自ら誦して曰く、「大丈夫生まれて封侯を得ずんば、死して当に閻羅と為るべし。」と。」(19)

白石の信念とは、まさにこの言葉に結実されている。「生身」の白石は、自己の壮大な政治理念を必死の決意を持って実現しようとする野心的で神経質な政治家であった。白石が執念深くかつ狷介な性質を有し、自己の知的営為を理気論などの難問に心血を注いだ他の朱子学者とは対照的に、あくまで政治的諸政策の実現のために、朱子学をはじめとする学問・学識を利用する野心的な政治家であったという事実は、白石の広範に渉る知的営為を読み解く時に、重要な鍵となる。

生身の白石像を見てきた今、「朱子学者＝白石」という通用された図式も実は疑わしいことを述べていきたい。仙台藩の佐久間洞巌に宛てた一通の書簡のなかに白石の学統意識を窺える貴重な記述が見られる（なおこの書簡は『白石先生学訓』として独立して『白石叢書』、『新井白石全集』に収録）。白石の学問観を考える上でかなり重要な資料となるので、引用が長くなるが抄出することとする。分析の都合上、連続する文書を三つに分ける。

【A】「古より以来、天下後世の大害を貽し候もの、学に過候はぬ事と見え来り候。古三代の盛なる世には、上の人聖徳候て、代をも国をも治られ候へば、その世の人のなし行ふ事尽く学にあらずといふ事なく候ひしにや。但し学といふことば、始て殷の代より見え候き。同室の衰微に及び、王者の政行はれ候はぬより初めて儒学など申す事も聞え候。但し儒といふ名の事初めて儒学など申す事も聞え候。但し学といふ名の事、周公の周礼に始て見え候き。孔子の御時までに老子墨子等の学行はれ候と見へ候て、孔墨とならべ称し候ものいくらも候やらむ。なを其よりさき已に管子などの書も見え、今も猶世に残り伝り候。孔子没後に至ては諸子の学、数も多く候て、百家の書など申伝候が、これらはなを異端の学とも申すべく候へども、まさしく孔門弟子衆の中にて其学わかれ候事、荀子の非十二子荘子の天下篇等に其略相見え候。これら皆々学にあらずといふべからず候へども、たゞ〳〵古聖人の道の一端をのみ学び得し言にして、或は其性の近き所により、或は其時の宜き所につきて教を施しなどし候事にて、其人其の世のためにはよくこそは候ひつらめ、これを天下に推し後世に及ぼし候に至ていはゆる小道の見つべきも遠に致して泥むの事たるべく候。況や秦代焚書の後に漢唐宋元明の諸儒、絶学を遺経に得られ候より此かたに至りては、其名は皆々孔門の学にして其実はなを孔門諸弟子の学にをの〳〵そのわかれ候ひし事のごとく、各其門をたて戸を開き、果てには学党など申す事いひ出し、君子小人玉石倶に焚かれ候事、漢唐の党錮宋代の元祐党偽学党、近くは明朝も東林学党によりて皆々天下をうしなはれ候き。これに過候大害、何事かまた候べきや。しかるに近世の人々、学といふ美名を好み、其の学の聖に近きかしからざる歟のえらびなく、をの〳〵其心を師とし、好むかたざまにひかれ候て、をの〳〵其の学を学とし候事、たとへば仏氏の説いづれか釈迦文の教に出ずといふ事なく候を、禅といひ律といひ諸経といひ、あまりの事に法華は浄土を非とし、浄土また法華を非とし、つゐに如来の正法を以て道とし候はぬに相同じきものになり来り候。学び候はざらむはそれ迄に候。学び候はむほどに候はゞ、孟軻氏の言のごとくに孔子をこそ学びまほしき事にも候歟。」

【B】「大学の書に明徳新民止善を三綱領とか先儒の沙汰され候。誠にこのごとくなるは学の大なるものたるべく候事に候。老列荘より始て仏氏の学のごとき明徳の事にあらずとは申すべからず。されど天下国家の事、古聖人の大経大法のごときは外ざまの事のごとくに候事に至りては、新民の事、其沙汰に及ばず候歟。さらば其独を治め候事に善き事候とも、至れる善とは申すべからずや。管子のごときは区々の斉を輔けて天下の諸侯を九合し、其功におゐては、孔子すでに仁をもて称せられ候き。今も其書を見候に、政事におゐてしかるべく候事なきにしもあらず。名言もまた多々に候歟。晏子の書もまたこれに次候べし。其余申韓刑名の学の国家を治め候に於て、後世にはなお〳〵然るべく候はむ事も候へば、善ならずとは申し難くもや候はむずれども、明徳の事におゐてはその沙汰にも及び候ぬ事共なれば、善の至りにもあらず。学の大なるものにはあらず候歟。たゞ〳〵本あり末あり始あり終ありて善の至り極れるものは、孔子の学におはしまし候へば、これをこそ学の大なるものとは申し候ひつらめ。つねにをしへみちびかれ候御事は、論語一書に其微言を撰ばれ候と見へ候き。誠に其書を以て後の儒者の言にくらべ、見候に似たる事は似候へども、似ざるものに有之候と見へ候。これらの処其説長く候へば、筆紙に及びがたく候。まして近世以来我東方におゐて取沙汰せられ候衆中の説のごとき、大かた法華浄土の宗論の如くにして道を去る事遠く候を、後生軽俊の人、道聴塗説し、人をして邯鄲の歩を失はせしめられ候事、たとひ宋末明季の学弊の如くに天下をくつがへし候ほどの事こそはあるまじき事に候へども、其害は甚しく候歟。老拙孔子の学と申す所によく〳〵御心を用ひられ候へかしとねがはしく候。」

【C】「論語開巻の学と申す事いかなる事をか学と仰せられ候ひつらむ。必らず当時弟子の人々従事せられ候業あるべく事に候。次に孔子つねに弟子の人々にをしへみちびかれ候仁の一事と見へ候処に、孔子の御ことばをばさてをき、有子之言を以て論語開巻第一義となし、それに次ぐに巧言令色の仁鮮矣章を撰び置れ候。さらば孔門の諸弟子うけ学ばれ候事、その志す所の仁なる事推し知るべく候事に候。又次ぐに曾子三省の章を以てせられ候事、多少の工夫あるべく候事にや。たゞ〳〵人の善をなし候はむとおもふ心の候は、をのれがための学にはあるべからず候。わろき事せまじとおもふが善にすゝむの道にして、人のためならぬ学と見へ候。しからば今日の学びも、まづよからぬ事の身にありやなしやを能く心得わかつべき事に候か。さきに中候孔門の人々常に従事せられ候業と申すは詩書礼楽の事に従はれもや候ひつらむ。興於詩、立於礼、成於楽とも見え候ひき。顔淵は好学を以てしてされ候き。又邦を治め候事を問はれ候にも、韶舞をもてしめされ候は、礼と楽にあらずして聖人の事業もなく候やらむ。[20]」

A部は、「学」の有害性について、より正確に言えば、学問の党派性による政治的有害性について論じたものである。白石は三代の理想的治世においては「学」が存在しなく、衰世に至り「学」が起こったという立場を取る。そして諸子百家などの勃興などにふれるが、白石が問題視したのは、孔子没後以降の儒教の内部分裂である。この分裂がやがて「学党」の誕生へと繋がり、その例として、明末の顧憲成らを中心に、専制的な官僚たちに激しく対立した東林学派などを取り挙げ、学問的論争が政治的闘争へと激化する可能性を孕んでいることを剔抉している。「古より以来、天下後世の大害を貽し候もの、学に過候はぬ事と見え来り候」という強烈な箴言はそのことを述べているのである。

B部では、仏・老荘などの異端や法家なども含めて、諸学を『大学』の三綱領にしたがって区分する。老荘・仏は内省に優れるも経世への意欲はなく、管子、法家はその逆であると評する。道徳論と政治論のどちらにも優れた総合学が「孔子の学」であると結論づける。ここで注目したいのは、「異端」の学をはなから切り捨てるのではなく、その有用性を部分的に認めるという相対主義的思考の存在である。この思考は「孔子の学」すなわち儒教の根源へと回帰する思考と結びついており、「宋末明季の学弊」すなわち朱陸論争などの学問論争を有害視する態度と繋がる。白石の自己意識のなかでは「学者」という意識はなく、「朱子学派」として朱子の道統を継ごうとする意識も見られない。あるのは政治闘争へと発展しかねない学問論争への強い嫌悪感であり、あくまで政治的有用性から学問を利用する意識である。後者の面はC部で顕著に見られる。

C部では、「孔子の学」への尊信が白石にとってどういうことを意味するか、その内実が述べられている。『論語』での趣意は「仁」の一事にあり、具体的には理想的な政治の実現――「礼楽」の制定――にあるとされる。「仁」の重視自体は、何も白石に限ったことではなく、儒教倫理においては、他者への思いやりとして最も重視される徳の一つであり、日本でも伊藤仁斎のように、仁に含まれた「愛」の感情に注目し、「愛」の拡充によって日常の人間関係の充実を説くという仁論の発展も見られる。ただし白石の場合、仁斎に見られるような心性論への深い考察はなく、「仁」は「わろき事せまじ」という通俗道徳的な理解に止まる。しかしこのことは白石理解には重要な意味を持っており、白石が心性論を著作で説かないのも、「仁」の実現が聖人の政治を継承することに他ならなく、具体的には理想的な「礼楽」制定していくことをその内実としている。

こうした白石の学問観には、「古学派」と言われる一連の思想家とも共通する意識が見られ、特に白石の批判者であった荻生徂徠と共通するところが多い。徂徠も、学問における「争心」「客気」（党派心）を強く否定し、そこに徂徠学の成立の端を見ることができる。(21) また「をの〳〵其心を師とし、好むかたざまにひかれ候て」という自己の主観性のなかに惑溺している当代の学者に対しては、「我が心を以て我が心を治むるは、譬へば狂者みづからその狂を治むるがごとし。」（『弁道』十八）と徂徠も同様な認識を持っていた。そして白石・徂徠も、「道学」的に心の修養を第一義とするのではなく、「礼楽」という具体的な政治施策によって理想的な治世を実現しようとした。したがって「朱子学」「古学」のように学派分けして両者を対立的に捉えることは無意味である。近世日本思想史を理解する場合に、学派分けを一切取りやめ、時代思潮によって区分する方がむしろ有効なのでないかと思う。白石も徂徠も、いわゆる幕藩制国家の改革再編が喫緊の課題となった十八世紀初頭で活躍した思想家であった。白石は朝幕関係論に踏み込むことによって、徂徠は朝幕関係論を巧みに回避することによって、その課題に応えようとしたのであった。

(三) 新井白石研究における本書の立場

近現代の定型化された学者白石像とは異なり、政治家白石は上記のような野心的で神経質な性質を有していた。戦後では、総合的な白石研究書である栗田元次『新井白石の文治政治』[22]、前掲の宮崎道生『新井白石の研究』の名著二作が発刊され、基礎的な研究の充実がなされた。

栗田は、武断政治から文治政治への転換が家綱政権にはじまるとし、そして家宣・家綱政権下で最も文運が盛んとなると捉え、その文化的発展に大きな役割を果たした新井白石の思想を高く評価とするという視座に立つ。人民の保護と幕政の安定化につとめたとして高く評価し、さらに「佐幕」の代表格として批難されることが多かった白石への一般的な見方に対し、「尊皇」思想家としての面を強調した。栗田によって白石の総合的研究が開始されたことの意義は大きく、また栗田のみが所蔵している貴重な関係資料もあるが、「尊皇」思想家としての白石像の提示においては、付会的な資料読解も見られ、戦前での限界を感じさせる。栗田の業績をふまえつつ、現在でも通用する総合的研究をなし得たのが宮崎氏である。

『新井白石の研究』の初版(一九五八年一月刊)は宮崎氏が東京大学へ学位論文として提出したものである(その後増訂版が一九六八年に刊行)。増訂版の自序で宮崎氏は「近代科学の父」「近代科学の啓開者」としての白石を評価すると述べ、この著によってこの白石像は国内のみならず海外にまで通用することになった。宮崎氏の特徴は、資料の渉猟と実証的論証の緻密さにある。第一編第二章第三・四節では、従来用いられなかった朝鮮側の資料――『粛宗実録』、『李朝実録』、『宣宗修正実録』、『攷事撮要』――なども駆使して国諱論争を解明し、第四編第一章では、白石のキリスト教批判が、明の鐘始聲『天学初徵』・『天学再徵』の二著の影響を強く受けていることを実証的に解明し、なかでも世界地理認識を論じた第二編は秀逸で、『西洋紀聞』と『采覧異言』との成立過程を新井家所蔵の「外国之事調書」を用いて解明した手腕には瞻仰するばかりである。

宮崎氏によって白石研究は一定の到達点に至ったわけであるが、その後は、史学、言語学、地理学等個々の領域における研究が細分化されて進められる傾向にあった。そして、氏自身は、「従来白石は、余りにも合理主義者として喧伝されすぎた嫌ひがあり、そのために白石の精神構造が全き姿に於いて把握されてゐない憾みがあつた[23]」と述べているにもかかわらず、氏以降では、むしろ白石は「合理主義者」として一人歩きしてしまった。

かかる「合理主義者＝白石」という従来の図式に疑問を抱き、白石研究が往々にして白石自身の個性から乖離してしまったことを明確に指摘し、上記のように野心的な政治家として白石を描き出した画期的な研究が、ケイト・W・ナカイ氏の研究[24]である。九〇年代以降の白石研究、たとえば白石の政治思想の精緻な検討を行った中田喜万氏の研究[25]や白石の「正名」論とその批判的継承を解明した私の研究などでは、ナカイ氏の研究へ必ず言及しており、氏の業績の大きさがうかがえる。ここで氏の研究スタンスを見てみよう。

「白石を実証主義的な真理探究に没頭した合理主義者として規定することは、彼の学問活動の中心的意味を覆い隠してしまうことにもなる。白石の学問活動、とりわけ彼の歴史に関する著作は、客観的で主観を排したものであるというこれまでの評価からはほど遠く、実は首尾一貫して特殊な政治目的に方向づけられていた。この事実を無視することはこれらの著作の重要性を読み違えるだけではなく、これらの著作に込められた最も興味深くかつ示唆に富んだ要素を見逃してしまうことになる。(26)」

ナカイ氏の主張は明快であり、要約すれば、「包括的で不可分の主権を支配者は実行するべきだとする儒学理論に白石は徹底的に基づき、朝幕の間で二分化された王権構造を解消し、将軍を頂点とした一元的な王権を作り出そうとした。ただし近世日本にあって儒学理論に拘った白石の試みは失敗に終わった」という論旨になる。ナカイ氏の論の是非は、本論で取り上げていくので、詳細な検討はしばらく措くが、このような立論の前提となる氏の資料読解の方法について、ここで取り上げたい。

「史書およびその他の著作を通して、白石が成し遂げようとしたことを正確に評価するには、我々はジャグラーが繰り出す技の表面の奥にあるものを次々と探っていかなくてはならない。内的なものから選り分け、彼の主要な主張とフェイント的な物言いや戦略的な言い回しとを区別し、彼の著作のさまざまな次元に横たわっている関心や前提の相互作用を見分ける必要がある。我々はこの過程を通して、白石が何を目的とし、いかなる方法でそれを達成しようとしたかについて、より十分な理解へと到達すべきなのである。(27)」

ナカイ氏は、戦略的な白石の思想を読み解くためには、白石の言辞をフェイント的なものと内奥にあるものとに選り分ける巧妙な作業が必要だとする。(28)私は、ナカイ氏の述べるように、白石の思想を戦略性に満ちたものとして把握する姿勢には共感するが、白石の思想を、「真なるもの」(一次的なもの)と、「真ならざるもの」(二次的なもの)に選別する作業には危惧を抱く。ナカイ氏の研究に対する幾つかの書評・コメントが呈した疑問[29]は、根幹的にはナカイ氏のこの「選別作業」に起因している。戦略的な思想家が、自己の言辞に様々なレトリックを駆使し、それぞれの言辞にアクセントをつけることは想像に難くない。しかしながら、白石のそれぞれの言辞のうち、何を以って「真」とし「真ならざる」とするのか、その選別の前提については、慎重かつ執拗に検証する必要がある。白石の広範に渉る思想を再構成する時に必要なことは、徹底して白石自身の認識に基づいて白石の言説を再構成する態度である。研究者の恣意的な仮説によって、白石の言葉を選り分けることはあってはならない。ナカイ氏の描く白石像は非常に刺激的で魅力あるものであるが、残念ながら白石の著作に対する読解とその検討が不十分な部分があり、とりわけ国王復号説に関する理解については私は首肯できない。

本書は「認識されたものの認識」（村岡典嗣）という文献学的方法に徹底して基づき、白石自身の言葉を執念深く読み解き、真に白石が意図していた政治構想を再構成することを目的としたものである。白石の思想を再構成するにあたり、白石自身には、合理主義的な学者の容貌とは異なる野心的な政治家の顔があったことは見逃してはならない事実である。ただし、はじめから白石の政治戦略を設定し、演繹的に著作を読解するのではなく、各著作で述べられる白石の言辞を綿密に読解していき、帰納的に白石の政治構想を再構成することが極めて重要である。

第一章　新井白石の鬼神論再考

本章では通途の白石像を一変するために、「合理主義」「実証主義者」「博識な思想家」という像の典拠となっていた白石の鬼神論を、詳細に検討する。

はじめに

近世日本儒教の在り方をめぐっては、大陸儒教が持っていた「宗教性」を稀薄化したとする加地伸行氏の指摘がある。

「これが江戸時代に至ると、檀家制度により仏教寺院が大方の葬儀を担当することになったため、儒教による喪礼は儒式に従う武家行政家の一部を除いてあまり行なわれなくなる。そのため、儒教の宗教性がしだいに見えなくなってしまってゆくこととなった。その結果、礼教性が儒教の中心となり、知的な探求が多くなった。つまり、儒〈教〉と言うよりも儒〈学〉の気分が強くなったのである。[30]」

氏の言われるように、宗教政策において、近世日本儒教は「宗教性」を稀薄にしていたことは揺るぎない事実である。

寺請制度を公式的な宗教政策とした日本の近世において、儒葬の基本的テキストである『文公家礼』[31]による葬祭は根づかなった。名君の誉れ高い岡山藩主池田光政は、『文公家礼』（及びその注釈書である明の丘濬著『文公家礼儀節』）に基づき寛文六（一六六六）年から「神職請」を施行したが、幕閣さらに領内の寺院や民衆との間で軋轢を生じ、施行から二十一年後、藩主綱政の時代になり、神職請は廃止され、寺請制へと復帰する[32]。岡山藩の神職請制は、藩の宗教政策が公儀の宗教政策である寺請制と異なった希有な例であるが、その実施期間はわずかであり、近世史を全体として眺めてみれば、寺請制が宗教政策において確固たる位置を占めていた。こうした時代状況をふまえ、加地氏の指摘には、近世日本において儒葬がほとんど行われなかったという宗教制度における在り方を、「儒〈教〉と言うよりも儒〈学〉の気分が強くなった」として思想面にまで連続して捉える構図が見られる。

近世日本儒教が「宗教性」[33]を稀薄にし、儒〈学〉としての雰囲気を強くしていったとする図式は、加地氏に限らず、他の研究者にも見られる[34]。その典型的な儒者として従来考えられてきたのが、新井白石である。白石の鬼神論――「死」に関わる、則ち霊魂や祖先祭祀に関わる言説――には、「合理主義」的態度が見られるとする見解が研究史において大勢を占めている。友枝龍太郎氏[35]や加藤周一氏[36]の見解がその例である。白石の鬼神論に対しての、友枝・加藤両氏に見られる「合理主義」という規定は、脱神秘主義とほぼ同義である。友枝・加藤両氏に比べて宮崎道生氏の鬼神論に対する評価は慎重である。宮崎氏は、白石が基本的に合理主義的立場から鬼神論を著述しながらも、そこには合理主義から逸脱した神秘主義的な要素が見られるとしている[37]。強調しておくが、私は、白石の鬼神論に対して「合理主義」か否かという枠組みから論じようとしているのではない。従来の「合理主義」という平板な評価では掬い取られなかった思想的営為に着目しようとするのが本章の立場である。

このような見解は、なるほど「神《カミ》とは人《ヒト》也。」（『古史通』巻之一）と神話の脱神秘化を行ったとされる白石のイメージに相応しい。

しかし、「無鬼」論者の代表格山片蟠桃の次の言葉を見てほしい。

「新井白石氏ノ鬼神論ハ、（中略）ソノ怪ヲ信ズルコト仏者ノゴトシ。已ニコノ人ノ著ハス処ノ書少ナシトセズ。何レモヨク校正シテ苟クモセズ。何ゾ鬼神論ニ至リテカク怪誕ヲナスヤ、サトスベカラズ。」（『夢ノ代』無鬼上）(38)

もちろん蟠桃なりの誇張を差し引いて考える必要はあるが、「怪ヲ信ズル」「怪誕ヲナス」という蟠桃の評価は、白石の鬼神論のある側面を的確に突いていると言わねばなるまい。実際に、白石の『鬼神論』では、その中間部を、くどくどしいまでに多くの「怪誕」の引用に割いている。これは先に見たような、「合理主義」者という白石のイメージとは明らかに矛盾する。したがってその矛盾を解決しようとすれば、苦し紛れに、「怪異妖怪の例の引用も、白石にとっては、文献主義者としての博覧強記の誇示であったであろうが、……(39)」として、博識な「文献主義者」という白石の像と結びつけざるを得ない。

それにしても、白石は怪異になぜこれほどまでに関心を払ったのであろうか。「合理主義者」「文献主義者」という従来の平板な定義では白石の鬼神に対する思想的営為を真に理解できない。怪異（特に「厲鬼」）に関する彼の思考の道筋を辿った時、我々の眼前に現出する白石には、怪異を自然現象の一部として脱神秘的に把握する取り澄ました「合理主義」的な態度ではなく、現実社会に深刻な影響を与える実在のものとして「厲鬼」を警戒する強い危惧が窺われるのである。「生身」の白石には、「合理主義者」といった従来のイメージでは包括できない多様な面が見られる。
この章では、以上のような問題提起をふまえて、白石の鬼神論を内在的に理解し再構成していく。結論を先取りして言えば、そこに看取し得るのは、白石独自の「政治」と「宗教」に関する思想的営為である。(40) 従来の白石像を一新する作業は必然的に、宗教制度の在り方と思想の在り方を安易に連続させていた従来の近世儒教観（「宗教性」を稀薄にした、儒〈学〉的な儒教）に対しても、根本的な見直しを迫ることにもなろう。

一、鬼神を「しる」

そもそも、「鬼神論」は、大陸の朱子学そのものが孕んでいたある難問が解決されないまま、日本へ「輸出」されたものである。朱子学では、鬼神は陰陽二気の働きによって説明され、人は死ねばその気は散じてしまうと説明される。この言説は、近世日本の知識人にある程度流布したと考えて良い。近世前期での儒仏論争をテーマにした仮名草子は言うまでもなく、近世中期の怪談話の類にまでも、鬼神を陰陽二気によって自信に満ちた調子で説明する儒者らしき人物が登場している。

「先生云へらく、「（前略）先づ世界の目に見え耳にふれ候物は天地も山川も草木も水火も土石も凡そいきとし生ける物、何も陰陽の二気にもる、物なし。是れを両儀といふ。その陽の所為を神と云ひ、陰のなす所を鬼といふ。（後略）」」（山岡元隣著『古今百物語評判』「第二　鬼と云ふに様々の説ある事」(41)）

死ねば気は散じると説かれる一方で、儒教の鬼神論では、子孫が誠敬を尽くし祖先を祭祀する時は、一旦散じたはずの死者の気と子孫との間で「感格」が起きると説かれる。鬼神を他の自然現象と同様に聚散の運動によって認識するだけでは、祭祀における「感格」を説明することができない。この矛盾を解決するために、散じたはずの祖先の気は、恒久・普遍的に世界に存在する「理」を根拠として、子孫の気との「感格」が可能になると、朱子学者は何とか整合的に説こうとする。こうした儒教の鬼神論の難問を受け継ぎ、「理」「気」の概念で解答を見つけようとしたのが、崎門の佐藤直方や三宅尚斎などであった。

しかし、白石の鬼神論では、気の聚散と祭祀での来格との間で起きる撞着が、解決すべき問題として取り上げられていない。白石の鬼神論は、その多くが朱子及び門人の言葉の引用によって構成され、一見すると朱子学の鬼神論をただ紹介したものに過ぎないように思われる(42)。ここで我々が注意したいことは、白石の鬼神論が集約された二つの著作──『鬼神論』(43)『祭祀考』(44)──における主要な問題関心が、前述の気の聚散や祭祀における祖先の「気」の来格をめぐる難問にあったかどうかということである。朱子学からの引用が多ければ直ちに朱子学的と言えるのか。私は要素論ではなく機能論で思想は理解すべきだと考える。すなわち白石は『二程全書』や『朱子語類』等の程朱学からの言辞を要素として多く引用しつつも、全体構成として白石の鬼神論（『鬼神論』『祭祀考』）は、朱子学のそれとは異なる機能を持っているのである。結論から言えば、白石は、気の聚散や祭祀での来格をめぐる前述の矛盾を解決しようとしたのではない。白石は彼独自の問題関心から、『鬼神論』『祭祀考』を著述したのである。彼の関心事の一つは怪異、とりわけ人の怨念の実在性であり、もう一つはそれが当代の徳川政権に及ぼす影響である。それでは白石の鬼神論への考察に入ることとしよう。

鬼神を認識するにあたり、白石は以下のような基本態度が必要だとする。

「鬼神の事まことに言難し。只いふ事の難のみにあらず、聞事又難し。たゞ聞事のかたきのみに非ず、信ずることまた〳〵難し。信ずる事の難ことは、是しる事のかたきにぞよれる。されば能信じて後によく聞とし、よく知りて後によく信ずとす。能しれらむ人にあらずしては、いかでか能いふ事を得べき。いふ事誠かたしとこそいふべけれ。」(45)

鬼神を認識するに際して、「しる」ことの重要性を説く白石の態度は、先行研究では「主知主義」の表出したものとされる(46)。こうした見解の背景には、「合理主義者」としての白石像が強く影響しているのは言うまでもない。しかし、「しる」という言葉に白石が付した意味は、「主知主義」という観点から把握し得るものではないのである。先の言葉に続け白石は次のように述べる。

「よく人につかふるは、民の義を務る也、鬼神を敬して遠くるは、鬼によくつかふるの道にや。此二つをあはせてこそ、能しれるといふべけれ(47)。」

白石の述べる「しる」とは、『論語』雍也篇(48)で説かれる意味での「しる」ということ、則ち「よく人につかふる」と、「鬼によくつかふる」という二つのことを「しる」ということなのである。この「しる」という認識に関して、これに続く部分で次のように言う。

「又「明にしては礼楽有、幽にしては鬼神有」とも侍り。幽と明とは、二なるに似たれど、まことは其ことはりひとつにこそかよふらめ。是に能通ぜば、かれにもまた通じぬべき。(49)」

この世の人倫世界を構築する上で必要となる礼楽と、あの世の鬼神への祭祀との、両者を識ることが、「知る」ことの内実となる。礼楽と鬼神への祭祀とは、

「礼に幽則有二鬼神一明則有二礼楽一といふ事有り。我国称して神国といふといへども、祭祀祈祷之方のごとき礼楽政教には施す可らず。(50)」

と、混同して用いてはならず、はっきりと区別されるべきものであると言う。その点において近代日本の国家神道とは明確な差異があったと言える。しかし「まことは其ことはりひとつにこそかよふらめ。是に能通ぜば、かれにもまた通じぬべき。」と述べているように、礼楽と鬼神の祭祀とは区別されるべきものではあるが通底しており、いわば「不即不離」な関係にあるとされるのである。

それでは、礼楽と鬼神の祭祀とが通底するとはどういうことなのであろうか。その答えは次の白石の言辞によって明らかになる。

「さらば神の和を興し給はんも鬼の災を施さんも、天地の気の和ぐと和らがざるとにかゝる也。又、天地の気の和らぐと和がざらん事は人民の気のやわらぐとやわらがざるとにかゝることなれば、いにしへの先王は礼楽を施して民を化し鬼神を祭りて其功をばもとめ給ひし也。明にはすなわち礼楽あり。幽にはすなわち鬼神ありて礼

の楽記にみえたるは此義にて侍る也。〈まづ民を化してその冥助を鬼神にもとむると云事、神を祭るの要方也〉[51]」

※〈　〉は割注。以下同じ。

礼楽による民衆への教化も、鬼神への祭祀も、根幹として天地の気を和らげるために必要なのであり、その目的とするところは礼楽による教化も鬼神への祭祀も共通する。[52]白石の鬼神論の特徴の一つは、天地の気の円滑な循環を最終的な目的とする点にある。[53]

二、生霊及び厲鬼への対処

白石は、鬼神への祭祀において天地の気の円滑な循環を重視するが、天地の気の循環の妨げになる原因に、「生霊」や「厲鬼」の存在があると言う。「はじめに」で述べたように、白石の『鬼神論』では、およそ「合理主義者」としてのイメージに似つかわしくないほど怪異の引用が多いが、そのなかでもとりわけ、「気」が散じることのない「生霊」や「厲鬼」に関する説明は注目すべきである。まずは生霊に関する彼の言辞を見てみよう。

「然らば、彼生るが妖をなす事も、死せるが厲をなすが如し。死せるが厲をなすは、その神、形をさればなり。生けるが妖をなすも、又神、形をさればなり。たゞ死せるものは、神ながく形をさる。生る物は、神時有てその形を出入する事有也。[54]」

生霊は魂魄が一時的にその肉体を離れ、厲鬼と同様に災禍を及ぼすと言う。「生霊」については「彼いけるが人による事は、此のよらる、人の想によりて感じ得る有。又遊魂有て彼人にかわりてよれる有。」というように、人の持つ想念のエネルギーに由来するものとして白石は捉える。白石は「淫祠」について、たとえば稲荷や蛇神への祀りを「国禁」とすべきと厳しく語気を強める一方で、「是らの淫祠、祈禳必ず霊応有事は、如何にぞや。其神よく霊なるにはあらず。彼いつき祭る人の精霊集りて、霊ある也」とも述べる。

朱子学の入門書として東アジア世界で広範に流布した陳淳（述）・王雋（記）『北渓字義』[55]でも「生霊」「遊魂」のような、人心が妖をなす例を認める。ちなみに白石の『鬼神論』でも、淫祠譚や、厲鬼や英霊の話などにおいて『北渓字義』にかなり多くの部分を負っていることが分かる。朱子学の鬼神論は、無鬼論として、換言すれば合理主義の産物として、誤解されることが今でもまま見受けられるが、実際には朱子自身は怪異についてその実在を認める発言もしており[56]、特に大きな権威を持って流布した『北渓字義』では、「邪神」についても「正神」と同様に「敬して遠ざく」ことを説き[57]、怪異・淫祠についての言及が多い。ただし『北渓字義』は精神が充実していれば妖に惑わされないことを教示するのを原則とする。武三思のもとにいた容姿端麗な妾――実は妖――が、時の「正人」であった狄梁公が来訪した時に姿を隠したという話を、陳淳は、「徳重ければ、鬼神欽しむ。」「鬼神のよく人に近づく所以は、みな人の精神の足らざるが所なるのみ」と結ぶ[58]。朱子学派で共通するのは、鬼神論において心の確立の重要性を教示するという点である。一方、白石の場合、「きはめて愛執の深き妬忌の深き、あるいは人を慕ひ、或は人を怨みて、神に仏にいのり、のろひごひする」という人間の思念・感情が、「天地の間にあらゆる沈魂滞魄、おの〳〵其類に感じて、其人にかはりて、妖をなし怪をなす事も侍るなり」ということを述べ、ドロドロした人間の怨念と怪異とが交流し渦巻いている「見えない世界」に対して実在性を強く信じるが、それで朱子学のように個人の心の確立を説くという流れには至らない。後述するように、鬼神論の主題は別にあるのだ。

それでは、災禍をなす「生霊」に対し白石はどう対処すべきだと言うのか。江戸のエクソシストとして有名な祐天[59]のように「悪魔払い」を考えたわけではない。また生きた人間に対して祭祀を考えたわけでもない。「生霊」への対処、ひいては「生霊」を取り上げた白石の意図は次の言葉に内包されている。

「民をつかふに時を以てすることは先王の政なるに、もし其時にあらずして民を用ゆるときは、其怨怒れる気に感じて天地の気も平ならず。寒かるべくしてあつく、熱るべくして寒し。此時に乗じて厲鬼その災なし、人民わづらふこと多を、厲疾とは申す也[60]。」

「民をつかふに時を以てす」とは『論語』学而「道千乗之国、敬事而信、節用而愛人、使民以時」を出典とし、農閑期に民を使うというのが本来の意味であるが、ここは、民衆への適切な政治実践こそが「先王」の政治であるといった文意であろう。もし仁政が行われなければ、民衆の怨怒の気が天地の気の循環を妨げ、厲鬼がそれに乗じて災禍をなす。白石が、「生霊」の存在を述べたのは、怪異な存在に対する好奇をかき立てようとしたわけではなく、為政者が民衆を統治するにあたり仁政――理想的な礼楽――を実践する必要を訴えたかったのであろう。こうした主張は、「明にしては礼楽有」、「いにしへの先王は礼楽を施して民を化し」という前掲の白石の言辞と何ら矛盾するものではない。人倫世界の構築には何よりも礼楽が必要なのだと主張するのである。

続いて「厲鬼」に関する白石の説明を見てみよう。『鬼神論』『祭祀考』を通覧すると、「厲鬼」に関する記述に多くの紙数を割いていることに気がつく。

「凡人いのちながくして、天年の終れる、又年猶壮なれど、身久しく病におかされて終に死せるが如きは、其気則散ず。或は勇壮の人戦陣に臨て戦ひ死し、或は暴悪の人、刑戮に遭て誅し殺され、或は自ら刎《くびはね》、或は自縊れ、或は怨恨を抱ひてまげて殺され（割注略）、或は暴疾にあふて忽に死せる、或は婦女の深く恨みねたみを含る、（中略）彼富貴権勢の人々強死せる事、伯有が如き〈強死とは、病にあらで死するをいふ〉、皆こと〴〵く死して後、其気散ずる事を得ずして、沈魂滞魄、なを天地の間に有て、或は妖をなし、怪をなし、或は厲をなし、疫をなす[61]。」

厲鬼とは、非業の死や急死や怨恨を残したままの死など、普通の死に方をしなかった者の「鬼」であり、その「気」は散じることがなく、災禍をなすと言う。先ほど見たように、白石は、人の怨念の持つ「気」のエネルギーの強さに関心を持っている。これは白石の鬼神論において一貫している。厲鬼で有名な例は『春秋左氏伝』（昭公七年）にある伯有の例があり、北宋の学者たちの間でもそのタタリについて話題になったらしい[62]。前掲の資料は伯有を例示した後で続く文章である。

この厲鬼の及ぼす災禍の対処につき、白石はその帰すべき所を作れば災禍は止むと述べる。

「およそ人死してのちその魂魄おもむきよるべき所なき時は天地の害気に因りて災をなす。これを厲とはいふ也。それをしておもむきよるべき所あらしむればその災おのづからやむべし。かるがゆゑにその後をたて、その祭祀をつかさどらしめければ、その災はたしてやみしとの義なるべし[63]。」

厲鬼はその子孫が祭祀をし、帰すべき所を与えてやれば災禍を及ぼすことはない。しかし族誅などの場合では同姓の人間が絶えたために厲鬼を祭祀する人間はいない。鬼神の祭祀は原則的には同姓の人間が行うのであるが、厲鬼の場合、異姓であっても、亡者の生前の身分と同等の生者が祭祀を行うという泰厲公厲族厲（『礼記』祭法）に基づき祭祀すれば、「気」の拠り所ができる。

「かの泰厲公厲族厲のごときはいかなるいはれありてか祭られけむ。およそ人の不幸にその後なきより大なるはあらずして、人の不仁に人の後を絶より甚しきはなければ、たとひ其姓を同じくせずとも其位を同じくせる人はこれを祭るべき義にや。(64)」

わが国の御霊会や足利尊氏が北条氏を祭ってタタリが止んだことは、まさしくその徴証だと言う。

「故に先王の礼に、天子は群姓のために泰厲を祀り給ひ（割注略）、諸侯は公厲（割注略）、大夫は族厲（割注略）、士庶人は旁親の後なきものをまつる事、みなその鬼の帰する所あらしむるゆへなるべし〈昔本朝にも八所御霊・三所御霊をたてさせ給ひ、尊氏将軍の、後に徳宗権現を祭られしかば、北条家亡魂のたゝり止し事、これらの例にや〉。(65)」

さらに白石は、厲鬼が王朝の滅亡さえも招くと考えた。

「秦は二世にてほろび給ひき。天地と共にならびむまれし人の後なれば天地と共に絶ずして、其祖宗の神も又天神地祇と共に其子孫の祭をうくべきものなるに、たちまちにその後を絶盡して其祖宗の神をして祭うくべき所なからしめ給ひしかば、みづからも又二世にしてほろびはて給ひし也。[66]」

秦が短期間で滅びたのは、前王朝の亡鬼の拠り所を根絶したことに起因するというのである。白石は政権の交代に関して為政者の治世方式や道徳性が天の要請に応えられるか否かによって解釈していくが[67]、ここでは前王朝に対する処遇を因子として政権の滅亡が解釈される。

政権の持続が厲鬼を祭祀することに係っているという論理は、信長と家康の、亡鬼への対処の違いを記述した次の文章にも表れている。

「当代の大祖の御時織田殿と兵をつらねて甲斐の国をうたせ給ひしに、信長武田の一族をことごとくほろぼしその首をきりて獄門の木にかけ、その墳墓までことぐくにやきすてたり。かくて百余日を出ずして其臣のために弑せられ給ひき。神君ふたゝび彼国に入り給ひ、遺れる士民を撫安じ、その旧主のために一寺を修造して彼亡鬼をとぶらはる。其後関が原の戦の時先陣の諸将岐阜の城を陥して首千七百十八をきつて献る。やがて麻布の原に収め葬りて仏事作善をしてこれをとぶらはせ給ひしと。（中略）たゞこの二度の御事をもつても、かの織田殿のふるまひにあはせ考ればまことにありがたき御心にてあり。[68]」

信長は、天正十（一五八二）年三月天目山にて武田勝頼を破るが、その年の六月に本能寺の変にて明智光秀によって殺された。この原因を白石は信長が武田一族を根絶させ、墳墓まで破壊したことに求めている。則ち、信長は秦の始皇帝と同じく、亡鬼の帰する所を無からしめたことにより、自らの身の破滅を招いたのである。それに対し「神祖」家康は、仏事作善でありながらも（白石は原則的には仏式では亡鬼を祀れないと考えているのであるが）、亡鬼を祀っており、後世の鑑戒として評価される。

三、キリシタンの厲鬼と将軍継嗣問題

厲鬼に関する白石の言辞を見てきたが、厲鬼がくどくどしいまでに白石の著作に登場しているのは、ある重要な理由があった。白石にとって、厲鬼は単なる観念の産物ではなかった。白石が生きている時代にも災禍を及ぼす極めて身近な存在として認識されたのである。それでは、白石が最も恐れていた厲鬼とは何か。それは、徳川政権の宗教政策によって殺戮の対象となった切支丹の亡鬼である。

「その、ち天主の教といふ事世に行れて、其事によりて族誅せられしものども前後およそ二十余万人、その時有識の人これを歎て、かれら国の新禁を犯せし罪まぬかるべからずといへども、頑に愚なる性を以て邪に僻る法を奉じ、おのれを正とし佗を邪とし死にいたれども、そのまどひ解ることあたはざれば、その寃また散ずる事もあるべからず。其鬼かならず厲をなしなん。其災もしくは火にあらん歟といひしとにや。〈禅僧愚堂といひしがかくは申せしとなり〉[69]。それより後丁酉の年（明暦三・一六五七年――注）にあたりて火災はじめて行れて死するもの十余万人、これよりして此災年をへだて丶かならず起ること、今に至て絶ず。有識の申せし事誣べからずといひつべし[70]。」

白石は禅僧愚堂の言として、切支丹がキリスト教を是と思いながらも殺されたために、惑乱は解けずその気も散じないまま、江戸に大火を起こしていることを述べる(71)。切支丹の厲鬼によって、「気」の運行が不順となり、その結果現在でも様々な災禍を及ぼしていると白石は認識したのである。

厲鬼のもたらす災禍のなかで、最も白石が危機感を抱いたのが、将軍職継承の不順であった。前掲の『祭祀考』の資料に続く部分で白石は次のように述べる。

「これらの事によりておもひめぐらす。当代の大祖武を以て乱を撥ひ文を以て治を興し給ひし事、その功湯武の下にましまさずと申すべし。さればかの神孫は本支百世其麗億のみにあるべからず。いかなれば四五世をだにすぎ給はず、御よつぎの君ましまさゞることすでにふた世に至りぬ。天下の憂これにありて、微臣の惑又こゝにあり(72)。」

様々な功績を残した「神祖」家康の子孫ならば多子に恵まれ将軍の継嗣について悩むはずがない。しかし四代家綱、五代綱吉の両将軍は世継ぎに恵まれなかった。「正徳の治」の中心的な推進者であり、徳川政権の永続化を願った白石にとって、将軍職の後継問題は最大の関心事であった。

こうした白石の問題意識は、彼の歴史思想のなかでも顕著に表れている。白石は、治世の上で最も重要なのは継嗣であることを、彼の代表的歴史書『読史余論』において声高に主張する。

「されば、世の大切なる事は、人のよつぎの事ほど大切なることはなし。北条が鎌倉殿のよつぎを絶しも、そののち天子の皇統をみだりて王室をよはめしも、摂家の人々の勢をそぎしも、みなこれよつぎの事によれる也。（中略）此事、さらに人臣の家のみにては候はず、人君の継統にかゝれる事なり。されば、東山殿の御あとの事、すなはち、よつぎの事にてかさねてみだれてけり。闇主みづから世をみだり給ふにも、継統の事みだるゝ事也。姦臣世をみだらむとするにも、かならず継統をみだしぬる事也。よく〳〵心得あるべき事也。[73]」

日本の歴史上の様々な政権の滅亡の原因は、継嗣の恵まれないために権力移譲に際して臣下の専制政治を招くことにある（白石は特に幼君を立てることを危惧する）。継嗣問題はまさしく家宣政権にとって最大の障壁であった。後に家宣が病床で白石へ語った次の言葉は、それを物語っている。

「我（家宣――注）思はずも、神祖の大統をうけつぎて、我後とすべき子なきにしもあらねど、天下の事は、我私にすべきところにもあらず。古より此かた、幼主の時、世の動なき事多からず。[74]」

幼君の時に世が乱れるとは白石が家宣に進講した時に強調したことである。

『鬼神論』『祭祀考』で展開された言辞――厲鬼に関する言辞――は、すべて白石が当面した最大の政治課題である将軍職の継承問題へと収斂している。怪異特に厲鬼に関する記述は、将軍職の継承の障碍となっている原因を白石が心血を注いで突き詰めた結果として我々は理解せねばならない。鬼神への祭祀に対する言辞も、将軍の多子を願う白石の心情の吐露なのである。

「こゝを以て愚ひそかに疑ふところ、もしくは今礼楽いまだ修らずして天地の気和ざる所あれば鬼神その他をたすくべきところなくして、生育の理或は達せざるか。さらば先王の法によりて明にしては礼楽の教化を興し幽にしては鬼神の祭祀を修め、かの多子の祥をまねぎ此群姓の望に副べし。(75)」

礼楽を実践し鬼神への祭祀を行うことにより天地の気の円滑な循環を促すことこそが、将軍継嗣の不順を解決する施策として提示されるのである。

さて、『鬼神論』『祭祀考』執筆後の将軍職継嗣問題の行方についても触れておこう。白石が家宣の多子を願う心情は現実として実らず、家宣には三男鍋松（後の家継）のみが残されることとなった。家宣は、死を目前にした正徳二（一七一二）年、尾張家の徳川吉通に将軍職を譲り鍋松の後見役となってもらうことを、白石に提案した。それに対し、白石は、近くは結城秀康や徳川忠長、遠くは応仁の乱を例に挙げて、吉通を擁立する者と、鍋松を擁立する者との間で争いが起こり、その結果天下が二分されることを懸念して、嫡子の鍋松に将軍職を継承させることを進言する。その根拠として、「神祖」家康も幼少時に家督を継いだこと、また主家の継嗣が万が一途絶えた場合に備えて御三家があることなどを挙げている(76)。家宣は、白石の進言を受諾し、鍋松に将軍職を継承させることを決意した。

家宣が病床に伏す前の段階で著述された『鬼神論』及び『祭祀考』で展開された言辞は、家宣に多子を望む可能性があった時期における白石の理想と情熱が結実化したものである。家宣が病床に伏し、幼君である家継が次期将軍に決定される以前の段階では、白石は家臣による専制政治を防ぐためにも、家宣に多子がもたらされることを望んでいたのである。しかし、家宣が病床に伏しあっけなく死去するという事態は白石の政治プログラムには存在していなかった。「何事も今は見はてぬ夢とのみぞなりぬる。」（『折たく柴の記』中）という有名な白石の言葉は、家宣、家継親子の死去により、自己の政治プログラムが完結し得なかったことへの感慨を述べたものである。

おわりに

白石は気の拠り所を失った厲鬼が及ぼす災禍を例証にして、将軍継承の不順の原因を、気の円滑な運行が妨げられていることに求める。そして、礼楽を実践し鬼神への祭祀を実行すれば、将軍の多子を望むことができると述べる。気の運行を妨げる厲鬼のうちで白石が最も恐れたのは、キリシタンの厲鬼であるが、その祭祀について白石は著作や書簡のなかで具体的な施策を露わにしていない。この事実を我々がどう考えるのかは問題となるが、キリスト教へ禁制が布かれた当時にあって、弾圧された亡者への祭祀を公に実行することは不可能に等しいと考えねばなるまい。

キリシタンの厲鬼を祭祀する代わりに白石が考えたのが、「神祖」家康の治世に基づく善政を実行することであった。その善政を「天」が認めて、将軍家に多子をもたらすというものである。その善政のなかで、白石が第一に挙げたのが、「天皇」家の処遇を改善することであった。祭祀によって気の運行が促されるという思考から、天人相関（為政者の善政に天が応える）によって気の運行が促されるという思考へと白石は転換している。

「されば三代より此かた天下の大統の断給ひし事すでに二たびに至り給ひぬ。神祖の御功徳をもて、いまだ百年に及ばずして、その大統のかくおはします事、必ずそのいはれなきにもあらじ。ましてや、当時は前代の御子とならせ給ひし御事なれば、某ひそかに憂思ふ所浅きにあらず。此時にあたりて、天其禍を悔ひて其命維新ならむ事は、神祖の御徳に継れんにしくべからず。但し、それらの御事は、某二十年がほど進講せし所なれば、今はた申すにも及ばず。それが中、議し申すべき一事の候は、（中略）当家の神祖天下の事をしろしめされしに及び

てこそ、朝家にも絶えたるをも継ぎ、廃れしをも興させ給ふ御事共はあるなれ。」(77)

白石は、皇子皇女の出家を廃止する必要を説き、それは、閑院宮家の創設として実を結ぶこととなる。ここには「朝幕」関係をめぐる白石の戦略的意図が窺われる。(78)キリシタンの亡鬼を弔うことと閑院宮家創設とがどのように関わるのか。白石はそれ以上述べることはしない。私なりに推量すると以下のような意図が白石にはあったと現段階で考えている。すなわち、キリシタンの亡鬼をまつることは、キリシタン禁制が布かれた近世日本にあっては考えにくいことであり、白石もそれを意図してキリシタンの厲鬼の存在を示唆したわけではなかろう。キリシタンの厲鬼を挙げることで白石が述べたかったのは、先ほどから述べているように、「天其禍を悔ひて其命維新ならむ」ための政治的実践の必要性である。キリシタンへの弔いができなくても、理想的な治世が実現されれば、「天」が応じて、将軍に多子がもたらされる。特に継嗣という王権の存立の重大事にあたっては、他の王権への処遇が重要となる。秦や織田政権が滅亡したのはその処遇の過失に原因がある。そうなると徳川家にとっては豊臣家への処遇が問題になるわけであるが、豊臣家をまつることは、「神祖」家康の権威を失墜させることになりかねない。そこでもう一つの王権である天皇家への処遇を改善することが徳川王権の永続化に繫がる。そのように白石の意図を推量した時に、白石の本当の狙いは、閑院宮家創立に代表されるように、徳川家と天皇家との融和政策を一層推し進めるためにあったのではないかとも考えられる。これ以上は推論の域を脱しないので論述は留めるが、将軍の多子を招来する善政とは、まず天皇家の処遇改善にあったことをここで確認しておくことにしたい。

白石の鬼神論は、「気」の感覚に基づいて構成される。人の怨念の持つ「気」のエネルギーが実在することを述べ、厲鬼による災禍を現実社会に影響を与える脅威として認識し、厲鬼への祭祀を説くが、それが次期将軍の継嗣問題に対する解答、ひいては閑院宮家創立論として構築されている点で独自性がある。経書注釈に終始する儒者の言説とは異なり、実は徳川政権の永続化へと指向されている白石の思想的営為は、政治家白石たる所以であり、彼の思想のしたたかな戦略性がよく表れている。

我々は「合理主義者」＝白石という一面的なイメージに囚われてきた。しかし、従来の「合理主義者」という白石像は、以上のような彼の思想の独自性を無視し、白石を正当に評価しているとは凡そ言い難い(79)。

「合理的」思想家の典型とされた従来の白石像が成立し得ないことが明らかとなった今、我々は近世日本儒教観そのものを抜本的に見直す必要を迫られることとなった。近世日本儒教は、宗教政策において自らの理想とする葬祭を実現し得なかったが、それを儒者の思想のレベルにおける「宗教性の稀薄化」へとただちに結びつけてしまうことは、あまりにも乱暴であろう。宗教制度の在り方に還元し得ない個々の儒者の思想に虚心に目を向けた時、その時代状況に対峙した独自の様態で思想的営為が展開されていることに我々は気がつくはずである。

先行研究で言われるように(80)、日本儒教の鬼神論は、大陸の朱子学者のような「気」のリアリティや「理」の普遍感覚に根づいているとは言い難い。大陸朱子学において議論の中心となった「気」の聚散や祖先祭祀の根拠をめぐる問題について、真剣に解決しようとした日本の儒者は稀である。しかしながら日本儒教の鬼神論は、大陸の朱子学者が思ってもみなかった形で展開されていく。「気」の感覚に基づく祭祀の論理が、政権永続化の論理へと結びついている白石の鬼神論はまさしくその例である。

（付記）

※引用資料中、『新井白石全集』（国書刊行会、一九〇五年）は「全集」と略記し、巻数、頁数は「＊―＊＊＊」という形で記した。

※資料中の旧字体は適宜新字体に改めた。

注

(1) 日田郡教育会篇『増補淡窓全集』中巻、(思文閣出版、一九七一年)、五頁。
(2)『日本思想大系　本多利明・海保青陵』(岩波書店、一九七〇年)、一三〇頁。
(3)『白石・諭吉』(岩波書店、一九三七年)。
(4)『日本政治思想史研究』(東京大学出版会、一九五二年)、一八五頁。
(5) 前掲書、一八四頁。
(6) 源了圓『徳川合理思想の系譜』第一部四章(中央公論社、一九七二年)。
(7) 加藤周一「新井白石の世界」(『日本思想大系　新井白石』解説、日本思想大系、一九七五年、五〇六頁)。
(8) 白石が西洋自然科学をキリスト教観念から分離し、その後の洋学受容の準備を果たしたとする(高橋磌一『洋学思想史論』、新日本出版社、一九七二年)。
(9)「日本の百科全書家、新井白石」(『日本の名著　新井白石』解説、中央公論社、一九六九年、七頁)。
(10) 宮崎道生による評価。『増訂版　新井白石の研究』序文(吉川弘文館、初版本一九五八年、増訂版一九六九年、三頁)。
(11) その成果として、宮崎道生編『新井白石の現代的考察』(吉川弘文館、一九八五年)が挙げられる。外国人研究者による諸論考は、十分に白石研究史をふまえていない点も見受けられるが、自由な独創的な発想によるものが多い。
(12)『日本経済大典』六巻、一八〇頁(滝本誠一編、一九二八年)。
(13) 同前、二七九頁。
(14) 同前、三六五頁。
(15) 同前、四一二頁。

(16) 同前、三七〇頁。
(17) 同前、四一四頁。
(18) 徳富蘇峰著『近世日本国民史』二十巻（明治書院、一九三六年）、上田万年著『興国の偉人新井白石』（広文堂、一九一七年）等でこのエピソードが紹介されている。また白石研究書で使用される新井家所蔵の肖像画にも、眉間に皺がくっきりと書かれている。
(19) 原念斎『先哲叢談』新井白石第十四条（一八一六年刊、源了圓・前田勉訳注、平凡社、一九九四年）、二五一頁。
(20)『新井白石全集』（国書刊行会、一九〇五年）、第五巻、四三四～四三六頁。
(21) 片岡龍「荻生徂徠の『道』観と朱子学時代の仁斎批判」（『早稲田大学文学研究科紀要別冊』哲学・史学篇二一集、一九九五年）。
(22) 石崎書店、一九五二年。
(23) 前掲増訂版、七一三頁。
(24) 氏の一連の業績は、*Shogunal Politics : Arai Hakuseki and the Premises of Tokugawa Rule* (Council on East Asian Studies, Harvard University,1988)。後、その邦訳が『新井白石の政治戦略　儒学と史論』（平石直昭他訳、東京大学出版会、二〇〇一年）として刊行。
(25)「新井白石における「史学」・「武家」・「礼楽」」（『国家学会雑誌』一一〇―一一・一二、一九九七年）。
(26) 前掲、『新井白石の政治戦略――儒学と史論』平石直昭ほか訳、（東京大学出版会、二〇〇一年）、六頁。
(27) 同前、七頁。
(28) こうした作業は、中田喜万氏が述べるように、白石研究のみならず、政治思想史研究の固有の作業として考えられる。
「このようにナカイ氏の研究によせて考えてみると、状況に応じて実践する思想家の統一像を描くことには深刻な問題がつきまとうことがわかる。本心と方便とをどこで見分けるのか、思想と権力とのどちらが目的・手段なのか、判断に迷う。結局のところ、その思想家の個性まで読み解いてゆかねばならないのだろう。政治思想史研究者の多くが共有する課題だと思われる。」（「書評　戦略的思想家の統一像」、『政治思想学会会報』一三号、二〇〇一年）。

（29）澤井啓一「ケイト・ナカイ「徳川朝幕関係の再編――新井白石の幕府王権論をめぐって――」について」（『日本思想史学』二七号、ぺりかん社、一九五五年）。前掲中田論文。前田勉「ケイト・W・ナカイ著『新井白石の政治戦略――儒学と史論』」（『日本思想史学』三四号、ぺりかん社、二〇〇二年）。

（30）『儒教とは何か』（中公新書、一九九〇年）、二四八頁。

（31）『文公家礼』は朱熹（朱子）の著とも言われるが、その真偽の程は断定し難い。朱熹以降の中国思想史において、『文公家礼』が朱熹の著であるか否かについて論争が起こった。詳細は上山春平「朱子の礼学――『儀礼経伝通解』研究序説――」（『人文学報』四十一号、京都大学人文科学研究所、一九七六年）。

（32）岡山藩神職請については、拙稿「「朱子学」と日本近世社会――岡山藩神職請を題材にして――」（『日本思想史研究』三二号、二〇〇〇年）を参照して頂きたい。

（33）加地氏は「宗教」という語を、「死ならびに死後の説明者」として定義している。したがって宗教性とは「死」に関する概念体系として捉えて可能であろう。儒教における「宗教性」は、特に「気」の体系に多くを負い構成される。

（34）渡辺浩『近世日本社会と宋学』（東京大学出版会、一九八五年）一七〇頁、黒住真「儒学と近世日本社会」（岩波講座『日本通史　第十三巻　近世三』所収、岩波書店、一九九四年）など。

（35）日本思想大系『新井白石』（岩波書店、一九七五年）所収の『鬼神論』解題。

（36）「新井白石の世界」（同前、解説論文）。

（37）『新井白石の研究』第四編第三章「鬼神観」及び第四章「白石に於ける合理主義と神秘主義」（吉川弘文館、一九五八年、増訂版一九六九年）。

(38) 文政三（一八二〇）年成立（引用は日本思想大系『富永仲基・山片蟠桃』、岩波書店、一九七三年、五一六頁）。
(39) 前掲の友枝氏の解題。
(40) 宮崎道生氏は、以下のように述べている。

「基本的には鬼神よりも人間の側に主導権のあることを認めてゐるわけであり、従つて祭祀は礼楽に対しては従属的意味をもつにすぎないことになるだろう。それにしても、祭祀考の中に、鬼神によつて陰陽の和合をみだされない様に、ひいては政治の安定が妨げられないやうに、新たに祭祀が追加さるべきであるといふ主張のあることは動かせない所であり、依然この点は問題として残るのである。」（前掲書、六七五頁）

氏は、白石が人間中心の立場を基本的に取りつつも、祭祀において政治の安定化を図ろうとする見解を持つことに注目しているが、問題点として指摘するに止まっている。この氏の指摘は、白石の鬼神論を「合理主義」か否かというパラダイムから脱却しようとする萌芽が見られる点で大いに意義があるが、その後の研究史において氏の指摘を十分に発展させた業績は見られない。本章は、「政治」と「宗教」をめぐる思想的営為を白石の鬼神論の中核を為すものとして位置づけ、戦前から現代まで研究史で大勢を占めてきた「合理主義者」という平板な白石像の一新を図るものである。

(41) 貞享三（一六八六）年刊行（『続百物語怪談集成』、校訂太刀川清、国書刊行会、一九九三年、一三頁）。
(42) 子安宣邦氏は、「朱子の解釈的言説としての鬼神論をただ増幅する形で模倣する新井白石の『鬼神論』」と述べている（『鬼神論――儒家知識人のディスクール』、福武書店、一九九二年、一九六頁）。
(43) 宝永六（一七〇九）年以前に成立されたと推測（刊行は、白石の死後七十五年経た寛政十二年・一八〇〇年）。
(44) 宝永六（一七〇九）年から正徳二（一七一二）年の間に成立。
(45)『鬼神論』（日本思想大系『新井白石』、一四六頁）。

（46）栗原孝「近世「鬼神論」の政治思想的意味――白石・篤胤・象山をめぐって――」（『桐朋学園大学研究紀要』九号、一九八三年）。
（47）『鬼神論』（日本思想大系『新井白石』、一四七頁）。
（48）樊知問レ知。子曰、「務民之義、敬鬼神而遠レ之、可レ謂レ知矣」。問レ仁。子曰、「仁者先レ難而後レ獲。可レ謂レ仁矣」。
（49）『鬼神論』（日本思想大系『新井白石』、一四七頁）。
（50）『古史通或問』上（全集三―三三五）。
（51）『祭祀考』（全集六―四八五）。
（52）礼楽論と鬼神論の関係を考察した論考として、近藤萌美「新井白石の礼楽思想と鬼神論の関係性――積み重なる礼楽と「統」の観念――」（『寧楽史苑』五三号、二〇〇八年）。
（53）ちなみに白石の批判者であった荻生徂徠において、鬼神とは「人間社会を統一し、世代間を結合する観念的紐帯として聖人の立てたもの」（平石直昭氏）であり、文化形成に重要な役割を果たすものとされる。

「聖人の未だ興起せざるや、其の民散じて統無く、母有ることを知りて父有ることを知らず。子孫の四方に適きて問はず。其の土に居り其の物を享けて、而して其の基く所を識ることなし。（中略）故に聖人の鬼を制し以てその民を統一し、宗廟を建て以て之を居き、烝嘗を作り以て之を享る。其の子姓百官を率ゐて以て之に事ふ。（中略）夫れ然る後神に配し明に殽らふ。人道以て尊く、能く百福を降し以て造化を輔け、礼楽刑政是よりして出づ。」（原漢文、「私擬対策鬼神一道」『徂徠集』巻十七）

反朱子学的な立場を徹底する徂徠は、当然のことながら白石のように鬼神の祭祀を「気」の感覚で捉える発想は全く見られない。徂徠は、「鬼なしと謂うものは、聖人を信ぜざるものなり」（『弁名』）と有鬼的な立場に立ちつつも、禽獣と殆ど変わらぬ生活をしていた太古の人間に文化の形成を可能にさせたという聖人の政治的意図の産物として鬼神を措定する。また、白石の所論において、鬼神への祭祀は、礼楽とはまず分別されるべきという前提があったが、それと比べると、徂徠における祭祀と礼楽とは「礼楽刑政、是（鬼神への祭祀—注）よりして出づ」と親和的である。

(54)『鬼神論』（日本思想大系『新井白石』、一五九頁）。
(55)『北渓字義』については、佐藤仁氏による訳・解題がある（『朱子学の基本用語——北渓字義訳解』、研文出版、一九九六年）。
(56)詳細は三浦国雄『朱子と気と身体』第三章鬼神論を参照のこと（平凡社、一九九七年）。
(57)「敬鬼神而遠之。此一語極説得圓而尽。如正神能知敬矣、又易先之不能遠。邪神能知遠矣、又易失之不能敬。須是都敬而遠、遠而敬。始両尽幽明之義。」（巻二五、三九条）。
(58)「武三思置一妾。絶色、大夫皆訪観。狄梁公亦往焉。妾遁不見。武三思捜之、在壁隙中。語曰、我乃花月之妖。天遣、我奉君談笑。梁公時之正人。我不可見。蓋端人正士、有精爽清明。鬼神魑魅、自不敢近。所謂徳重、鬼神欽。鬼神之所以能近人者、皆由人之精神自不足故耳。」（巻二五、三八条）
(59)詳細は、高田衛『江戸の悪霊祓い師（エクソシスト）』（筑摩書房、一九九一年）。
(60)『祭祀考』（全集六—四八四）。
(61)『鬼神論』（日本思想大系『新井白石』、一五八～一五九頁）。
(62)三浦前掲書、八七頁（平凡社、一九九七年）。
(63)『祭祀考』（全集六—四八四）。
(64)同前、四八三頁。
(65)『鬼神論』（日本思想大系『新井白石』、一五八～一五九頁）。
(66)『祭祀考』（全集六—四八三）。
(67)白石の天人相関思想については、玉懸博之「『読史余論』の歴史観」（『日本思想史研究』三号、一九六九年）、同「新井白石——その思想的営為と基本的思惟様式」（相良亨他編『江戸の思想家たち』上、研究社出版、一九七四年）、石毛忠「江戸時代中期における天の思想――新井白石の天観をめぐって――」（『日本思想史研究』三号、一九六九年）。
（68）『祭祀考』（全集六―四八七）。
（69）愚堂東寔…一五七七年～一六六一年。臨済宗美濃大仙寺の中興。美濃国山県郡伊自良村の郷士伊藤紀内の男。十三歳で瑞雲宗呈について出家。南景宗岳、説心宗宣、物外宗播らに参禅、のち京都妙心寺に至る。一六一一年庸山景庸に嗣法、一六一四年、美濃小島瑞巌寺の住持となる。以来、慈渓寺・正伝寺・大仙寺など美濃・伊勢などの寺々を復興、一六二八年以来、三度妙心寺の住持となる。徳川家光から法要を問われ、また後水尾天皇の帰依もあつかった。没年の翌年、国師号を勅賜（『国書人名辞典』岩波書店、一九九五年。『増訂日本仏家人名辞書』東京美術、一九七四年より）。
（70）『祭祀考』（全集六―四八七）。
（71）殺された切支丹が怪異をなすというのは、当時の人々にとって一定の共有された感覚であったと思われる。たとえば、白石没後に書かれたものであるが、三坂春編《はるよし》選『老媼茶話』の次の怪談を見て頂きたい。

「（前略）其頃加藤明成の御内の徒士宝戸太郎作といひしもの、北方へ用の事ありてゆき、帰り有（※異本「道」）、夜更て雨の降にからかさをさし足駄をはき薬師堂を通しけるに、刑罪に逢ひける切支丹の獄門の首二三十ありけるか、此首とも一同にうなり出し、獄門台より飛抜て手まりの様にはづみ上り、太郎作足もとへこけ来り、手足や頬へしひ付けるを太郎作はらいのけ蹴ちらし少しも動せず通りけるに…」（寛保二年・一七四二年序、『近世奇談集成（一）』、校訂高田衛、国書刊行会、一九九二年、一九九～二〇〇頁）。
（72）『祭祀考』（全集六―四八七）。
（73）『読史余論』下、正徳二（一七一二）年起稿、享保九（一七二四）年完成。（日本思想大系『新井白石』、三九九頁）。
（74）『折たく柴の記』下、享保元（一七一六）年起稿、（松村明校注、岩波文庫、一九九九年、二七五頁）。

（75）『祭祀考』（全集六―四八七）。
（76）以上『折たく柴の記』中（岩波文庫、二七三～二七八頁）。
（77）『折たく柴の記』中（岩波文庫、一三七～一三八頁）。
（78）閑院宮家創設の白石の建議に関して、ケイト・W・ナカイ氏は、白石が「将軍」に「前王朝」である「天皇」家から「新王朝」である「将軍」家へと、平和裡に権力移譲を行わせるという「禅譲」を実行したものであり、「将軍」に「礼楽」「征伐」（国家統治に際しての機能・権限の総体）を保持させるプログラムの一つとして捉えるべきだとしている（「徳川朝幕関係の再編――新井白石の幕府王権論をめぐって――」『日本思想史学』二七号、一九九五年、及び *Shogunal Politics : Arai Hakuseki and the Premises of Tokugawa Rule* (Concil on East Asian Studies, Harvard University,1988) 邦訳『新井白石の政治戦略―儒学と史論』平石直昭ほか訳、東京大学出版会、二〇〇一年）。白石の「朝幕」関係論に関する私の見解は次章で詳述するが、ナカイ氏とは異なる。「神祖」家康が定めた二元的な「朝幕」関係に、白石は理論的な根拠を提示して正当性を与えたのであり、「将軍」による国家主権の一元化を意図していなかったと論じている。閑院宮家創設に関しても、「当家の神祖天下の事をしろしめされしに及びてこそ、朝家にも絶えたるをも継ぎ、廃れしをも興させ給ふ御事共はあるなれ」と述べていることから分かるように、家康によって築かれた近世初頭以来の「朝幕」関係を覆そうとする意図は白石には存在しないのである。日本史側の研究、たとえば深谷克己氏が述べたように（本論文序論参照）、近世の朝幕論は協調体制を基調としており、実際の史的状況から考えても、ナカイ氏が提示した白石の王権論はあまりにズレが大きい。
（79）このような研究史にあって、平石直昭「徳川思想史における天と鬼神」（『アジアから考える　七　世界像の形成』所収、東京大学出版会、一九九四年）は、厲鬼と将軍職後継問題とを関連させて論じており、白石の鬼神論を正当に論じた数少ない研究である。ただし白石の鬼神論を「朱子学的な鬼神論と結びついた呪術的意識」の方面から位置づける平石氏の立場には少しく疑問を感じる。白石の鬼神論は、呪術的宗教性を孕みつつ、それを朝幕関係の改善を意図した政治的実践性に連関させているところに特徴があると私は考える。

(80)　土田健次郎「鬼神と「かみ」——儒家神道初探」(『斯文』一〇四号、一九九六年)。田尻祐一郎「儒教・儒家神道と「死」——「朱子家礼」受容をめぐって——」(『日本思想史学』二九号、一九九七年)。

第二章　新井白石の王権論

前章では、鬼神論への考察を通じて、「合理主義者」「朱子学者」という白石のレッテルを剥がし、彼の思想の持つ政治性に注目した。本章では彼の政治政策で根幹たる位置を占める国王復号を検討し、そこから窺知しうる白石の「朝幕」論・日本国家論を解明する。

1、新井白石の国家構想――国王復号・武家勲階制の検討を通じて――

はじめに

日本の近世における「天皇」と「将軍」の関係は非常に曖昧なものであり、両者に対する一定した呼称はなかった(1)。形式上は日本国の元首たる地位を有するが実質的な政治的権力を喪失した京都御所の主人と、形式上は日本国の元首たる地位を有しないが実質的な最高権力者である江戸城の主人とに対して、我々は通常「天皇」と「将軍」という呼称を用いている。しかし近世の用例はそのように統一されていたわけではない。それは「朝廷」と「幕府」という語についても同様である。こうした為政者や政体に対する呼称の曖昧な状況は、日本近世国家の権力構造を投影したものに他ならなかった。「天皇」と「将軍」のそれぞれを如何に定義し、両者を如何に関係づけるかという問題は、近世の思想家にとって最大のアポリアであり且つその思想が試される試金石であったことは間違いない。

ところで「天皇」と「将軍」、あるいは「朝廷」と「幕府」という呼称が近代以降定着する契機の一つとなったのが、一八世紀後半に成立した大政委任論である。(2) 幕藩体制の動揺や対外関係の変動を背景にして、「天皇」は日本国の元首であるという前提の下、「将軍」は「天皇」から政治的実権を「委任」されているという大政委任論と、武家も含めて全ての人民を「天皇」の臣民として位置づける「王臣」論とが寛政期以降の幕府の公式見解として表明されることを藤田覚氏は明らかにした。(3) この大政委任論や「王臣」論とは異なる論理構成を用いて、「幕府」支配の正統化を図ったのが新井白石である。彼の建議を中心に展開された家宣政権の治政は、「正徳の治」と呼ばれる。この正徳の治のなかでも、「それが中、復号の御事こそ、第一の難事なりつれ」(『折たく柴の記』中)と白石が苦心したのが国王復号であった。国王復号は、宝永六(一七〇九)年に白石が進言し、正徳元(一七一一)年に朝鮮通信使が来訪した際に実行された。(4) この結果、寛永十三(一六三六)年以来朝鮮から日本宛の国書で使われてきた「将軍」に対する呼称である「日本国大君」が、「日本国王」に改められ、また近世初頭以来使われてきた日本からの返書中の「将軍」の自称である「日本国源某」が、「日本国王源某」に改められることとなった。

国王復号は、後に太宰春台から「英断ニテ義ニ当レル事也」(享保十四年・一七二九年『経済録』)と称される一方で、雨森芳洲や中井竹山などから激しい非難を浴びた。また、近代に入っても「国王と称し、某廟と称す。其他の名義皆王朝とひとしくす。是白石の罪を万世に得る所以なり。」(内藤耻叟)、(5)「外朝鮮に対して国体の礼を正さむがために、識らず知らず、内皇室の尊厳に触れ奉ったのは遺憾と言はねばならぬ。」(上田万年)(6) と錚々たる思想家からも論難を受けた。もちろん山路愛山など白石の賛美者もいるが、近世から近代まで白石の国王復号説は物議を醸し続けるのである。

研究史においても白石の国王復号説は重要な問題となっている。なかでもまず注目すべきは、国王復号説における白石の「尊皇」観の位置づけに焦点をあわせた栗田元次、宮崎道生氏の研究である。栗田元次氏は、将軍に国王の号を用いることによって、朝鮮国王と同格にし、将軍が臣従している天皇の格を清国皇帝と等しい格たらしめ、天皇の権威を国際的に確保しようとした意図が白石の国王復号説にあったとし、従来佐幕家と規定されることが多かった白石に、尊皇家の面があることを強調している。(7) 宮崎道生氏は、白石があくまで対外的な立場から国王復号を行ったのであり、将軍を名実共に国王の地位に引き上げようという底意はないとし、三浦周行が白石を「幕臣として将軍本位の尊皇家であった」と位置づけた論に賛意を表している。(8) 以上の研究では、国王復号説を対朝鮮・清との外交儀礼という対外的な面から考察し、「天皇」と「将軍」の身分的な上下関係を主として解明している。(9) 続いて注目すべきはケイト・w・ナカイ氏の研究である。氏は、白石の政治戦略が、将軍家と天皇家にそれぞれ分有されていた「征伐」、「礼楽」という「王権」(10)の権能総体を、将軍に統一して併せ持たせることにより名実ともに真の王者たらしめようとするものであったと論じ、従来の、白石の「尊皇」思想を主たる考察の関心とする研究とは一線を画し、(11) 研究史において大きな功績を残している。

また白石によって国王復号が断行されたことは、思想史研究のみならず、外交史研究において重要な位置を占めるはずであるが、その解明はあまり進んでいない。この分野を代表する荒野泰典氏の研究(12)では、中国からの華夷秩序から脱却するために、天皇の存在を「華」とする「日本型華意意識」が見られたと論じているが、はたしてその意識が国王復号説にも見られるのか。また「大君」号には、徳川将軍の日本の統治権と外交権の実権者としての地位を対外的に表明する意図があったと論じているが、「大君」号に反対して「国王」号を断行した白石の意図には論究していない。そのほか紙屋敦之氏は、一八世紀後期の有職家である大塚蒼梧（大塚嘉樹、橘嘉樹。一七三一年〜一八〇三年）が「禁中並公家諸法度」第一四条文中の「国王」を天皇、将軍の両者とする解釈（『慶長公家諸法度註釈』。写本中、最も古い奥付は寛政七年・一七九五年）に注目し、白石の国王復号は、「国王」を将軍のみとし、将軍＝日本国王とする国際秩序を再編しようとする意図があったと論じ[13]、池内敏氏は、近世日本の外交はあくまで武家政権の自律的姿勢に貫かれており、「大君」号・「国王」号もともに日朝の対等関係を目指したものという見解を提示している[14]。いずれも「大君」号創出の意図や当時の東アジアおよび国内情勢の分析が主であり、一時的であれ復号された国王号創出の意図の詳細な分析、とりわけ「国王」号がどのような政治権能を持つ称号として案出されたのか、その内実の分析には至っていない。この分野で最も精密な研究をしているのが閔徳基氏である。氏は、従来の研究が中国の冊封体制の枠組みのなかで「日本国王」を捉えていたのに対して疑義を発し、閔氏は中近世の日朝関係においては「敵礼」（対等な礼）の構築がベースとなっており、朝鮮側が日本の武家政権を国政や外交を掌握する治者として認識していたことを明らかにしている。その上で、白石は、将軍の「帝王」化を目指し国王復号を断行したと論じ、前掲のナカイ氏の見解に賛意を示している[15]。なお氏は「帝王」を、「絶対的な権力を持し、かつその権力の行使を天命に基づいたものとして表す、いわゆる中国の天子のような存在」と定義している[16]。

以上、白石の国王復号説に関する研究史を検討してきたが、以下の点を問題点として残していると私は考える。

まず一点目は、白石が「将軍」と「天皇」に相応しい称号として、どちらも「天子」という号を付さなかったことの意味を十分に考察していない点である。「天子」と「王」という称号が意味する内容については、近世の思想家によっては区別せず用い、両者とも同じ内容を指し示している場合があるが、白石は「天子」「天皇」「国王」という三つの称号を明確に区別して用いているのである。「天皇」「国王」号に対する白石の定義には、彼の国家構想が色濃く反映されており、彼の政治構想を読み解く上で重要な問題が存在している。白石が将軍へ「王権」の総体を一元化しようとする政治構想を抱いていたとするナカイ氏の見解は、結論を先取りして言えば、「天子」「天皇」「国王」に対する白石の定義を正しくふまえていないという誤謬を犯しているのである。栗田、宮崎両氏の研究においても、この点に関する考察があまりにも不十分であり、白石の所論における「国王」号を「天子」と同様の内容を示すものとして扱う錯綜も見られる。この章では国王復号説に関する一連の著作群を綿密に考証し、白石が「天子」「天皇」「国王」という三つの称号の意味する内容を、どのように認識していたか明らかにしたい。

二点目は、栗田・宮崎両氏の研究で見られるように、国王復号説を対外的な観点に偏向して考察し、国王復号説が対外的（対朝鮮）な課題、国内的な課題の双方に答えるものとしてうち立てられていることを見落としている点である。国王復号説は、朝鮮国との敵礼（対等な外交関係）の構築という要請から提示されたことを念頭に置けば、対外的な立場からの所説と捉えることも可能である。しかし、徳川政権と「朝廷」とに関して、それぞれの権威の領域を確定し、日本国家の権力構造を、幕閣や諸大名、また「朝廷」に対して明示しようとする白石の戦略が、国王復号説には存在しているのである。すなわち国王復号の断行は対朝鮮外交に止まらず、国内的な問題——朝幕関係・将軍と武家との君臣関係——をも射程に入れた政策であったが、その点は特に外交史研究において見落とされている。白石が対峙した対外的な課題・国内的な課題の双方を明らかにし、国王復号によってそれにどのように応えようとしたか解明していきたい。

三点目は、白石の国家構想を、国王復号説のみでなく、武家勲階制の提唱・『読史余論』で展開される歴史論などを包括して考察するという分析視角が、従来の研究では不十分であったという点である。たとえば、徳川政権に「天命」が下ったとされる『読史余論』の所説と、国王復号説とがどのような有機的な関連を有するのか。また、徳川政権に先行する武家政権に対する評価や批判は、国王復号説にどのように反映されているのか。こうした疑問が研究史のなかで提示されてこなかった原因は、前述の分析視角を欠落していたことにあると思われる。白石という思想家を対象とする際に、彼の様々な著作で展開される歴史思想や政治思想が有機的な連関を持ち得ていることを見落としてはならない。諸分野に及ぶ広範な白石の知の総体は、後代の知識人から評価されたようなザインたる性質を持つ一方で、それが「堯舜」の治世を当代に実現しようとする極めて強固な意志に裏付けされたゾルレンたる性質を根幹には有しているのである。

本章は以上のような問題意識と視座に基づき、白石が意図していた国家構想の全体像の再構成を試みようとするものである。

一、国王復号説について

はじめに国書における「天皇」と「将軍」の呼称について、白石は、

「本朝天子御事、異朝にしては天皇とも又は天王とも称しまいらせ、将軍家の御事をば国王と称す。朝鮮の諸書に見えし所も又しか也。」（『朝鮮国信書の式の事』[17]）

というように「天皇」と「国王」とを相応しい称号であると考えていた。この「天皇」と「国王」の呼称のそれぞれが具体的に意味する内容であるが、威令や国政の実行、軍事権の掌握によって両者が区分される。

「異朝の天子日本の国王に書を贈られし事は此時を以て始とすべし。然るに世の人相伝て蒙古の天子我朝の天子に書を贈られしなど申す事は然るべからず。此時の書式は大蒙古国皇帝奉書日本国王と題せられき。これは我国と上下の分いまだ定まらざるが故と見えたり。〈前略〉此頃本朝の天皇の威令国中に行はれず。大小の政事は鎌倉殿の沙汰として北条家のはからひに出し事は、世祖よく〳〵知り給ひし所也。〉」（『殊号事略』上）[18] ※〈 〉は割注。

「其後明の代に日本天皇日本国王の御事をわかちしるして、天皇の御事は国事に与らず、兵馬をつかさどらず。たゞ世々国王の供奉を亨け給ふ由をしるせり。[19]」

また著名な柳川一件[20]における国書改竄について述べた部分で、「将軍」という呼称の使用が対外的に好ましくない理由を以下のように白石は考えた。

「其後元和二年の通使来りし時に僧禄司前南禅崇伝長老〈即金地院也〉国書を草すべしと聞えて、柳川豊前守調興（割注省略）、長老に使を遣して、前年の国書に日本国王と記されず候御事、日本いまだ一統に帰せずとみえし由を以て朝鮮の君臣申す事ども候に付て、此度の国書も其式に候はんには存る所あるよし信使等ひそかに議し申由を告しらせ、……」（『殊号事略』下）[21]

東アジア世界において一軍の将という意味しか有しなく[22]、その実際の在り方と乖離する「将軍」という呼称を対外的に使用することは不適切であり、「一統」即ち日本国家の統一者であることを対外的に表明する「日本国王」号こそが相応しいというのである。

ところで注目したいのは、白石の構想において、「天子」という呼称が、「天皇」「将軍」ともに使われていないということである。もちろん天皇に対する国内の通称として「天子」号を用いることはある。しかし前掲『朝鮮国信書の式の事』において「本朝天子御事、異朝にしては天皇とも又は天王とも称しまいらせ…」とある通り、東アジア世界の天皇に対する共通見解であった。白石のみならず、徳川家の外交文書を集めた『続善隣国宝記』(久保亨識語、天明四年・一七八四年)「朝鮮以将軍与国王同位、書簡不往来日本、以国王譲将軍、故以将軍為国王、以天子為天王、称曰唐例也」(23)とあり、また享保四(一七一九)年に来日した朝鮮通信使申維翰『海遊録』などを見ても、天皇は「天子」ではなく「天皇」という表記になっている。

ここで白石の「天子」に対する定義について、次の二点から考察したい。一つは、「天命を受けて国に君たる人の称」(諸橋轍次『大漢和辞典』)(24)という儒家の伝統的な定義である。この定義からすれば、白石の歴史論において天命が授与されたとされる徳川「将軍」が当代の「天子」たるに適った存在であるはずである。しかし白石はもう一つの伝統的な定義をふまえていた。それは、『論語』巻八季氏篇にある「孔子曰、天下有道、則礼楽征伐自天子出」という定義である。(25)ナカイ氏らが指摘した通り、(26)「礼楽」「征伐」ともに兼備した為政者が、「天子」たるに相応しいという観念は、『読史余論』に展開される「天子」観の一つの根拠となっているのは間違いない。この「天子」観をふまえた上で、天命が授与されたとされる「将軍」に、「天子」という呼称を付さなかった白石の意図を明らかにすることができよう。白石は、国政や軍事権などの「征伐」を完全に掌握しているのは「将軍」であると考えたが、「朝廷」に伝わる宮廷儀礼や雅楽などの「礼楽」に関しては、「天皇」をその源泉的地位にある者として措定したのである。

「天朝与天為始、天宗与天不墜。天皇即是真天子、非若西土歴朝之君、以人継天易姓代立者。是故礼楽典章、万世一制。」（『坐間筆語』）[27]

白石の脳裏には、周知の通り、「サラバ当家ニオキテ武家ノ旧儀ニヨリテ、万代ノ礼式ヲ議定アルベキハ、マコトニ百年ノ今日ヲ以テ、其期也トハ申スベシ。」（『武家官位装束考』）[28]という礼楽百年後制定論という構想があった。しかしこの場合の「礼楽」とは、「武家ノ旧儀」を基にした武家儀礼を指しており、儒教において社会秩序の形成や風俗教化に重要な役割を果たすとされる[29]「礼楽」とはその様相を異にするものであった。白石は、理想的な治世を実現させるために、「武家ノ旧儀」の再興だけではなく、「天皇」をその源泉とする儀礼や雅楽の導入も不可欠な要素と考えていた。たとえば、正徳元（一七一一）年、朝鮮通信使来訪の際に、「朝廷」に伝わる雅楽を演奏させたり、前年の宝永七（一七一〇）年には、中御門天皇の即位式拝観の際に、「朝廷」に伝わる儀礼の調査に努めた事実等は、そのことをよく物語っている[30]。

「天命」を喪失したが、「礼楽」の源泉者たる地位を辛うじて保持している「天皇」と、「天命」を授与され「礼楽」を除く全ての国政（もちろん「征伐」も含めて）を手中に収める「国王」という図式が国王復号説に見られる白石の主要な政治構想の一つである。ナカイ氏が言われるように、白石が「将軍」をして「礼楽」「征伐」ともに兼備した真の王者たらしめようとしたならば、「将軍」に「王」ではなく「天子」という呼称を与えた上で、「将軍」の権力の創出を図ったと考えられる。この点を見落として、白石の政治構想が「将軍」に「王権」の一元化を図るものであったとするナカイ氏の立論は成立し得ないのである。また栗田・宮崎両氏の研究では、「国王」号を「天子」号と同様の内容を示すものとする不注意が見られ、「国王」号と「天皇」号との身分的な上下関係を考察するに留まっており、白石の定義における「天皇」号・「国王」号のそれぞれが内含する統治機能の内実までは考察が及んでいない。再度言うが、白石が「将軍」を「天子」ではなく、「王」として定義したことは、彼の国家構想を読み解く上での要点であり、従来の研究が見落としていた点である。

「国王」と「天皇」との定義について、白石が苦心したのは、「将軍」と「天皇」の身分的な位置関係である。寛永二十（一六四三）年に、朝鮮王から「将軍」への宛名を、「日本国大君」と改めさせた主要な理由の一つが、「王」号は「天子」を意味し、「将軍」が「国王」を自称することは、「天皇」に対して不敬に当たるというものであった。朝鮮では、国家の最高権力者が、「王」であり、その上位に位置するものがいない。したがって日本の「将軍」が「国王」を名乗ることは、自らが無上の尊称を名乗ることになるのではないかという危惧が当時の幕閣や学者にあった。こうした議論の再発を回避するために白石は以下のように述べる。

「或はまた自ら日本国王と称せらるべき御事は本朝天子の御事に疑ひありと申すべき歟。本朝天子の御事は日本天皇と称し奉り、鎌倉京都代々の事を日本国王と称し申せし事、朝鮮の書に見えしのみにあらず。異朝の書どもに相見えし所も少なからず。皇といひ王といひ大小の字義同じからず。況や又皇に係に天を以てして天皇と称し、王に係に国を以して国王と称し、上下の名分相分れし事天地の位を易ふべからざる事の如し。然らば則ち自ら国王と称せらるべき事天皇の御事において何の嫌疑にか相渉るべき。」（『殊号事略』下）[31]

また、次のようにも述べる。

「但し又本朝の皇親親王と申し参らすれ共、現任大臣の上にた丶せ給ふ事叶ふべからざる御事歟。まして其余諸王の御事に於てをや。さらば王号の如きは本朝に於てはさのみ貴み参らすべき御事とも見えざれ共、異朝にしては古も今も相通じて貴とする所なれば、異邦に称して王号を用ひられん事、其事宜を得たりとは申すべし。」（『朝鮮国信書の式の事』[32]）

「国王」は、国政や軍事を掌握する日本国家の統一者であり対外的（対朝鮮）には尊貴な印象を与えるが、国内では「王」号はさして貴称として用いられた事実はなく、「天皇」とは上下の名分によって位置づけられ「天皇」の上に位置することを決して意味しない。

白石の国王復号説に対して、白石と同じく木下順庵門下でありながら白石の論敵であった雨森芳洲は、「王」号こそ「其為国内無上之尊称、豈非昭然歟。[33]」と「無上之尊称」であり、それを「将軍」が自称することは、「上ニ対し不敬なる儀是より上有之間敷候。[34]」と不敬この上ないと批判を展開した。しかし、白石の国内的な「日本国王」号の意味する内容に即して見るならば、国王復号説に対する本質的な批判とは成り得ないと言える。

このように「国王」の位を「天皇」より下げて定義することは、栗田氏が言われたように、朝鮮国王と同格である「将軍」の上位にある「天皇」を、清の皇帝と同格にしようとする試みであるように思われるかもしれない。白石が近衛家熙に宛てた書状[35]の「しからば某此度の微功は、ひとり武家の御ためにもあらず、天朝の御ためにも、あしかるべき御事とは申すまじく候歟」という文言は栗田氏の論拠を裏付けるように思われる。しかし国王復号説に見られる白石の構想は、「将軍」と朝鮮国王との敵礼の構築にあり、「天皇」を対外的な場面で持ち出そうとする意図は著作のなかでは見つけられない。白石は、将軍＝日本国王はあくまで朝鮮国王との同格化を図り、清皇帝との関係性は、天皇も含めてあえて埒外に置いたと私は考えている。中国の冊封を受けている朝鮮国も国王号を名号として用いており、将軍が国王号を用いることで日本も清の冊封体制に組み込まれるのではないかという反論を白石は予測し、次のような主張を述べる。

「異朝の書に見えし日本国王代々の間に、真に其封王の事ありしは鹿苑院の公方一人の御事也。其余は皆々其冊封の事なしといえども国王とは称せし也。是のみならず、凡外国の君長王を以て称せし事、史漢より以来其の書を絶ず。必ず冊封の事をまちて其後に王と称する事のみにあらず。〈史漢の書に西南諸国王又は南越王朝鮮王など見えし類、其君長をかくは申せし也。其君長を封じて王とせられしなどいふ事にはあらず。是等の類、王は君なりといふ義によりて其の国に君たる人を以て王とは称する事也〉」（『殊号事略』下[36]）

白石は対中国との関係性については非常に慎重であった。冊封体制に日本が取り入れられるのを拒否する一方で、天皇を持ち出して清の皇帝との同格化を図るわけでもなかった。国王号の射程にあったのはあくまで対朝鮮であったのだ。それは朝鮮国は「通信国」であったのに対し、清は「通商国」であったことに由来するとも考えられる。したがって白石が「中国を日本流の国際序列における最下位の「蛮夷」の地位に貶めるのに成功したのである。」と論じたロナルド・トビ氏の見解[37]は成立し得ない。

対清との関係性にまで言及しているのは、白石の批判者であった雨森芳洲である。

「是（国王復号――注）ハ公方様御自身而已を見申候而、日本国を忘たる論ニ御座候。彼国弥〻公方様御事を

立、対礼之書問被致事ニ候得ハ、日本ハ天子の国に成り、朝鮮王ハ日本之臣下同格ニ成り、日本国之光栄不過之御座候。」(38)

天皇と清の皇帝との同格化を図ったとする栗田の見解は、白石ではなく、むしろその批判者である芳洲に当てはまる。白石自身の意図を知る手立てはないが、少なくとも白石の国王復号説という言説は、その批判者の言辞が示しているように、「天皇」を日本国の優越意識の根拠とする日本型華夷秩序を志向する色合いは薄かったことを指摘したい。

国王復号説の成立の背景には、朝鮮との敵礼の構築という対外的課題(39)と、「朝廷」との従来の協調関係を維持しなければならないという国内的課題とが存在していた。上記の課題に対して、対外的（対朝鮮）には、日本国の統一者であることを、国内的には、「天皇」より身分的には下位に存することを、それぞれ表明する「日本国王」という称号を以て白石は解答を提示したのであった。その苦心の程は、「すべて当時の事共、漢語をもてうつしがたし。」（『折たく柴の記』下）という口吻によく表れている。しかし、白石は、「天皇」と「将軍」が国家編成の上位に存在する日本の政体が漢語に移しがたい事態に拱手しているわけではなかった。「国王」号に対して、「天皇」より下位に在り、且つ、国政や軍事を掌握する国家の統一者である者の称号という定義を与えることによって、そのアポリアに答えたのである。なお付言すれば、朝鮮側では、事前通告されずに白石から一方的に様式の変更を告げられ激しい反発が起こったが、日本側が国王号を自他称で用いること自体にはそれほど大きな問題を感じなかった。任守幹・李邦彦『東槎録』には「天皇は政に与らず。蓋し関東将軍源頼朝より以後、政は関白（将軍のこと——注）に委ぬ」とあり、実質的な統治主権・外交主権が将軍にあると認識している。また朝鮮通信使の日本観の基礎となった世宗朝の申叔舟

『海東諸国紀』は、将軍を「国王」と表記し、将軍が天皇に「謁す」ることはしながら、「国政および隣国を聘問す。天皇はみな与らず」と天皇には統治権・外交権がないことを既に認識していた。十五世紀中葉から朝鮮側ではこの見解が基調となっており、『海東諸国紀』など朝鮮側の史書を読んでいた白石にとっては、国王復号が朝鮮側にとって敵礼に叶うことを想定した上での断行であったと考えられる。敵礼（対等）外交を旨とする朝鮮国では、もともと日本側に国王号を使用することを望んできた経緯があり、国王号使用というより、白石の手続きの強引さの方に不満があった。朝鮮の群臣の中には冷静に白石の戦略を見抜く者もいた。工曹参判の権尚游は白石の復号断行が、日本国内の諸侯を牽制する意図があると看破している。国王復号が与えた思想的インパクトはむしろ日本国内の方が圧倒的に大きく、天皇への「名分」を逸脱する行為として、当時から近代にまでずっと批難され続けるのである。[40][41]

以上をふまえると、国王復号説を、対外的な内容に偏重して考察し、「天皇」と「将軍」との身分的上下関係を焦点として、「尊皇」思想という枠組みから解明しようとした栗田氏や宮崎氏らの試みは一面的な理解に過ぎないと言わざるを得ない。国王号の創出によって描き出した国家構想は、「将軍」を統治機能の総体を統括する絶対的君主として描かなかったものの、「礼楽」以外の全ての統治機能を掌握した国家の統一者である「国王」として措定し、「将軍」による実質的な近世国家の支配に正当性を与えようとする試みであった。一方で、「天皇」を身分的には「国王」の上位に存するものの、「礼楽」の源泉者という定義に確定することで、「天皇」が統括する政治的機能を限定しようとしたのである。「天皇」に対する白石の定義は、禁中並公家諸法度第一条の「天子御芸能之事第一御学問也」という規定に近似しており、「国王」「天皇」号の確定は、結果として、近世初頭以来の徳川政権による「朝廷」統制に正当性を与え得るものとして捉えられる。

以上の国王復号に関する白石の所説は、『読史余論』で展開される所説と密接な関連を有している。[42]

「尊氏より下は、朝家はたゞ虚器を擁せられしまゝにて、天下はまつたく武家の代とはなりたる也。」[43]

「王朝既におとろへ、武家天下をしろしめして、天子をたてゝ世の共主となされしよし、その名、人臣なりといへども、その実のある所は、その名に反せり。我すでに王官をうけて、王事にしたがはずして、我につかふるものをして、我事にしたがふべしと令せむには、下、あに心に服せむや。かつ、我がうくる所も王官也。我臣のうくる所も王官也。君臣共に王官をうくる時は、その実は君・臣たりといへども、その名は共に王臣也。その臣、あに我をたつとむの実あらむや。」[44]

この資料で見られる「共主」という語については中田喜万氏が鋭く分析している[45]。鎌倉時代から武家政権が成立したが、朝廷は「天下の権」（政治実権）をわずかであるが「分掌」していた。しかし足利尊氏以降、武家が「天下の権」（政治実権）を完全に把持し、朝家はただ「虚器」を戴く形式的な存在に過ぎない。この武家と朝家の関係を白石は「共主」という語で捉えている。当代の徳川政権にも存続するこうした政体において、実質的には君主であるが名号が王臣であった足利義満の臣下の掌握の方式は、「名」と「実」が乖離するものとして白石は厳しく批判する。また、武家が天皇の権威を借りて政令を発する在り方に対しても白石は厳しく批判する。たとえば秀吉の大名統制について以下のように述べる。

「島津に贈り北条に贈られし書、皆々勅旨のよしを称せらる。まつたくこれ天子を挟むで令するの事にてあり。されど、此時、誰かは天子の令をつつしむ事をしるべき。その故に島津も北条もさらに其旨には応ぜられき。おもふに鬼面を粧ふて小児を驚するごとくにて、今はた、これをおもふに、かたはらいたき事共なり。いかで我神祖の神武をもて天下を服し給ひしにおよぶべき。[46]」

この所説においては、秀吉と家康の為政者としての優劣が、個人の道徳性を基準として提示されていないことに注意したい。白石が秀吉を批判するのは、秀吉が既に諸大名を屈服させる程の権力を喪失した天皇の「名」を借りて、全国支配を構築しようとしたその方式にあるのである。それに対し「神祖」家康を評価するのは、家康が天皇の「名」を借りず、武家の実質に相応しく武力によって全国支配を可能にしたその方式にある。白石の政治思想におけ
る為政者評価では、為政者個人の内面における道徳性の有無も問題となるが、「名」と「実」の一致や乖離が主たる問題となっていることに注目すべきであろう。こうした「名」と「実」との乖離に対する白石の批判は、一種のイデオロギー暴露とも言うべきものであり、日本政治思想史上で刮目に値することではないだろうか。

白石のこのような批判の根拠となっているのが、先学が指摘した通り、[47]『論語』子路篇に見られる正名思想である。義満の轍を踏まないために、「名」と「実」の一致を図り、白石は、当代の徳川政権に適用され得る制度を提言する。

「もし此人をして不学無術ならざらましかば、此時、源家、本朝近古の事制を考究して、その名号をたて丶、天子より下れる事一等にして、王朝の公卿・大夫・士の外、六十余州の人民等、ことぐヽく、其臣たるべきの制あらば、今代に至るとも遵用するに便あるべし。[48]」

「その名号をたて丶、天子より下れる事一等にして、王朝の公卿・大夫・士の外、六十余州の人民等、ことぐヽく、其臣たるべきの制」という制度の具体的な施策が、国王復号であり、武家勲階制である。以下、武家勲階制について

詳しく考察することとする。

二、武家勲階制について

白石は、徳川政権と先行する武家政権とを比較して次のように述べる。

「当家ニ及ビテ武家ノ官位ハ、公家当官ノ外タルベシト定メオカレシコト、古来将軍ノ代ニ超絶シ玉ヒシ御事トゾ申スベシ。サレド其叙任ノ次第ハ、京鎌倉ノ代ノ頗古制ヲ存ゼラレシニハ及バザル事アリ。之則当代ノ御為ニ其遺憾ナキニアラザル歟。」（『武家官位装束考』[49]）

徳川政権は、禁中並公家諸法度の第七条で「武家之官位者、可為公家当官之外事」と定め、武家の任官の決定権を「将軍」が実質的に掌握することに成功したが、官位の発給権は形式的には「天皇」に属し、依然として官位の源泉は「朝廷」に存在していた[50]。白石は、「将軍」が官位の実質的な決定権を掌握していることを評価するが、それでもなお鎌倉・室町政権下での叙任制度には及ばないと考えていた。白石は、先行する武家政権のなかでもとりわけ源頼朝政権を、武家政治観を構想する上で重要な指針を示すものとしている。

「武家ノ旧儀ヲ考フルニ、鎌倉ノ代ホド備レルハナカリキ。」（『武家官位装束考』[51]）

「頼朝ノ卿鎌倉ヲ居所トナサレテ、世ノ事沙汰シ玉ヒテ、武家ノ儀ドモイミジクユ、シク作リタテラレ、公家ノ式ニモヨリ用ヒ給ハズ、此事深ク謀リ遠ク慮リ玉ヒシ所アリ気ニ見エタリ[52]。」

頼朝の制定した「武家ノ旧儀」であるが、その実態について白石は次のように述べている。

「朝家ノ官階ヲ重ゼズ、武家ノ職掌ヲ重ゼシメントノ御事ニテ、又御家人ノ如キモ諸国受領ノ外ハ、四府検非違使ヲ専ラニ望ミ申サレシ事モ、家人等モトヨリ武人ナリ、文事ハ既ニ家業ニアラズ。サラバ文官ノ如キハ望ム所ニアラズ。武職ノ如キハ任ジ玉ハラバ、給ハルベシトノ御事ナリ。朝家ノ官階ノ如キハ、アナガチニ貴シト玉フベキニハ非ズ。カヘス〴〵モ此心得武家ニハカナラズ思食忘ルマジキ御事歟。」(53)

武家は「武職」という「職掌」を第一に重んじなければならなく、朝廷の官位を徒に求めるべきではない。こうした姿勢が頼朝の任官制度に貫徹していたと、白石は評価するのである。「文事」は武家の職掌でなく朝家の「家業」とし、「武職」を武家の「職掌」とする論理は、前述の通り、「礼楽」の源泉を「天皇」とし「征伐」を「将軍」が掌握するという国王復号説で展開された政体観と一致している。

以上のような白石の言辞の背景には、朝廷の官位に対する以下の事態があった。

「寛永九年ノ秋、二條ノ邸行幸ノ時、老臣ノ二人従四位下ニ叙シ侍従ニ任ゼラル、是当代ノ朝犿ト申スベシ。コレ近世ノ老中必四位ノ侍従ニナサル、コトノ始メナリ。」(54)

本来は「当家老中ナド申スハ、天下機密ノ事ヲツカサドリテ、其職掌譬ヘバ朝家ノ大臣、武家ノ執権管領等ノ任ニ異ナラズ」という職掌であるべき老中が、天皇に近侍する職である「侍従」に叙せられ、「当家ノ初両代ノ間ハ、其職名モ奉書連判衆ナドイヒテ、其官五位、其禄纔ニ万石ニアマル迄ナリ。」と五位で止まるはずが、四位下と、より高位に叙せられてしまっている。堀新氏の一連の研究で明らかとなったように(55)、官位は家格を示すステータスであり、武家が昇進を望む意欲は並並ならぬものがあった。しかし武家官位は律令制官位に拠っており、現状の叙任制度をそのまま放置しては、武家の職掌が軽んぜられ、朝廷の権威が強まってしまう。

「足利殿ノ代、管領ノ強僭ニヨリテ、終ニホロビ玉ヒシニ懲リ玉ヒ、鎌倉ノ初例ヲ用ヒラレシ歟。此事ヨク大明ノ太祖ノ相官ヲオカザリシニ似タリ。必ズ深キ神慮アルベキ御事歟(56)。」

と、室町政権の躓きを決して踏まないためにも老中の官位を高くしなかった家康の「神慮」に反するものとして厳しく批判する。

現行の官位制では、武家としての職掌を軽んじ、朝廷から授けられる官位を貴び、結果国内的にも対外的にも、徳川政権の権威を失墜させてしまうという強い危機意識を白石は持っていた。武家官位制の問題を解消するために、白石が提唱したのが、武家勲階制である(57)。

「マシテヤ当家ニ至リテハ、武家ノ官位ハ堂上ノ外ニ定メオカレシハ、只白ラ古勲階ノ事ニ相同ジ。サラバ老中ヨリ以下ノ御家人、勲一等二等ヨリ次第ニ勲十二等ニ至リテ、公家ニハ官位ヲ以テ其貴賤ヲ論ジ玉ヒ、武家ニハソノ勲階トヲ以テ、其高下ヲ論ゼンニハ、彼是相妨ル所モナクテ、武家ノ職掌モ自カラ貴キ所ヲ得テ、異朝ノ人ノキカン所モ、尤国体ヲ得ル所ニモアルベキナリ。サレド此議鎌倉京ノ代ニ、イマダ其例ヲキカザル所ナレバ、タヤスクハ申ガタキカ。サレド又我神祖ノ武家ノ官位ヲ、堂上ノ外ニ定メオカレシ神慮ニハタガフベカラズ。」[58]

白石の提唱した武家勲階制は、「朝廷」を源泉とする官位制から武家の叙任を分離することに狙いがあった。その結果、武家と公家が位階をめぐって互いを侵犯することがないと考えたのである。

武家勲階制は、武家政権において前例のないものであるが、源頼朝が武家の職掌を重んじ、朝廷の官位を徒に求めなかった「武家ノ旧儀」をふまえ、一方で「神祖」家康が禁中並公家諸法度第七条の「武家之官位者、可為公家当官之外事」という条文で示した武家の官位制度の方向性を敷衍し「神慮」に適うものである。さらに、勲階制は古代の律令制にも前例がありしかも武家のために作られたものであることを強調し[59]、現在でも朝鮮国では実施していると自説の正当性を主張する。[60]

だが、白石の武家勲階制は「神慮」を祖述するだけに止まらなかった。先にも述べた通り、禁中並公家諸法度第七条により武家叙任の実質的な任命者は「将軍」となったが、形式的には官位の源泉が依然として「朝廷」に存していた。こうした「名」（現行の武家叙任は「朝廷」の官位制に基づく）と「実」（「将軍」が武家任官の実質を掌握する）とが乖離している状況に対して、武家叙任を「朝廷」の官位制から切り離した勲階制に移行し、「将軍」が「名」「実」ともに武家の任官を掌握するという斬新な構想を白石は抱いていたのである。また前掲『読史余論』の主張と併せ考えれば、「将軍」は「天皇」より一等下位に位置するが、武家勲階制によって、「将軍」と全ての武士たちとの間で名実ともに揺るぎない主従関係を構築し、さらに「王朝の公卿・大夫・士の外、六十余州の人民等、ことぐく、其臣たるべきの制」という支配制度を確固たるものにしようとしていたのである。

おわりに

白石は、天命が授与とされる徳川「将軍」に、「天子」ではなく「国王」という「名」を付した。「国王」号は、「礼楽」を除く全ての政治の実権を掌握し、国家の統一者である者に相応しい称号であった。また「天皇」は「礼楽」を担う者の称号として定義され、その政治的権威は、国政や軍事に与らないとされた。「将軍」＝「国王」号の提唱には、「将軍」＝「国王」を、「天皇」より一つ身分的に下位に位置づける一方、「朝廷」の官位制ではなく武家勲階制の施行によって全ての武士階級との間に確固たる主従関係を構築し、さらに「朝廷」を除く全ての日本人民をその支配下に置くことを正当化しようとする白石の国家構想が存在していたのである。栗田・宮崎両氏の研究では、国王復号説を対外的な観点に偏重して考察し、「天皇」と「将軍」の身分的上下関係の解明を焦点としたが、上記の白石の国家構想には考察が及んでいなかった。今までの考察によって、国王復号説及びそれに関連する著作群の所説が、朝鮮との敵礼の構築という対外的な課題だけではなく、「天皇」と「将軍」の位置づけや「将軍」を頂点とする支配構造の明確化という国内的な課題にも応えたことが明らかになったと言えよう。

また、白石の政治戦略が、「将軍」に「礼楽」「征伐」を兼備させ、「将軍」に統治機能の総体を一元化させようとするものであったとするナカイ氏の見解も、立論の仕方に不備があろう。「将軍」に統治機能の総体を保持させるならば、白石は「天子」号を付したはずである。しかし「将軍」に相応しい称号として創出されたのは、「国王」号であった。白石の定義においては、「国王」号は、統治機能の総体を保持する者の称号として考えられていない。統治機能の一つである「礼楽」は「天皇」に属するとされたのである。また、白石が対峙した問題とは、「天皇」と「将軍」とによる統治機能の分割ではない。白石は、武家には「武事」（征伐）を、朝家には「文事」（礼楽）を、それぞれ担うべき職掌として提示し、「神祖」家康によって提示された「朝幕」関係を正当化しようとした。白石は、こうした近世初頭以来の二元的な主権構造を覆す構想を持っていたわけではないが、武家勲階制の提唱によって、「将軍」＝「国王」を頂点として「朝廷」を除く全人民を、「名」「実」ともにその支配下に置くことを確立しようとする構想を抱いていたのである。ここにこそ、徳川政権の実質的な全国支配に理論的根拠を与えようとする白石の意図を窺知できる。

　こうした白石の国家構想は、徳川政権の実質的な支配方式を、「国王」号や武家勲階制などの「名」によって正当化しようとしたものである。換言すれば「実」に相応しい「名」を与えることによって徳川政権の正当化を図ろうとした政治構想なのである。

　そして、「実」を前提にしてそれに相応しい「名」を与えるという白石の正名思想こそが、白石とその批判者との決別点であった。

　白石の国王復号を批判した芳洲は、書面において敵礼が行われていることから、朝鮮側が使用する「大君」という名号が「日本国王」を実質的に表しているに他ならない、したがって大君号の使用を恥辱に思うことはおかしいと述べている。

「朝鮮より之書簡ニハ毎度朝鮮国李諱、奉書日本国大君殿下と書載被致候。一国之主より他国の臣子に書通致候時、或書奉書、或書殿下、且又王諱を書載可被仕候哉。其上、書一々敵礼之文句ニて候へハ、大君之称ハ日本国王之称号ニ而候と被存候段、紛無之候処ニ、何迚恥辱之称号とハ御覧被成候哉。[61]」

白石からすれば、芳洲のこの見解こそ「名」と「実」の乖離であり、白石が国王復号で克服しようとした問題はまさにここにあった。

さて近世後期の尊皇思想の高揚の契機ともなる「大政委任論」を、幕閣として初めて松平定信が表明するが、その定信のブレーンの一人である中井竹山は白石の国王復号説を、

「故白石ノ国王ノ議ハ、ツマル所ハ外国ヘノ見ヘヲオモトシ、マギラカシニ称シ、漢文ニワタシ景気ヨキヤウニノミ図リ、ソレニ無理ナル分疏ヲ施シタルニチガイヒハナシ。ソノ姦謀タルヤ甚シ。」（『竹山国字牘』下二八丁表）(62)

と酷評し、「将軍」に「国王」という称号を付すことについて次のように述べている。

「ソノ上国王ハ外国ノミヘバカリニテ、我国中ニ少シモ通用セラレヌコトナリ。（中略）モシ国王ヲ以テ通称ト定玉ヒ、書状ニモ王様ト認メヨトノコトナレバ、大ニ観聴ヲ駭スベシ。」（同前）

白石の国家構想においては、「天皇」と「将軍」とに身分的な上下関係はあるものの、二者が君臣・主従関係で結ばれているとは考えられていなかった。また、「朝廷」以外の全人民は、天皇の臣下ではなく、将軍の臣下として措定されていた。白石は、「天皇」→「朝廷」、「将軍」→武家を含む全人民という近世初頭以来の実質的な二元的支配構造に対して、国王復号説・武家勲階制などの理論的な根拠を与えることによって、それを正当化しようとしたので

ある。それに対して、大政委任論や王臣論では、「将軍」を含む全ての者は、「王」である「天皇」の臣下とされ、「天皇」を頂点とした君臣関係が提示されるのであった。大政委任論や王臣論では、白石の国家構想とは対照的に、「天皇」を頂点とした一元的な主従関係を表明することによって、徳川政権の安定化を図ろうとしたのである。

大政委任論は、幕府が公家を直接的に処罰することや幕府に対する朝廷の干渉を排除することに一定の根拠を与えることはできた。しかし、後に尊皇思想の高揚や倒幕運動の契機となったことを鑑みれば、徳川政権にとってまさしく諸刃の剣であった。

（付記）

＊引用資料中、『新井白石全集』（国書刊行会、一九〇五年）は、「全集」と略記した。

＊資料中の旧字体は適宜新字体に改めた。

注

（1）渡辺浩『東アジアの王権と思想』「序　いくつかの日本史用語について」（東京大学出版会、一九九七年）。

（2）代表的な研究として藤田覚氏のものが挙げられる。『近世政治史と天皇』（吉川弘文館、一九九九年）などを参照されたい。

（3）前掲書第三章「朝幕関係の転換――大政委任論・王臣論の成立――」（『近世朝幕関係の転換――大政委任論・王臣論の成立』、初出は『歴史評論』五〇〇号、一九九一年）。

（4）正使は趙泰億、副使は任守幹、従事官は李邦彦。総人数五百名。なお趙泰億は白石の詩才を高く評価し、『白石詩草』の序文は趙泰億によるものである。白石と朝鮮通信使との詩文交流については、李元植「新井白石と朝鮮通信使――『白石詩草』の序・跋を中心に――」（『季刊日本思想史』四六号、一九九五年）。

（5）「徳川時代武家皇室に対する議論」（『国史論纂』所収、国学院編、一九〇三年、三九六頁）。
（6）『興国の偉人新井白石』（広文堂、一九一七年）、一六五頁。
（7）『新井白石の文治政治』第五章「外交儀礼の更正と文化の発揮」及び第六章「皇運の確保と文化の促進」（石崎書店、一九五二年）。
（8）「新井白石と復号問題」（『史林』九—三、一九三八年）。
（9）『新井白石の研究』第三章「日本国王号の復行」（吉川弘文館、一九五八年、増訂版一九六九年）。
（10）ナカイ氏の言う「王権」とは、国家統治に際しての機能・原理といった意味であろう。他に、ナカイ氏の論考では、「包括的権威」と表現されている。
（11）前掲 *Shogunal Politics : Arai Hakuseki and the Premises of Tokugawa Rule*。「「礼楽」・「征伐」の再統一——新井白石の将軍権力再構築構想とその挫折の意味するもの」（『季刊日本思想史』三一号、一九八八年）、「徳川朝幕関係の再編——新井白石の幕府王権論をめぐって——」（『日本思想史学』二七号、一九九五年）。
（12）『近世日本と東アジア』（東京大学出版会、一九八八年）。
（13）『大君外交と東アジア』（吉川弘文館、一九九七年）。
（14）『大君外交と「武威」——近世日本の国際秩序と朝鮮観』（名古屋大学出版会、二〇〇六年）。
（15）『前近代　東アジアのなかの韓日関係』（早稲田大学出版部、一九九四年）。
（16）前掲書、三三一頁。
（17）全集四、六七一頁。『朝鮮国信書の式の事』の成立は宝永七（一七一〇）年頃。
（18）全集三、六二五頁。なお『殊号事略』の成立について、宮崎前掲書では正徳三年後享保元（一七一三〜一七一六）年の間とし、『新井白石日記』（東京大学史料編纂所、岩波書店、一九五三年）所収の年譜では、享保元年としている。
（19）同前、全集三、六二一頁。
（20）寛永十（一六三三）年、対馬藩の重臣柳川調興が、幕閣からの信任と対朝鮮交渉における自負を背景に、藩主宗義成と対立し、双方が幕府に出訴した事件。審理の過程で、調興は元和三（一六一七）年、寛永元（一六二四）年の二度に渉り、朝鮮への返書における「将軍」の自称が「日本国源某」から「日本国王源某」へと改竄されたことを暴露した。なお近世の日朝関係史における対馬藩が果たした役割や実態については、田代和生『近世日朝通交貿易史の研究』（創文社、一九八一年）、『書き替えられた国書――徳川・朝鮮外交の舞台裏』（中央公論社、一九八三年）が詳しい。

（21）全集三、六三一頁。

（22）「対馬守豊前守等の父子日本朝鮮和議の事を仰蒙りしより此のかた其平ぎ成しに至まで、六年の間事勢しきりに変ぜし事どもありしうちに、東照宮征夷大将軍の宣旨を蒙せ給ひし後に、日本の大将軍好を修せらるべきの仰ありなどいふ事に就て、朝鮮の国王を以ていかでか日本の将軍と隣国の礼を交らる、事あるべきとて事すでに破れんとせし事あり。是は本朝にしては、古へ源頼朝鎌倉に府を開かれ征夷の宣旨をなされしより此かた、此職を以て重任の事とせらる、事にはなりき。凡将軍とは其軍の将たるもの、称なれば、対馬守が家人柳川豊前守が事をも、大明朝鮮の書には倭将軍平調信としるされし事なれば、彼国の君臣はかくは申せし也。」（『殊号事略』下、全集三、六三三頁）。

（23）田中健夫編『善隣国宝記・新訂続善隣国宝記』（集英社、一九九五年）、四二九頁。

（24）たとえば「天下つひに神祖に服せしこと、天命の帰する所、神武の致し給ふ所なり」（『進呈之案』、全集六―二六九）とあり、『読史余論』で見られるように、白石は、日本歴史上で天命が下った政権は、古代の天皇家の政権と当代の徳川政権のみを考えている。白石の歴史思想については、勝田勝年『新井白石の歴史学』（厚生閣、一九三九年）、玉懸博之「『読史余論』の歴史観」（『日本思想史研究』三号、一九六九年）、同「新井白石――その思想的営為と基本的思惟様式――」（相良亨ほか編『江戸の思想家たち』（上）、研究社出版、一九七九年）、石毛忠「江戸時代中期における天の思想――新井白石の天観をめぐって」（『日本思想史研究』三号、一九六九年）、小沢栄一『近世史学思想史研究』（吉川弘文館、一九七四年）。

（25）ちなみに福澤諭吉は『西洋事情』（一八六六年刊）のなかで「立君〈モナルキ〉」（君主制）を「礼楽征伐一君より出

ず」と定義しているが、「礼楽」（文教権）「征伐」（軍事権）を兼備した治者の定義が、中国・ヨーロッパ両文明に共通する君主の在り方として福澤は捉えていたと考えられる。
(26)前掲論文。
(27)全集四、七二四頁。成立は正徳元（一七一一）年。
(28)全集六、四七八～四七九頁。『武家官位装束考』という書名は、国書刊行会が全集編纂の際に命名したものである。成立は宝永七（一七一〇）年頃か。
(29)「移風易俗、莫善於楽。安上治民、莫善於礼。」（『孝経』広要道章）。
(30)白石による礼式改革については、渡辺浩「「礼」「御武威」「雅び」――徳川政権の儀礼と儒学――」（笠谷和比古編『国際シンポジウム　公家と武家の比較文明史』所収、思文閣出版、二〇〇五年）。
(31)全集三、六三六～六三七頁。
(32)全集四、六七二頁。
(33)正徳元年三月十四日付「与新井白石書」『国王称号論』（『吉田松陰全集』第八巻所収、山口県教育会、岩波書店、一九三五年）。※『橘窓文集』巻之二、「論国王事与某人書」（関西大学東西学術研究所資料集刊十一―二、一九八〇年）。
(34)正徳元年三月二十三日付白石宛書簡『国王称号論』（『吉田松陰全集』第八巻所収、山口県教育会、岩波書店、一九三五年）。
(35)近衛家文書、正徳元年七月十六日。栗田前掲書、四九〇頁。
(36)全集三、六三七頁。
(37)『近世日本の国家形成と外交』（速水融ほか訳、創文社、一九九〇年）、一五九頁。
(38)正徳元年三月二十三日白石宛書簡『国王称号論』（『吉田松陰全集』第八巻所収、山口県教育会、岩波書店、一九三五年）。

(39) 朝鮮国では外交における敵礼を非常に重視していた（閔徳基『前近代の東アジアのなかの韓日関係』、早稲田大学出版部、一九九四年）。
(40) 近衛基熙日記では、通信使が日本に着く二十日ばかり前に、白石は将軍に海東諸国記の抄択を進呈していたことが記述されている（前掲宮崎著、四三頁）。
(41) 以上、三宅英利『近世日朝関係史の研究』（文献出版、一九八六年）を参照。なお橋本雄氏の研究によれば、室町期外交においても敵礼を重視する朝鮮国は、足利将軍が日本国王号を使用することを歓迎していた（「室町政権と東アジア」、『日本史研究』五三六号、二〇〇七年）。
(42) 『読史余論』と、国王復号に関する一連の著作群とは、その成立時期をほぼ同じくしている。『読史余論』の起稿は正徳元（一七一一）年で定稿が享保九（一七二四）年であり、国王復号に関する著作である『朝鮮国信書の式の事』は宝永七（一七一〇）年頃成立、『国書復号紀事』は正徳二（一七一二）年成立、『殊号事略』は正徳三（一七一三）年から享保元（一七一六）年の間に成立、『朝鮮聘使後議』は正徳五（一七一五）年頃成立している。
(43) 日本思想大系『新井白石』（岩波書店、一九七五年）所収『読史余論』、一八六頁。
(44) 同前三六九頁。
(45) 「新井白石における「史学」・「武家」・「礼楽」」（『国家学会雑誌』一一〇―一一・一二、一九九七年）。
(46) 同前四二八頁。
(47) 尾藤正英「新井白石の歴史思想」（日本思想大系『新井白石』所収、一九七五年）、本郷隆盛「新井白石の政治思想と世界像――日本的習俗への挑戦――」（『宮城教育大学紀要』第三一巻第一分冊、一九九六年）。
(48) 日本思想大系『新井白石』所収『読史余論』、三六九頁。
(49) 全集六、四六九頁。
(50) 朝尾直弘「幕藩制と天皇」（『大系日本国家史』三所収、東京大学出版会、一九七六年）、深谷克己「領主権力と『武家官位』」（『講座日本近世史一　幕藩制国家の成立』所収、有斐閣、一九八一年、後『近世の国家・社会と天皇』に収録、校倉書房、一九九一年)。
(51) 全集六、四六七頁。
(52) 同前、四七五頁。
(53) 同前、四七〇頁。
(54) 同前、四七一頁。
(55) 「岡山藩と武家官位」(『史観』一三三、一九九五年)、「近世武家官位試論」(『歴史学研究』七〇三、一九九七年)、「大名の官位と『官位』『国政』」(岡山藩研究会編『藩世界の意識と関係』所収、岩田書院、二〇〇〇年)、「官位昇進運動からみた藩世界」(岡山藩研究会編『藩世界と近世社会』所収、岩田書院、二〇一〇年)、「近世大名の上昇願望」(深谷克己・堀新編『〈江戸〉の人と身分三　権威と上昇願望』所収、吉川弘文館、二〇一〇年)など。
(56) 全集六、四七一頁。
(57) 白石の批判者であった荻生徂徠にも、現行の官位制に対する白石と同様な危機意識が見られる。

「且天下ノ諸大名皆々御家来ナレドモ、官位ハ上方ヨリ綸旨・位記ヲ被下コトナル故、下心ニハ禁裏ヲ誠ノ君ト存ズル輩モ可有。当分唯御威勢ニ恐テ御家来ニ成タルト云迄ノコトナド、ノ不失心根バ、世ノ末ニ成タラントキ、安心難成筋モ有也。」(『政談』巻之三、『日本思想大系　荻生徂徠』三四八頁)。

こうした危機感の下、徂徠も、武家勲階制を提唱するが、その先鞭は白石にあると言えよう。
(58) 同前、四七二〜四七三頁。
(59) 「此ノ勲位ノコトハ、本朝ノ昔朝家ノ例アリテ、シカモ武人ノ為ノ事ニテ、神祖武家ノ堂上ノ外ト定メオカレシ所ニ、ヒシトアヒタルコトナレバ、ナニゴトモシカルベキ御事共ナリ。タヾ今ノ世ノ人ノ心ノツカヌト申スモノニヤ」(『武家官位装束考』、六―四七三)。

(60)「此勲位ト云コト、異朝ニハ今ニアリ。朝鮮国ニモアルコトナリ。」(同前、四七四)。
(61) 正徳元年三月二十三日付白石宛書簡『国王称号論』(『吉田松陰全集』第八巻所収、山口県教育会、岩波書店、一九三五年)。
(62)『懐徳堂遺書』三(懐徳堂記念会、一九一一年)。

2、文武論をてがかりとした近世王権論研究

はじめに

この節は、前節の補論的性格を持つ。前節で明らかにした新井白石の二元的王権論の特徴を、同じく二元的王権論を提示しつつも、天皇家の保持する礼楽の文化的教化権を重視した熊沢蕃山、山県大弐という前後の二人の思想家との比較から明らかにしたい。

(一) 大陸儒教の王権論と近世日本の王権構造との懸隔

将軍と天皇という、いわば二人の「君主」が存在する近世日本の王権構造は、近世日本の儒者にとって理解が困難な対象であった。たとえば、前期水戸学者三宅観瀾(一六七四年〜一七一八年)は、「将軍」職の定義について次のように述べている。

「其ノ官ハ則チ朝命ニ受ケ、其ノ位ハ則チ臣列ニ在リ。而シテ凡ソ天下ノ土地財租ハ皆ナ自ラコレヲ有シ、守ヲ置キ吏ヲ署シ、征伐生殺ヨリ廃立ノ大事ニ至マデ、又皆自カラコレヲ専ラニス。周漢ヨリ宋元マデ君臣ノ事蹟ニ未ダコノ類有ルヲ見ズ。」（『将軍伝私議』、一七〇九年成立）(1)

「将軍」は身分体系上は天皇の臣下でありながら、実際上は政治権限を全て掌握し、君主というべき存在であるとして観瀾は認識していた。「天皇」と「将軍」とが君臣関係に措定されるかどうかは儒者の間で相違が見られるが、政治実力の頂点に立つ「将軍」の頭上に、古代の律令的国制の君主であった「天皇」が居座り続ける奇妙な関係をどう定義づけるかという問題は、観瀾に限らず、近世日本の儒家にとって困難な命題であった。大陸儒教の王権論は、皇帝（天子）を頂点とした一元的な身分的・政治的ヒエラルヒーを前提としている。大陸儒教の王権論に準拠しようとした儒者の目には、近世日本の王権構造は中国オリジナルの経書の世界では理解し得ない対象として映ったのである。

さらに大陸儒教の王権思想の根幹を為す天命説からしても、近世日本の王権構造は理解し得ない。天命説では、有徳の君子が天命を与えられて政権を掌握することができると説明される。近世を通じて夥しく流布した通俗道徳書『心学五倫書』(2)などに見られるように、近世日本では天の観念が一定の浸透を見せていた(3)。こうした時代状況に応ずるように、近世日本儒者の王権論では、とりわけ政権変遷史において天人相関思想が強く反映され、政権担当者が為政者として相応の能力・資質を備え得ない時、天はその命を剥奪し、新たな治者へその命を下すという天命説を基調として政権交代が説明される。斯かる天命説に基づく当代観では、武家政権成立以降、天皇家は天命を喪失し、政治力を持ち得ない存在とされる。しかし天皇がその地位を維持している現実は天命説からは説明し得ない。一元的王権を前提とする本来の天命説を遵用すれば、政権を保持し得ない嘗ての治者が、現在でも形式的であれ君主たる地位を保証されるという事態は考えられないからである。

大陸儒教の王権論と近世日本の王権構造との間には、懸隔が存在した。しかしこの懸隔が、日本の儒者に日本の王権構造を自覚的に認識することを促し、大陸儒教には見られない新たな王権論を生ぜしめたのである。

(二) 二元的王権論の発生

天皇家が天命を喪失した後もその地位を保持している理由として、天命説と異なる儒学思想を用いて説明する仕方が一つには挙げられる。積善余慶[4]や名分論[5]などを用いた説明がこれに相当する。こうした方法を取らずに、王権構造を定義しようとする言説がある。職分・家業論[6]によって、「朝廷」と「幕府」の権能を定義する言説である。たとえば家康の名を借り近世で多大な影響力を持った政道書『東照宮御遺訓』(及び附録)には武家と天皇・公家の家業の違いについて次のような言辞が見られる。

「奢と云は家職を失ひ、武家は公家をまなび、出家百姓町人が武家をまなび、我が家職を非にみる者を、おごり者といふぞ。天子の御勤には、正月朔日の朝許より、月なみの御まつりごとあり、これ天子の御家職也。関白は天子を預り、政道正しく、人民のうれへなく治るを職とす。是文道なり。将軍は天下の悪逆を討て、道有をたすくるを職とす。是武道なり[7]。」

「又曰、治国には武家の風公家風のごとく、柔弱になり武道を忘れ、ひとへに詩歌を専とし、我家業を廃する時は、家を亡す者也、此理をしらずして、近代にも西国大内、東国上杉今川など武を失ひ、公家のごとくに成て亡びし也、又天子には後鳥羽院後醍醐天皇、いはれざる戦ぶりし給ひ、御位を失ひ給ふ。」[8]

『東照宮御遺訓』（及び『附録』）には、武家に「武」、公家に「文」という形で家業・職掌を規定する萌芽が見られる。

「文武」という概念自体は、中国思想史においても見られる。有名な「文事有る者には必武備有り」という言葉は『史記』孔子世家の言葉である。しかしこの語は、治世において文事と武事の兼備を説くものであり、近世日本に見られる如く重層的王権構造を規定する意味で用いられているわけではない。中国の王権論は、一人の「天子」の下に権力が一元化されていることを前提としているため、二元的王権論が発生する余地はないのである。それに対して、文武論に基づき構成される近世日本の王権論は、いわば二元的王権論と言うべき性質を有している。文武論を基調とした王権論は、『東照宮御遺訓』などの政道書に見られるだけではなく、儒者の言説にも顕著に見られる。

一、熊沢蕃山の王権論

（一）文武論による日本歴史像

近世前期の思想家熊沢蕃山（一六一九年〜一六九一年）は、天皇の文化的権威を強調した思想家として注目されてきた[9]。その際に引用されるのが次の言辞である。

「もろこしよりも、日本をば君子国とほめたり。其故は、もろこしよりの外には、日本程礼楽の道正しく風流なる国は、東西南北になき事也。それは禁中をはします故にて候。」（『集義和書』巻七、二版本）[10]

斯かる「朝廷」の文化保持的役割を強調する言説は、文武論を基調として成立しているのである。

蕃山は、日本歴史の展開について次のように説明する。[11]

「神代には神道といひ、王代には王道といふ、其実は一なり。大道の世を行めぐる両輪は文武にて候。仏法の輪なき以前、天神地神の御代、人王の初めには、大道行はれて人民至治の化をかうぶれり。」（『集義外書』巻一）[12]

蕃山は、日本の歴史を展開させる重要な政治原理として「文武」という二つのファクターを挙げる。神代と王代では、天皇が文武を兼備するという形で「文武」が理想的に実現されていたと述べる。[13]その後仏教が流布すると、天皇が「武」を失って武家の専制を招くこととなる。その結果、政体は、公家・武家の別に分かれ、天皇・公家が「文」、武家が「武」の「役」を担い、「文武」が分有される形となる。

「仏法ひろまりてより後、王者は武の輪をかきて仏の輪を入、知仁勇の徳を失て王道おとろへたり。武なき文は真の文にあらざれば、終に天下を失ひ給へり。」（『集義外書』巻一）[14]

「中古より、公家は文道の役者、武家は武道の役者とわかれたり。」（『集義外書』巻六）[15]

彼本来の理想的な治世観からすれば、古代の天皇がそうであったように、「文武」を兼備した君主（国家の統治機能・権限を一元化した絶対的君主）が望ましいはずである。この点は、「孔子曰、天下有㆑道、則礼楽征伐自㆓天子㆒

出」(『論語』巻八季子篇)という、礼楽・征伐を兼備した君主を理想とする儒教の伝統的な君主論とも共通する。

しかし、実質的な君主である将軍は、「清盛以来天下をとりて将軍といふ人は、田舎ゑびすの中より起る者」(『三輪物語』巻二)[16]であり、

「武家は文の輪を欠て仏の輪を入、文なき武は野人に近して君子の風ならず、治道全からず。」(『集義外書』巻一)[17]

武家政権は「文」を欠いた野卑な治世の体であると述べ、「武家と成て後は真の礼式はなし」(『論語小解』巻二)[18]と批判的な評価を下す。蕃山は、「武」を司る武家の長である「将軍」に、「文」を担わせることは不可能であると考えたのであった。したがって武家政権成立以降の政体は、天皇・公家が「文」、武家が「武」の「役」を担うものと考えられるのである。天皇・公家の「文」、武家の「武」のそれぞれの内実については次のように述べる。

「王者のをはしまして、国に益有事は、いにしへの礼楽をこたらずして俗とことなる故なれば、其実たえてみるところなく、俗とひとしからば、終には神統あやうくおはしまさむか。」(『集義和書』巻八、第二版本)[19]

「公家はいにしへの礼楽を不失、淳素にして風流に道学を能つとめ、詩哥のわざにうとからず。位に応じて身もちけだかく、人道の法をとるべき本となりておはしまさんには、代々おとろへ給ふ事有べからず。武家は恭倹剛直にして、弓矢の道を失はず。公家を尊び士をおしへ、民を撫安し、天下を警護して、凶賊おこらず。」(『源語外伝』上)[20]

天皇・公家が担う「文」の内実とは、「いにしへの礼楽」であり、天皇、公家の存在意義は、専ら「いにしえの礼楽」を保持していることに求められる。一方、武家は、「弓矢の道」に務め、天下を警護するという「武」を本分とすると述べられる。武家政権が成立した後は、かつて古代の天皇がそうであったように、一人の君主が文武を兼備するという支配方式は望めず、天皇・公家が「文」、武家が「武」をそれぞれ分有し、具体的には、天皇・公家は「いにしへの礼楽」を、武家は「弓矢の道」を、それぞれが「役」として務めることが求められるのである。「文武」を重要な政治原理と考えていた蕃山は、「将軍」をはじめとする武家が「武」を、天皇・公家が「文」をそれぞれ担うという二元論的な在り方を、理想的政体ではないとしながらも当代に適合する政治方式と考えたのであった。したがって蕃山は、「武家の人の帝位に上り給はんと、王の天下をとり給はんとは、共に無分別たるべき也。」(『集義和書』巻八、第二版[21])と述べ、当代において、「将軍」「天皇」のどちらかが「文武」を兼備した絶対的君主となることを否定する。天命説に基づく儒教の王権思想では、天命が授与された国家の統治者の他に、政治権力に関与することなく、ただ礼楽のみを保持するもう一人の君主が存在することを認めることはできない。当代の二元的王権構造を是認する蕃山の言辞は、天皇家・公家に「文」、武家に「武」をそれぞれの「役」として規定する文武論を根幹原理として成立していることを考える必要があろう。

(二) 朝廷の「いにしへの礼楽」

蕃山は、「文武」という二つのファクターを王権論の根幹原理となし、武家政権成立以降の日本では、武家が「武」を、朝廷が「文」を、それぞれ担う二元的王権構造を是認する。武家政権成立以降、政権担当能力を有しない天皇の存在意義は、「文」則ち「いにしへの礼楽」を保持することにあるとされる。徳川政権は、軍事的・政治的権限を掌握し、日本国家の君主たるに相応しい政治的実力を誇っていた。而して、文武論にせよ、儒教の王権思想にせよ、権力を一元化する王権は、「征伐」と「礼楽」を兼備せねばならず、徳川将軍は、「礼楽」を制作し得ない点で、絶対的君主と見做されない。天皇によって「礼楽」の保持がされるという事態は、徳川政権による王権の一元化を妨げる最大の障壁であった。

ただしこの王権構造の欠陥を克服する方法として、

①「礼楽」に替わる文教の手段を提示する。

②天皇ではなく、将軍が「礼楽」を保持する。

という二つの方法が考えられよう。しかし蕃山は、①②のいずれの方法も採らなかった。「いにしへの礼楽」は、文教の手段として重要であり、且つ、礼楽の伝統は朝廷の内にのみ存すると認識したのである。以下は、その認識の仔細である。

蕃山は、朝廷が保持する「いにしへの礼楽」の内、特に「楽」（雅楽）を重視していた。[22]

「天子の位に在ては其時節相応の礼楽を作べき身なれども、徳なければならざる也。ことに楽は聖人神明の徳なくては賢人といへども作ことあたはず。古楽をとり失はざるようにする事肝心也。」（『中庸小解』下）[23]

「楽の世にひろくなることは、公家の御為にはなを以てよき事に侍らん。（中略）たとへ世俗、達者に琵琶・琴をしらべ侍れども、爪音のけだかき所、公家には及侍らず。（中略）楽広く成て、始て公家の公家たる位もしり侍ぬべし。」（『集義和書』巻十四、二版本）[24]

蕃山が雅楽を重視したのは、その教化の特質にある。

「天地ノ律呂ヲウツシテ雅楽ヲ作リ、正キ処ニヲイテ楽ミタマヘバ、下ミナコレニ化シテ雅楽ヲ好メリ。或ハ糸竹ノ調ヲモテアソビ、或ハウタヒマイナドスレドモ、雅楽ノ風ハ淡ニシテ甚面白キコトモナク、又アク事モナシ。是ニ深キ者ハ道徳ヲ助ケ、浅キ者モ不知不識真楽ニ遊テ風俗美ナリ。」（『集義和書』巻七、二版本）(25)

理想的な雅楽を演奏すれば、「知らず識らず」教化されるという。雅楽の教化の特質とは、この「知らず識らず」の教化にある。さらに以下のようにも述べられる。

「文王周公は国天下を治平し給へば、理学心法を述べ給べき時代にあらず。民はよらしむべし、知しむべからず。民徳治によりて不知不識心法を受用し、理にまどはず。孔子も時を得給はゞ、理も心法も説給べからず。時を得ず、天下道なき事久しければ、不得已して心理を説給へり。」（『易経小解』巻一）(26)

雅楽による「知らず識らず」の教化は、「理学」「心法」といった宋明学による「道なき時代」の教化とは異なり、古代中国の聖人によって行われた理想的な教化方法とされる。

ここで注目されるのは、宋明学に対する蕃山の態度である。

蕃山は朱熹・王陽明の学それぞれに対しては、両者ともにその時代の弊害に対決した点で共通し、どちらも社会的有用性があったとして評価する。

「又朱・王とても各別にあらず。朱子は時の弊をたむべきがために、理を窮め惑を弁るの上に重し。自反慎独の功なきにあらず。王子も時の弊によつて自反慎独の功に重し。窮理の学なきにもあらず。」（『集義和書』巻八）[27]

しかし、日本の儒者がそれを受容した際には、学派争いが生じ、日本の朱子学者・陽明学者ともに、本質を見失い、些末な「法」（形式）に拘泥する格法主義が生じてしまうと厳しく批判する。

「近比日本の水土により、山沢草木人物の情と勢とをみれば、易簡の善ならではあまねからず。長久ならざる道理あり。（中略）今の儒学の様子にては、朱学も王学も、治道の助とはなり侍らじ。国君世主少し用ひ給はゞ、少し害有べし。大に用ひ給はゞ大に害有べし。王学の者朱学を格法とて難じ侍れ共、心学者ともに多くは格法にまとはれたる体なり。」（『集義外書』巻十六）[28]

繁縟な宋明学的礼法とは異なる「易簡」な教化が求められる。ここに蕃山が雅楽による教化を重視した理由がある。ところで、中国思想史において雅楽は人間の内なる心情と感応し、社会秩序に重要な役割を果たすとされ[29]、文人社会において発展をみた。雅楽は、文人官僚や宮中の楽人によって担われる。これに対し蕃山の雅楽観は特殊である。蕃山は、理想的雅楽が日本にしか存在しないと認識している。

「もろこしの人は、音楽に達者なるゆへ、代々に作りかへて本を失ひ、我朝の楽人は作り改る事成がたき故に、むかしの伝のまゝをまもりて不失ゆへに、古楽は日本にのみ残れり。後世もろこしに明王出たまはゞ、日本に来て古楽を学ぶべき也。」（『集義外書』巻十五　雅楽解）[30]

蕃山によれば、秦人が始皇帝の悪政を避けて渡来した結果、日本に古楽（雅楽）が伝わり[31]、その後、中国には雅楽が絶え日本にしか残存してないという[32]。

理想的な雅楽は日本にしか残存していないと認識されるが、その日本のなかで雅楽を保持しているのが、先ほど掲げたように、朝廷なのである。蕃山は実際に親密な交流のあった[33]藪嗣章などの公家を理想的な雅楽の担い手として考え、次のように述べる。

「箏にはふりと云事あり。書にも記す事あたはず、口伝にもならず。たゞよき人の所作を見て知、聞て知者也。今の藪嗣章卿・亜相卿のすがゝきのふり、目にふれ爪音耳にとまりておはすらん。幼少より器用にも見えたり。今は四十余にもあらん。此人おはする内におこさばおこさるべし。」（『孝経外伝或問』[34]）

近世以降では家元制により、特定の堂上公家が特定の楽器の師家として固定されるようになり[35]、また地下でも三方楽所が確立されることによって[36]、雅楽の担い手は朝廷内に限定されていった。こうした事実に蕃山の雅楽観は基づいていよう。さらに雅楽の担い手が限定される要因として、雅楽の性質が挙げられる。蕃山によれば、雅楽は、「ふり」という身体所作によって伝承されていくものであり、文字化できるものではない。中国では、宋代に朱熹や門人の蔡元定[37]によって古楽復興がなされ、その成果は『律呂新書』として刊行され、雅楽の理論が文字化される。それに対し、蕃山の雅楽観では、雅楽が本質的に文字化できないものと考えられ、担い手が朝廷の公家に限定されている。将軍による王権の一元化が不可能と考えられ、二元的王権構造が蕃山から提示される理由として、以上のような雅楽観をふまえる必要があろう。

王権構造の基底をなす「文」「武」の内、「文」の内実について蕃山は雅楽を措定したのであるが、理想的雅楽は日本にしか残らず、またその担い手は朝廷の公家たちにしか担当できないと考えた。このような雅楽観は、一世紀後の「尊皇家」山県大弐に継承されることとなる。

二、山県大弐の王権論

(一) 大弐の文武論

明和事件で斬首に処せられた山県大弐（一七二五年〜一七六七年）は、「尊王斥覇」（尊皇倒幕）を唱えた思想家として従来理解されてきた。[38] 丸山真男氏が指摘した通り、大弐の思想には峻烈な規範主義と復古主義が見られる。[39] 十八世紀中の「尊王（皇）思想家」として注目すべき大弐であるが、彼の天皇観・歴史観は熊沢蕃山のそれと類似していることが指摘されてきた。[40] しかしながらその内実については詳細に論じられていない。本稿では、文武論の視座を基にして、大弐と蕃山の思想の関係についてその詳細を論ずる。この作業は、大弐と蕃山の思想の比較考察に止まるのではなく、「尊皇」思想の内実に鋭く切り込んでいくことになろう。

大弐は、天皇家が政治を掌握していた時代を、礼楽が実現されていた理想的治世として評価する。

「我が東方の国たるや、神皇、基を肇め、緝熙穆穆、力めて利用厚生の道を作《おこ》し、明明たるその徳、四海に光被する者一千有余年なり。衣冠の制を立て、礼楽の教を設くるは、周召のごときあり、伊傅《いふ》のごときあり。民、今に至るまで、その化を被らざるなし。」（『柳子新論』正名[41]）

その後武家政権が確立されると、「文」＝礼楽は廃れ、「武」のみが貴ばれる弊害が生じ、民は苛政に圧迫されていると厳しく批判する。

「保平の後に至りて朝政漸く衰へ、寿治の乱、遂に東夷に移り、万機の事一切武断し、陪臣権を専らにし、廃立その私に出づ。この時に当りてや、先王の礼楽、蔑焉として地を掃へり。」（同、正名[42]）

「政の関東に移るや、鄙人その威を奮ひ、陪臣その権を専らにし、爾来五百余年なり。人ただ武を尚ぶを知り、文を尚ぶを知らず。文を尚ばざるの弊、礼楽並び壊れ、士はその鄙倍に勝へず。武を尚ぶの弊、刑罰孤り行はれ、民はその苛刻に勝へず。」（同、文武[43]）

大弐は、「武」のみを重んじ「文」（礼楽）を制作し得ない徳川政権に対し不満を持ち、その結果、天皇・公家が礼楽を実現することを期待する。

「然り（武家政権が成立した――注）と雖もかくの如く尚能その宗廟を保ち、百世廃されず、今に到ること四百余年なり。権下移すと雖も、道はそれここに在らずや。」（同、正名[44]）

「文」＝礼楽の実現を強く主張する大弐は、礼楽の在処を天皇・公家に求める。この点は、蕃山と類似している。しかし、蕃山が「文」「武」が並立する二元論的政体観を提示したのに対し、大弐は、「将軍」を頂点とした「武」の支配統治に一層批判的であり、天皇・公家による「文」（礼楽）の実現を一層強く求める。ただし、後期の尊皇倒幕思想のように、天皇による王権の一元化（「文武」の兼備）を企図する思想とは同日に論ずることはできない。大弐は、「武」の偏向を批判しているのであり、「武」による統治そのものを否定しているわけではなく、また天皇に求める権能は、「文」であり、天皇が「文武」を兼備した絶対君主となることを志向しているわけではないからである。

(二) 雅楽の重視

大弐は、蕃山と同様に「文」＝「礼楽」の在処を朝廷に求める。蕃山は、朝廷の保持する礼楽の内、とりわけ雅楽を重要視していたのであるが、朝廷の雅楽を教化の手段として重視する姿勢は、大弐にも見られる。大弐は、雅楽の内、特に琴を重視する。

「原夫、移ㇾ風易ㇾ俗、楽是為ㇾ崇。理ㇾ性修ㇾ身、琴乃其首。」（『琴学発揮』自序）[45]

琴は中国の文人社会において特に重視され、文人たちの間では東晋の陶淵明に仮託して、琴をそばに置き、自己の心情を琴の演奏において発露させるというスタイルが取られた[46]。

蕃山・大弐が琴を重視することは、近世日本の儒者ではあまり例がないが、中国の文人社会では当然のことであった。しかしながら中国の古楽が日本に残っているという認識は当然のことながら中国の文人たちにはない。

「此方楽制、官有二専守一、律無二変革一。至レ今猶有下可二拠考一者上、如レ此。豈不レ異耶。凡古道之亡二於彼一而存二於此一者多矣。亦不下翅楽制為上レ然也。」（『琴学発揮』上、温故）(47)

日本では、朝廷の楽人らが古楽の音律をそのまま伝承していった結果、中国で途絶えた雅楽が、日本の朝廷の内にのみ残っているという。斯かる歴史認識に基づき、大弐においても蕃山と同様に、雅楽の担い手は日本の朝廷内に限定される。王権成立の重要なファクターの一つである「文」は、朝廷を離れては存在しないという言説が、大弐や蕃山の思考に見られる。「文」の領有に関しては、将軍が関与する余地が見られないのである。

天皇の「文」（文化的権威）を強調する蕃山・大弐の両者に、以上のような雅楽観が共通して見られることは興味深い思想史的事実である。

三、新井白石の王権論

（一）二元的王権論

蕃山や大弐の天皇観の特質として、文武論を政体論の根幹原理として成立することを先に述べた。両者は、天皇の文化的権威を強調した思想家として知られるが、文武論による政体論は、将軍権力の強化を図った思想家にも見られる。その典型として正徳の治の推進者である新井白石を挙げることができる。その詳細は前節で論じているので、資料等の引用は極力省き、要点のみを述べることとする。

白石は、武家は「武職」を職掌とし、公家は「文事」を家業とするという二元論的な政体観を理想とする。こうした「文」（公家）・「武」（武家）を別にした二元的任官制度の具体的施策として提唱したのが、武家勲階制である。白石の提唱した武家勲階制は、「朝廷」を源泉とする官位制から武家の叙任を分離することに狙いがあった。その結果、武家と公家が位階をめぐって互いを侵犯することがないと考えたのである。武家勲階制は、「神祖」家康が禁中並公家諸法度第七条の「武家之官位者、可レ為二公家当官之外一事」という条文で示した武家の官位制度の方向性を敷衍し「神慮」に適うと主張される。

また「将軍」の対外的呼称を改めた国王復号に関する所説でも同様に白石の二元的王権論が看取できる。前節で見てきたように、白石は、「国王」（将軍）と「天皇」とは、威令や国政の実行、軍事権の掌握によって区分されると考えた。「国王」号は、国政及び軍事権（「征伐」）を完全に掌握する統治者の呼称であるが、王権のもう一つの権能である「礼楽」に関してはそれが掌握するとして提示されていない。朝鮮通信使との筆談で示されているが、白石は、宮廷儀礼や雅楽などの「礼楽」に関しては、「天皇」がその源泉的地位にあると白石は考えた。白石は、天命が徳川政権に授与されたと考えていた。しかしながら天命の授与が、ただちに王権の一元化に結びつくわけではないことに注意する必要がある。[48]この点に関しては、蕃山や大弐の王権論と同様である。

（二）徳川政権の正当化

それでは、蕃山や大弐のように天皇の文化的権威を強調する思想家と、徳川政権の正当化を図った白石との差異は何処に存するのであろうか。

蕃山や大弐は、徳川政権が野卑であり「礼楽」を制作するに程遠いと否定的に捉えていたのに対し、白石は、徳川政権が「武家ノ旧儀」（源頼朝政権の前例）に基づき官位（武家勲階制の提唱）や装束などの礼式を改めることにより、理想的な治世を実現できる可能性を考えていた。

「サラバ当家ニオキテ武家ノ旧儀ニヨリテ、万代ノ礼式ヲ議定アルベキハ、マコトニ百年ノ今日ヲ以テ、其期也トハ申スベシ。」（『武家官位装束考』）(49)

ここで述べられる「礼式」とは、「武家ノ旧儀」を基にした武家儀礼であり、具体的には官位や装束の改善が説かれる。武家の風儀の改善は、綱吉政権頃から本格化し、増上寺での法会や江戸城中の賀儀では、大名や旗本は、それぞれの序列・家格に応じた衣装、席次、参詣・参内時刻等が細かく規定されるようになる。(50) 白石の「礼式」策定論は、基本的には綱吉以来の儀礼重視の方向性に則っていると考えられるが、南面の芝口御門・中の門の建設など等、より儒教的君主観に沿いつつ、(51) 以下のように源家以来の歴代の武家儀礼を規範とする、〈儒教〉と〈武家〉(52) との二重志向性が窺知できる。

「武家ノ代ノ始、頼朝ノ卿鎌倉ヲ居所トナサレテ、世ノ事沙汰シ玉ヒテ、武家ノ儀ドモイミジクユ、シク作リタテラレ、公家ノ式ニモヨリ用ヒ給ハズ。此事深ク謀リ遠ク慮リ玉ヒシ所アリ気ニ見エタリ。〈前略〉武家ノ儀ニオイテハカナラズシモ公家ノ式用ヒマジキ事、マヅコレ武家ノ故実タル歟。コレラノ事ドモ大キニ心得アルベキ事共ナリ。ヨク〱按ズベキ事ニヤ〉」（『武家官位装束考』(53)）

白石は、「武家ノ旧儀ヲ考フルニ、鎌倉ノ代ホド備レルハナカリキ」と、特に鎌倉期を武家の旧儀の典範と考えていた。室町期に入って「其時ニ随ヒテ斟酌ノ儀」があり、京都に幕府を開いたこともあって公家の礼式が混じり、武家の旧儀が失われ始め、「スベテコレラノ武家ノ旧儀ウシナヒシ事共、足利殿ノ代ノ末ザマミダレタル代ノ風俗ナリ」と応仁の乱によって一度喪失してしまったと考えるのである。そこで武家の旧儀の復興に努めたのが「神祖」家康であった。

「ソノ、チ我神祖天下ヲシロシメサレシニ及ビテ、古来将軍家ノ旧儀興シ給ハントノ御結構アリト見エシカド、武家ノ遺老モウセハテテ、細川兵部大輔藤孝入道ノミ、世ニ残リトヾマレルニ、彼是ト問シ召シ合サレシ御事ナドアリシ歟。（割注略）但シ此人文武ノ誉当時双ナキ人ナレドモ、天下ノ喪乱二百年ノ、チ、武家ノ旧式廃レシ後ニ生レシ人ノ、纔ニ其人ノ伝ヘシトコロ、前代ノ式コト〲ク諳ジ尽サルベキ事トモ覚エズ。カクテ大坂ノ事訖リシ後、元和二年ノ春始テ元日ノ儀ニ御家人等威儀刷フ事ハ出来タリキ。（割注略）今シバシガホド御在世ノ事アラムニハ、必ラズ当家一代ノ礼ヲ議シ定メラルベキ御事ナレド、当年ノ四月ニカクレサセ給ヒタリケリ。」（同前）[54]

家康は、文武の才名高い細川幽斎に武家の旧儀の復興を命じた。ただし幽斎の能力にも限界があり、家康が死去したことにより、武家の旧儀は完全に復興されることはなかった。そこで、「サラバ当家ニオキテ武家ノ旧儀ニヨリテ、万代ノ礼式ヲ議定アルベキハ、マコトニ百年ノ今日ヲ以テ、其期也トハ申スベシ」と、徳川成立百年の今こそ「礼楽」を復興させるべきだという「礼楽百年制定論」を白石は打ち出すのである。この礼楽百年制定論を以て、白石が天皇家が保有している「礼楽」を将軍家に移し、王権の一元化を図ったとするナカイ氏の見解は[55]、礼楽百年制定論が武家儀礼の復興論であることを看過している。徳川政権が改善すべき「礼楽」の一つが、前節で見た官位制の問題であり、もう一つが武家儀礼の問題である。どちらの問題も、源頼朝の治世を亀鑑として、「朝家ノ官階ヲ重ゼズ、武家ノ職掌ヲ重ゼシメントノ御事」「武家ノ儀ドモイミジクユ、シク作リタテラレ、公家ノ式ニモヨリ用ヒ給ハズ。」と述べるごとく、公家とは異なる武家独自の方式が実現されていたことを高く評価するのである。これは、白石の〈武家〉志向が発現されたものと考えられる。白石が鎌倉時代の武家の在り方に範を置き、武家儀礼興を考証した箇所に付いて、全文をここで記載してみる。これを見ると、「礼楽百年制定論」の具体的なイメージが浮かんでくる。

「東鑑等ヲ按ズルニ、マヅ束帯剣錫等ノ儀モットモ希有ノ例ナリ。〈将軍宣下ノ日、南ノ御堂供養ノ日、大将拝賀ノ日等ノ儀ナリ。猶タヅヌベキコトカ。〉直衣ノ儀モ、直衣始参内ノ時ノ外ハイマダ見ル所ナシ。〈猶タヅヌベシ。〉此外威儀ヲ刷フ、ノ時ハ、立烏帽子水干ヲ用ヒラル。〈此事定マリシ式ナシ。〉社参ノ時ハ必ズ立エボシ浄衣、ヨノツネニハ布衣ニテ、直垂ノ儀ハ多クハ見エズ。ソレヨリ後ノ代々モ、大ヤウハ此式ニヨラレテ、御騎馬ノ時ハ水干、御輿ノ時ニハ布衣タル事、又定マレル式歟。〈宗尊親王御下向ノ、チ、始テ御直垂ヲメサレテ御乗馬始ノ儀アリト云々。此儀ニヨレバ鎌倉ノ代ヨリ、直垂ニ大目袴タル事ウタガフベカラズ。〉御家人装束ノ式モ束帯ノ儀、三代将軍ノ代ニハイマダ見エズ。〈ソノ、チノ代、元日ノ儀、御剣役人束帯、御調度役布衣、ヨノツネノ式ナリ。但シ将軍家ハ布衣。〉衣冠ノ儀又希有ノ例也。〈御移徙供奉ノ例ノミニヤ。〉慶賀ノ時、白水干白直垂、但シ一段ノハレノ時多クハ水干、御弓始御的始ノ時ハ立烏帽子水干葛袴浅沓、定マレル式也。〈京ノ代ニモ、此儀ハ定マレル式ナリ。〉ヨノツネハ布衣下紐組シ騎馬供奉ノ時、六位ノ侍ハ布衣ニ弓矢ヲ帯セシ事多シ。〈コレモ征箭野箭ノ式アリ。〉宮仕供奉ノ時、皆々立烏帽子ニ浄衣、頼朝ノ御時或ハ御剣ノ役或ハ警備ノ時ハ、折烏帽子ニ直垂、〈或ハ調度懸或ハ布衣ノ下ニ腹巻ノ儀アリキ。但シコレハ最希有ノ儀ナリ。〉其後実朝ノ御事アリシヨリ、直垂着トテ、立烏帽子ニ直垂帯剣ノ人必ラズ御輿ノ左右ニシタガフ事、ヨノツネノ儀也。〈足利殿ノ代ニハコレヲ左右ノ帯刀トイヒキ。又コノ頃ニ折烏帽子トイフモノ今ノ代ニアル物ニハアラズ。〉供奉ノ散状ヲ見ルニ、布衣下紐直垂着ナドイヒシ、定マレル儀共アリトミエタリ。」(『武家官位装束考』)(56)

これらの装束に関する武家儀礼は、儒教において社会秩序の形成や風俗教化に重要な役割を果たすとされる宮廷儀礼や雅楽などの(57)「礼楽」(絶対君主が兼備する王権の権能の一つ)とその内実を異にすることに留意する必要がある。換言すれば、武家儀礼は、当時の東アジア世界において普遍妥当性を持つものではなかった。特に殷周時代の廟楽に由来する雅楽においては、武家はその担い手として考えにくかった。

正徳元年に来訪した朝鮮通信使への饗宴において、白石は、十二種の燕楽(うち五種は古代朝鮮の古舞楽)を朝廷の楽人に演奏させたが、その時に通信使に筆談によって自慢げに伝えたのが、次の言葉である。

「天朝与天為始、天宗与天不墜。天皇即是真天子、非若西土歴朝之君、以人継天易姓代立者。是故礼楽典章、万世一制。」(『坐間筆語』)(58)

「いかにしても文事を以て我国に長たらん事を争」う意欲漲る朝鮮通信使に対しては、儒教的価値観に沿って雅趣な文物を示す必要があった。外交主権・国内の政治統治権は「国王」たる将軍が完全に把持する戦略を白石は打ち立てたが、将軍に対しては一方で武家の旧儀を復興させる役割も白石は期待していた。ただし「武家ノ旧儀」は東アジア世界の共通的価値であった儒教的価値観からすれば特殊日本的である。儒教で重んじられる雅楽の担い手はどうしても朝廷に頼らざるを得なかった。言い換えれば、当時の東アジア世界において王朝の正統性を示す「礼楽」の在処は天皇家に求めざるを得なかったのである。ここに白石が天皇の役割を無化できなかった所以がある。天皇家に礼楽保持を措定する白石の議論は、対外的に文物の優秀性を示すという文脈で登場する[59]。その点からすれば白石は徳川王権の絶対化を志向したわけではないが、武家の職掌を重んじ、武家儀礼を改正することにより、武士の風儀が改善される、換言すれば「武」の内部において「礼式」改善が可能と考えていた点は蕃山・大弐の徳川政権観と逕庭がある。また、蕃山や大弐が、「武」による徳川政権の統治方式を批判したのに対し、白石は「武」による統治方式を武家の本来の職掌に適ったものとして評価している。

「島津に贈り北条に贈られし書、皆々勅旨のよしを称せらる。まつたくこれ天子を挟むで令するの事にてあり。されど、此時、誰かは天子の令をつつしむ事をしるべき。その故に島津も北条もさらに其旨には応ぜられき。おもふに鬼面を粧ふて小児を驚するごとくにて、今はた、これをおもふに、かたはらいたき事共なり。いかで我神祖の神武をもて天下を服し給ひしにおよぶべき。」(『読史余論[60]』)

既に諸大名を屈服させる程の権力を喪失した天皇の「名」を借りて、全国支配を構築しようとした秀吉の支配方式を白石は批判する。それに対し、天皇の「名」を借りず、武家の実質に相応しく武力によって全国支配を可能にした「神祖」家康の支配方式を白石は高く評価する。白石は、儒家の「正名」思想を典拠にし「名実」一致を著作の至る所で主張するが[61]、武家の職掌である「武」による統治を「名実」ともに為し得た政権として、徳川政権の統治を正当化するのである。

おわりに

将軍と天皇という、いわば二人の「君主」が存在する王権構造に対し、儒者がどう対峙したのか。伝統的な儒家の王権論である天命説は一元的王権を前提にしているため、天命説に拠っても近世日本の王権構造は理解できない。斯かる王権構造に適応したのが文武論である。文武論は、天皇が「文」を、将軍が「武」を、それぞれ保持することで王権が成立するという二元的王権論である。この文武論に基づき構成される二元的王権論は、天皇の権威を強調した思想家だけではなく、将軍権力の正当化を図った思想家にも見られる。近世日本の王権論の基調をなす思想として文武論に着目した研究は本稿が初めての試みである。

天皇の権威を強調した思想家として取り上げたのが、熊沢蕃山と山県大弐である。両者は、文武論に基づく二元的王権論を前提としながら、「武」を司る徳川政権を野卑とし、「文」(「礼楽」)を制作するのは不可能であると述べる。教化の必要を訴える蕃山と大弐は、朝廷の保持する「文」(「礼楽」)、とりわけ雅楽を重視する。

続いて将軍権力の正当化を図った思想家として取り上げたのが、新井白石である。白石も文武論に基づく二元的王権論を前提としている。しかし白石は「文」(「礼楽」、特に雅楽)の源泉的役割は天皇に属すると原則的に考えながらも、徳川政権が武家儀礼を改正することにより、武士の風儀が改善されると考えた。白石は徳川王権の絶対化を志向したわけではないが、武家の職掌を重んじ、武家儀礼を改正することにより、武士の風儀が改善される、換言すれば「武」の内部において「礼式」改善が可能と考えていた点は、蕃山・大弐の徳川政権観と逕庭がある。また蕃山と大弐が、「武」による徳川政権の統治方式を批判したのに対し、白石は「武」による統治方式を、本来の武家の職掌に適った名実一致の方式として称賛し、徳川政権を正当化する。

近世日本の王権論に対し、思想史の分野では、依然として、「天皇」と「将軍」のどちらに思想家が重きを置いたかという表層的な視座から論ずる傾向が見られる。こうした傾向から脱却するためにも文武論に基づく王権論の解明は必要となろう。天皇の権威を強調する言説や将軍権力の正当化を図る言説に対して、天皇の「文」・将軍の「武」の内実、その価値評価、さらに関係図式について、どのように思想家が捉えていたのか、我々が理解することによって、近世日本の王権論の本質面に迫ることができるのである。この補論は、そのささやかな一つの試論である。

（付記）

＊資料中の旧字体は適宜新字体に改めた。資料中の傍点、訓点等も、適宜筆者が付した。

注

（1）『観瀾集』（続々群書類従、第十三巻、四三二頁）。

（2）最古の版本は、慶安三（一六五〇）年のものである。代表的研究として、石毛忠「『心学五倫書』の成立事情とその思想的特質――『仮名性理』『本佐録』理解の前提として」（『日本思想大系　藤原惺窩・林羅山』解説論文、岩波書店、一九七五年）、山本眞功『「心学五倫書」の基礎的研究』（学習院大学研究叢書一二、一九八五年）。

（3）近世日本における天観念を研究した代表的論攷として、石田一良「徳川封建社会と朱子学派の研究」（『東北大学文学部研究年報』一三号下、一九六三年）、石毛忠「江戸初期における天の思想」（『日本思想史研究』二号、一九七八年）、同「江戸中期における天の思想」（『日本思想史研究』三号、一九七九年）。玉懸博之「近世前期における神観念――小瀬甫庵から中江藤樹・熊沢蕃山へ――」（東北大学日本文化研究所編『神観念の比較文化論的研究』所収、講談社、一九八一年）。

（4）「天皇家の祖先は、野蛮国であった日本を文明国たらしめた。よって天の積善余慶に与り、現在でも天皇家はその地位を保持している」というロジックで説明される。熊沢蕃山にもこうした言辞が見られる。詳細は、玉懸博之「熊沢

蕃山の歴史思想」（『東北大学文学部日本文化研究所研究報告』一七号、一九八一年）。
（5）君主に相応するような実際的政治力を持ったとしても、臣下が君主の地位を奪取することは徳義に反するとされる。山崎闇斎門下の浅見絅斎や後期水戸学者に見られる。
（6）近世の職分論を扱った研究は多い。通史的な研究として、石井紫郎「近世の国制における「武家」と「武士」」（『日本思想大系　近世武家思想』の解説、一九七四年）、衣笠安喜「近世人の近世社会観――近世人は幕藩支配体制をどうみていたか――」（『日本史研究』一九九号、一九七九年）、川口浩「江戸期の職分論と維新期の職分論――その思想構造と機能――」（『中京大学経済学論叢』二号、一九八九年）、倉地克直「幕藩制と支配イデオロギー」（深谷克己・松本四郎編『講座日本近世史三　幕藩制社会の構造』、有斐閣、一九八〇年）、佐久間正「徳川前期儒教と身分秩序」（『日本思想史学』二二号、一九九〇年）、同「徳川期の職分論の特質」（源了圓・玉懸博之編『国家と宗教』所収、思文閣出版、一九九二年）。また「職分」「家業」と関連する概念として「役」がある。「役」については、尾藤正英「江戸時代の社会と政治思想の特質」（『思想』六八五号、一九八一年）、「江戸時代の天皇」（『法学セミナー増刊号　これからの天皇制』、日本評論社、一九八五年）。どちらも後『江戸時代とはなにか』（岩波書店、一九九二年）に収録。
（7）黒川真道所蔵本、『日本教育文庫』家訓篇、三〇六頁（日本図書センターより一九七七年復刻）。
（8）同前、三一三頁。
（9）和辻哲郎『尊皇思想とその伝統』（一九四三年、岩波書店）。衣笠安喜「幕藩制下の天皇と幕府」（後藤靖編『天皇制と民衆』東京大学出版会、一九七六年、九二～九五頁）。源了圓『近世実学思想の研究』（創文社、一九八〇年、四八八頁）。渡辺浩『宋学と近世日本社会』（東京大学出版会、一九八五年、一八三～一八四頁）。
（10）二版本は延宝四（一六七六）年版行。『日本思想大系　熊沢蕃山』（岩波書店、一九七一年）一五一頁。
（11）蕃山の歴史論については、小沢栄一『近世史学思想史研究』第三章第三節「蕃山の文化観断章」（吉川弘文館、一九七四年）、宮崎道生「熊沢蕃山の史観と史論」（『国史学』一一〇・一一一号、一九八〇年、後『熊沢蕃山の研究』に収録、思文閣出版、一九九〇年）、玉懸博之注（4）の論攷。

(12) 延宝七（一六七九）年成立、『増訂蕃山全集』第二冊（正宗敦夫編、名著出版、一九七八年）、二二頁。
(13)「むかしは公家武家と云名なし。天子文武の徳業を受用し給ひ、山野の田猟などをもし給へり。」（『孝経外伝或問』一之下、元禄三（一六九〇）年迄成立、『増訂蕃山全集』第三冊　九〇頁）。
(14)『増訂蕃山全集』第二冊、二二頁。
(15)『増訂蕃山全集』第二冊、一〇一頁。
(16)『増訂蕃山全集』第五冊、二二五頁。
(17)『増訂蕃山全集』第二冊、二二頁。
(18) 貞享三（一六八六）年頃成立、『増訂蕃山全集』第四冊、三二頁。
(19)『日本思想大系　熊沢蕃山』、一五四頁。
(20) 成立年不明、『増訂蕃山全集』第二冊、四五〇頁。
(21)『日本思想大系　熊沢蕃山』、一五三頁。
(22) 蕃山の雅楽観に関する論攷は数少ない。八木正一「熊沢蕃山の音楽観とその教育思想」（『音楽教育学』六号、一九七六年）。小沢栄一注(11)の著第三章第三節「蕃山の文化観」の「雅楽観」。宮崎道生「熊沢蕃山と京都の縉紳および門人たち――蕃山学進展との関連において」（『国学院大学紀要』一二号、一九八一年。後『熊沢蕃山の研究』に収録、思文閣出版、一九九〇年）。
(23) 延宝四（一六七六）年成立、『増訂蕃山全集』第三冊、三五一頁。
(24)『日本思想大系　熊沢蕃山』、二七六～二七七頁。
(25)『日本思想大系　熊沢蕃山』、一二一頁。
(26) 元禄四（一六九一）年成立、『増訂蕃山全集』第四冊、三四一頁。
(27)『日本思想大系　熊沢蕃山』、一四一頁。
(28)『増訂蕃山全集』第二冊、二八二～二八三頁。

(29)『礼記』楽記に体系化された儒教の雅楽観が見られる。

(30)『増訂蕃山全集』第二冊、二五三頁。

(31)「秦の代に初てもろこし人、日本に来れり。中国にて名人の聞えある人は、大方渡れり。始皇が悪政をさけたるなり。故に日本の声を聞て、応ずるやうになをして教へたるなるべし。これ国俗に応じたるものならん。」(『集義外書』巻十五　雅楽解、『増訂蕃山全集』第二冊、二五八頁)。

(32)程朱学でも唐代を境に古楽が廃れたという認識がある。

「程伊川」

「先王之学必須二律一以考二其声一。今律既不レ可レ求。人耳又不レ可二全信一。正惟此為レ難。」(『二程全書』巻十六、伊川先生語一)。

「朱熹」

「今之士大夫問以二五音十二律一、無二能暁者一。要レ之当下立二一楽学一使中士大夫習上レ之。久後必有二精通者出一。」(『朱子語類』巻六十二、第五十四条、黄升卿録)。

「自レ唐以前楽律尚有二制度可一レ考。唐以後都無レ可レ考。」(『朱子語類』巻六十二、第三十三条、楊道夫録)

「今之楽皆胡楽也。雖二古之鄭衛一亦不レ可レ見矣。今関睢鹿鳴等詩亦有三人播二之歌曲一。然聴レ之与二俗楽一無レ異。不レ知二古楽如何一。」(『朱子語類』巻六十二、第四十九条、万人傑録)。

(33)蕃山と公家との交流の様子は、宮崎道生氏の論攷注(22)に詳しい。

(34)『増訂蕃山全集』第三冊、一四四頁。

(35)西山松之助『家元の研究』(吉川弘文館、一九八二年)。

(36)西山松之助氏の著作(前注)。小川朝子「楽人」(横田冬彦編『近世の身分的周縁』二所収、吉川弘文館、二〇〇〇

年）。なお地下官人に関しては、西村慎太郎『近世朝廷社会と地下官人』（吉川弘文館、二〇〇八年）。

(37) 蔡元定の音楽論は、小島毅「宋代の音楽論」（『東京大学東洋文化研究所紀要』一〇九号、一九八九年）が詳細に論じている。

(38) 『日本思想大系　近世政道論』中の高野澄氏による『柳子新論』解題。また、学統から言えば、崎門派の加賀美桜塢や春台門下の五味釜川に師事し（飯塚重威『山県大弐正伝』、三井出版、一九四三年）、崎門派の正統論と蘐園派の礼楽論の影響が色濃く見られる。しかしながら従来の研究は、大弐の王権論の基幹をなす文武論に関して十分な注意を払っていなかった。

(39) 「歴史意識の『古層』」（『日本の思想』六、筑摩書房、一九七二年）。後『忠誠と反逆』（筑摩書房、一九九二年）に所収。

(40) 玉懸博之注（4）の論攷。渡辺浩『近世日本社会と宋学』（東京大学出版会、一九八五年）、一八四～一八五頁。

(41) 宝暦九（一七五九）年成立。『日本思想大系　近世政道論』（岩波書店、一九七六年）、三九二頁。

(42) 同前。

(43) 同前、四〇〇頁。

(44) 同前、三九三頁。

(45) 宝暦十三（一七六三）年成立。底本は、甲陽図書刊行会本（一九一四年）に拠った。

(46) 溝口雄三ほか編『中国思想文化事典』（東京大学出版会、二〇〇一年）の「楽」の項参照。

(47) 同前。

(48) 尾藤正英氏は、徳川政権に天命の授与を認めていることから、天皇家から将軍家への易姓革命の構図を白石は描出しようとしていたと論じている（「日本における歴史意識の発展」、岩波講座『日本歴史』別巻一、一九六三年。「新井白石の歴史思想」『日本思想大系　新井白石』、岩波書店、一九七五年）。しかし天命の授与がそのまま徳川政権の絶対王権化と直結するわけではないことに注意を払うべきである。

(49)『新井白石全集』第六巻、四七八～四七九頁。『武家官位装束考』という書名は、国書刊行会が全集編纂の際に命名したものである。成立は宝永七（一七一〇）年頃か。

(50) 高埜利彦「幕藩制国家安定期」（宮地正人ほか編『新体系日本史一　国家史』第三部第二章、山川出版社、二〇〇六年）。

(51) 渡辺浩「「礼」「御武威」「雅び」――徳川政権の儀礼と儒学――」（笠谷和比古編『国際シンポジウム――公家と武家の比較文明史――』所収、思文閣出版、二〇〇五年）。

(52) この志向性を示すものに、享保七（一七二二）年成立の『孫武兵法択』（および『副言』）がある。白石は経書の注釈書を残していないが、この『孫武兵法択』は唯一の本格的な注釈書である。『孫武兵法択』につき、野口武彦氏は、将帥のモラルといった教訓めいたものを引き出すのではなく、冷徹に兵学上の原則を古今の合戦の記述に照らし合わせ分析した書として位置づけている（『江戸の兵学思想』第四章「歴史思想と兵学――新井白石――」、中央公論社、一九九一年）。この〈武家〉という志向性こそ、白石を単なる「朱子学者」から逸脱させるものである。

(53)『新井白石全集』第六巻、四七四～四七五頁。

(54) 同前、四七六～四七七頁。

(55) 前掲論文。

(56)『新井白石全集』第六巻、四七五～四七六頁。

(57)「移レ風易レ俗、莫レ善二於楽一。安レ上治レ民、莫レ善二於礼一」（『孝経』広要道章）。

(58)『新井白石全集』第四巻、七二四頁。成立は正徳元年（一七一一）。

(59)「迨于秦併天下滅諸侯、燔詩書壊礼楽、挙先王之制与其器偕亡。漢氏以来或有獲先秦彝器、亦唯供奇古宝玩之具而已。（中略）維我東方皇天眷佑神聖承統嗣無疆大歴服。郊社宗廟之礼、生民已降未墜厥典。廼至天府所掌、凡国之玉鎮宝器莫不皆有、其佗神廟仏宮世臣故族之家所蔵之宝、亦各不失其世守焉。是天地古今之間、四方万国之所絶無、而唯皇朝為能有之矣。」（『本朝軍器考集図説』自序、『新井白石全集』第六巻、四一六頁）。

（60）『日本思想大系　新井白石』、四二八頁。

（61）白石の思想に正名思想の影響が強く見られることは、前掲の尾藤論文や渡辺論文、さらに本郷隆盛「新井白石の政治思想と世界像——日本的習俗への挑戦——」（『宮城教育大学紀要』第三一巻第一分冊、一九九六年）が既に指摘している

第三章　伊兵衛殺人事件考
——新井白石の君臣観——

前章までに、「合理主義者」というステレオタイプ化した白石像を破棄して政治思想家としての面に注目した。白石の国家論が、天皇家と徳川家との二元的王権制という構成を取りつつも、将軍に政治統治、外交の主権性が存することを理論正当化するものであったことを明らかにした。その際に「正名」思想が正当化の根拠として重要な役割を果たしていたことを指摘した。本章は君臣観の検討を通じて、白石の思想の特徴やその個性をより鮮明にしていく。

はじめに

正徳元（一七一一）年八月、ある殺人事件が幕閣内で論議された。被害者は、信州松代の商人伊兵衛（三九歳）、加害者は、伊兵衛の妻むめ（ウメ）（三一歳）の父甚五兵衛（六五歳）と兄四郎兵衛（四二歳）の両人である。民間内の一殺人事件が閣議にまでかけられるのは異例の事態である。

事件の経緯は次の通りである。

正徳元（一七一一）年七月一六日、伊兵衛は四郎兵衛に誘われ、甚五兵衛・四郎兵衛父子が居住する武蔵河（川）越庄駒林村へ赴き、同月十八日夜、伊兵衛は甚五兵衛と四郎兵衛によって絞殺される。翌月朔日、近くの川から水死体が発見された。いつまでも夫が帰らないことに胸騒ぎを覚えた伊兵衛の妻が里長に請い水死体を検分したところ、夫伊兵衛の屍であった。取り調べの結果、甚五兵衛と四郎兵衛の犯行が露見する。甚五兵衛と四郎兵衛は下手人として死罪を申しつけられた。

この事件の詳細については、新井白石の自伝『折たく柴の記』及び答申書『決獄考』[1]に記録がある。[2]この殺人事件で問題となったのは、むめの処遇である。

むめは、自分の夫を殺したのが実の父・兄であることは知らないままに役人に訴え出たが、結果的に、父・兄の罪が発覚するという事態を招いた。むめは意図せざるも、「其妻なるものの父を告し罪あるに疑ひあれば」(『折たく柴の記』下)[3]と、父・兄の罪を告訴する干名犯義罪[4]に相当する疑いがあるとの意見書が川越領主秋元但馬守喬朝により呈せられ、幕閣内で論争を惹起した。幕閣内の意見は真っ二つに分かれる。四代将軍家綱の代から仕える老儒林鳳岡(信篤)(一六四四年〜一七三二年)は有罪を主張し、六代将軍家宣の寵愛著しい気鋭の政治家新井白石は無罪を主張した。論争の末、白石の意見が採用され、むめは干名犯義罪に問われず、亡夫と亡父兄を弔うため鎌倉東慶寺にて尼となる。

この事件は、穂積陳重(穂積八束の実兄)の著『法窓夜話』(有斐閣、一九一六年)に紹介され、広く世に知られることとなった。穂積は、今日からすれば、むめの無罪は明白であり、儒教道徳が尊重されていたため、鳳岡・白石との間に論戦を惹起したのであろうと述べている。この後、白石研究史においても伊兵衛事件にふれた研究が見られるようになる。栗田元次は、人民の保護を主として正義と仁愛に満ちた裁定を行ったと述べ、[5]宮崎道生氏は、むめの無罪を裁定したことは、人情の自然に沿った判断であると述べる。[6]白石研究の礎を築いた両氏の見解には、白石が仁愛に基づく裁定を行ったとする好意的評価が見られるが、無罪裁定に至るまでの白石の弁証過程には十分な注意が払われていない。白石の弁証過程の解明を主眼としたのが、瀬賀正博氏、[7]小林宏氏、[8]時野谷滋氏[9]の研究である。これらの研究では、白石が「経」（常）と「権」（変）という概念を駆使していることに注目している。以上の先行研究では、白石の仁愛的裁定や弁証過程が言及されてきたが、この伊兵衛事件の核心的な問題は看過されている。喬朝の意見書に対する白石の答申は次の言葉から始まる。

「此獄三綱之変にして、常理をもて推すべからず。窃に憂ふる所は、彼父子・夫婦の事のためのみにあらず。君臣の大義よりて係れる所也。」（『折たく柴の記』下[10]）

突飛な印象を受ける記述であるが、伊兵衛事件の核心は此処に存する。すなわち、白石は、伊兵衛事件を単に父子・夫婦間の問題ではなく、「君臣の大義」に関わる重要事件と認識しているのである[11]。

伊兵衛事件の断案を題材として白石の君臣観に言及したのが、小池喜明氏の研究である[12]。白石は夫に対する義を親に対する孝に優位させ忠誠の論理を強調したとする氏の見解は正鵠を射ていると私も考えるが、小池氏は「変」という概念をキーコンセプトとして、白石思想の全体像を描出することを目的としているため、君臣観そのものの解明は不十分であり、白石の君臣観の独自性やその史的意義を明らかにするまでには至っていない。

伊兵衛事件に関する先行研究では、白石の君臣観を解明するという視座が稀薄であり、また君臣観に触れた研究でも断片的に言及しているに過ぎない。その最大の原因としてテキスト理解の困難さが挙げられる。伊兵衛事件に関する白石の論述は、体系的な君臣観を披瀝したものではなく、父子・夫婦の二綱間における相克の問題として表向きは構成されている。しかし先にも述べたように、白石は伊兵衛事件の核心を君臣関係の問題に存していると考えたのであった。父子・夫婦の二綱間の相克がなぜに君臣関係に関わる問題と把握されたのか。その解明のためには以下の周到な読解上の手続きが必要となる。まずは、父子・夫婦の問題を君臣関係へと媒介する論理を内在的に考察する必要がある。続いて、白石の論述が林鳳岡の断案への批判によって形成されていることにも注意を向けなければならない。白石は林鳳岡の断案をどのように理解し（当然そこには白石のバイアスがかかる）、どのような点を批判することによって白石独自の君臣観を形成しようとしたのか。さらに白石の君臣観の特質を明らかにするためには、同時代の君臣観との比較検討も必要となろう。この章では如上の視座を以て、伊兵衛事件に関する白石の認識・論法を、君臣観として捉え直し、そこから窺知できるその君臣観の特質を解明せんとするものである。

一、伊兵衛事件に対する白石の見解

伊兵衛事件の断案は、八月二十三日、初めに大学頭林鳳岡より提出された[13]。林鳳岡は、むめ（ウメ）の行為が結果的に父の罪を告げることになったと断じ、事前にむめが父の罪を知っていたなら死罪、知らなくても流罪か奴罪に処すべきだとした。注意すべきは、有罪と考える根拠として用いられている鳳岡の論理である。

「老どもの大学頭信篤が議を奉りしものを見よとてうつし出さる。その議には、「人尽夫也、父一而已」。これ鄭の祭仲が女、己が母に、父と夫と孰か親しき義を問ひしに、其母の答しことば也。」（『折たく柴の記』下）[14]

白石が鳳岡の断案において問題にしたのは、この部分であった。鳳岡が依拠したのは、『春秋左氏伝』桓公十五年の記事である[15]。祭仲の娘で雍糺の妻である雍姞は、夫雍糺が主君鄭伯の命を受け、父祭仲を殺そうとしていることを知る。対処に困った雍姞は、自分の母（祭仲の妻）に、夫と父とどちらの関係を優先すれば良いか相談する。その時、母は「男子ならば誰でも夫になり得るが、父は一人しかいない」と答えた。その言葉を聞いた雍姞は、父に夫が命を狙っていることを告げ、雍糺は祭仲に殺された。

鳳岡はこの記事における雍姞の母の言葉を以て、むめを有罪とする根拠とした。婚姻で結ばれる夫との関係は後天的・相対的であるのに対し、血縁で結ばれる父との関係は、先天的・絶対的である。どちらかを優先せよと迫られたら、後者の関係を優先するのが当然だという主張である。伊兵衛事件は、儒教の根幹的人倫関係を示す「三綱」(君臣・父子・夫婦)において、父子と夫婦の関係で矛盾が生じた場合どう対処すべきかを迫る事件である。鳳岡は、父子・夫婦関係の違い(先天的・絶対的関係—後天的・相対的関係)を挙げて、父子関係が夫婦関係に優先する所以とした。このように鳳岡は伊兵衛事件を父子・夫婦の二綱の相克の問題として捉え、当然のことながら君臣間に波及する問題としては捉えていない。

一方、白石が提出した断案はどうであるか。白石の断案に見られる特徴的な態度は、鳳岡が提示した「人尽夫也、父一而已」という人倫観への徹底した批判意識である。したがって断案を検討する際には、鳳岡との差異化を図る白石の周到な戦略を読み解くことが必要である。

まず初めに白石が提示したのは、三綱に於ける原則論である。

「一つには、よろしく正すに人倫之綱を以てすべし。いはゆる三綱とは、君は臣の綱、父は子の綱、夫は妻の綱、これ也。まづ此三つの綱といふにつきて、君と父と夫と、其尊同じくして、これに事ふるところ一つなる事をしるべし。」(『折たく柴の記』下)(16)

原則論では、三綱の内、どれも蔑ろにしてはならず、君・父・夫はどれも尊貴な対象でありその間に差等は存在しないと述べられる。出仕している男子であれば、君に忠、父に孝をそれぞれ尽くし、嫁した女子であれば、夫に義、父に孝をそれぞれ尽くす状態が正常な人倫の在り方である。しかし、実父が夫を殺害した伊兵衛事件は、夫に対する義・父に対する孝を両全することはできない人倫の異常事態である。原則論的な立場では対応できない。この異常事態を解決するのに用いられたのが、『儀礼』喪服伝斬衰条の記述である。[17]

「二つには、よろしく拠るに喪服の制を以てすべし。（中略）喪服の伝に其義を明らかにして、「婦人三従之義あり。専用之道なし。故に未レ嫁、父に従ふ。既ニ嫁、夫に従ふ。夫死、子に従ふ。故に父は子之天也。夫は妻之天也。婦人不レ二レ斬者、猶レ曰レ不レ二レ天也。婦人不レ能レ二レ尊也」と見えたり。されば此「婦人尊を二つにする事あたはず」といふによりて、人の妻たるものは、夫に従ひて、父に従ふまじき義ある事をしるべし。」（『折たく柴の記』下）[18]

『儀礼』喪服伝斬衰条は、いわゆる婦人三従観の典拠であり、三従が段階論的に説かれている。未だ嫁していない女子は父に、嫁したなら夫に、夫が没した後は子に、それぞれ服事すべきことが説かれる。伊兵衛に嫁したむめは、父に対する孝より夫に対する義を優先するという『儀礼』喪服伝斬衰条に適った行動を取ったということになる。喪服伝斬衰条に範を置く白石の論理は、嫁した婦人の場合でも夫より父を優先せよと説く鳳岡の論理とは、正反対の考え方である。[19]

白石は、以上の『儀礼』喪服伝の記述が先王が定めた「時措之宜」であると述べ、自説の正当性を主張する。

「三つには、よろしく度るに事変之権を以てすべし。凡事常あり。変あり。これを行ふに経あり。権あり。先儒のいはく、「権者所㆓以達㆑経也」。女子室に在ては父に従ひ、出て嫁しては夫に従ふものは、時措之宜、いはゆる先王之義制也。それ君君たり、臣臣たり、父父たり、子子たり、夫夫たり、婦婦たるは、人倫の常なる也。君君たらず、臣臣たらず、父父たらず、子子たらず、夫夫たらず、婦婦たらざるは、人倫の変なる也。（中略）凡そ人の臣として、父其君を弑し、人の婦として、父其夫を殺すのごときは、人倫の変最も大なるものにして、臣たるもの、君に忠ならむとすれば、父に孝ならず、婦たるもの夫に義ならむとすれば、父に孝ならず、斯人の不幸、これより大なるものはなし。」（『折たく柴の記』下）(20)

君・父・夫がそれぞれの在り方を全うしている人倫の「常」なる場合には、仕える者（臣・子・婦）は先に挙げた原則論に基づき行動すればよい。問題は、君・父・夫が仕える者にとって相応しくない「変」なる場合である。その場合には、『儀礼』喪服伝に基づく対処の仕方が適用される(21)。

白石は、「よのつね父母を告るの律を以て論ずべからず」（『折たく柴の記』）と鳳岡の議論を批判して、むめは人倫が「変」なる状況において、父より夫を優先したのであるから（「権」）、第二の『儀礼』喪服伝に基づく在り方を全うしており（「人倫の変大なるものに処して、善尽くしぬといふべし」『折たく柴の記』）、無罪を言い渡すのが当然であるという結論を下す。

以上、むめの無罪を言い渡すに至る白石の論理を検討してきた。白石は、『儀礼』喪服伝斬衰条に見られる婦人三従観を経権論と組み合わせ、むめを無罪とするのが正当であるという結論を提示する。伊兵衛事件に対する断案としてはこれで充足していよう。しかし、白石は強かな政治家である。彼は伊兵衛事件を自己の君臣観を提示する恰好の題材として利用し、以て政敵である林鳳岡に対して一層の厳しい批判を展開するのである。

「凡そ人の婦たるもの、其夫のために義なるべきは、なを人の臣たるものの、其君のために忠なるべきがごとし。」（『折たく柴の記』下[22]）

則ち、婦人が夫に対し義を尽くすことは、臣下が君主に対し忠を尽くすことに同定されるというのである。したがって、父よりも夫を優先させる白石の主張は、出仕した男子ならば親への孝より君主への忠を尽くすのが当然であるという帰結を含意することになる。斯かる君臣観を基に、白石は鳳岡の断案を君臣関係を無みする危険思想として厳しく批判する。

「もしこ、に人の臣ありて、父其君を弑せんとするを知りて、「人尽君也、父は一也。胡可レ比也」といひて、父と共に君を弑せば可ならむ歟。不可ならむ歟。」（『折たく柴の記』下[23]）

鳳岡が用いた「人尽夫也、父一而已」という言辞を、夫を「君」にして入れ替えて考えれば、「自分が仕えさえすれば誰でも君主になり得るが、父は一人しかいない」として、君主を無みし、弑逆することを誘因しかねない危険思想に繋がるとして白石は批判する。鳳岡からすれば、自身は君臣関係に言及したわけではなく、あくまで父子・夫婦間の問題に言及したのであり、此処には論理の巧みなすり替えが見られる。鳳岡自身が提唱する君臣観は、白石の批判とは別個に存在するのであるが、それは後に検討することとする。

以上、『決獄考』及び『折たく柴の記』に見られる白石の人倫観・君臣観を検討してきたが、冒頭に述べた通り、なぜ白石は、伊兵衛事件を君臣の大義に関わる問題として捉えたのか、この点への考察を抜きにして論を進めることはできない。次章では、白石が夫婦関係を君臣関係と同一に捉えた理由を考察することから出発し、さらに白石が批判の念頭に置いた父子・君臣関係を明らかにしたい。

二、父子天合・君臣義合観

夫婦関係を君臣関係と同一の相において捉える白石の論法は、我々からすれば突飛な印象を受けるが、近代以前の中国の人倫観では、君臣と夫婦をともに「義合」（契約的結合）の関係とするのが通例である。この点について、白石の同時代人である荻生徂徠は次のように述べている。

「五倫の内に父子・兄弟は天倫とて、天然自然のしんるいなり、君臣・夫婦は義合とて、もと他人なれども義理を以て一処になりたるものなり。故に義絶ゆるときは、君臣もなく夫婦もなきなり。妻の父母と婿は、夫婦より出来たるものなるゆへ、夫婦はなるれば其義同く絶るなり。是を義絶と云なり。故に義絶と云詞は、君臣・夫婦・むこしふとの間にあることなり。」（『明律国字解』[24]）

元来他人であり後に契約的関係で結ばれる夫・婦と君・臣の関係は、共に「義合」という範疇に属し、対して血縁的関係で結ばれる父・子と兄・弟との関係は「天倫（天合）」という範疇に属する。夫婦関係を君臣関係と同一の相で捉える白石の議論は、君臣・夫婦のどちらも義合の関係で範疇化されることを前提にしている。

鳳岡の「人尽夫也、父一而已」という言辞は、父子天合・夫婦義合観をふまえ、義合である夫婦関係より、天合である父子関係が優先するという論理を示したものである。しかしこの関係論を君臣観に移してみると、白石が批判したように、義合で結ばれる君臣関係より、天合で結ばれる父子関係を優先する結果を招来しかねないのである。白石の鳳岡批判で透かし見えることは、斯かる父子天合・君臣義合観、さらにはその延長上にある朱子学的な君臣観への批判意識である。

丸山眞男はその著『日本政治思想史研究』(25)において、日本朱子学＝中国朱子学という前提から、朱子学に君臣関係を固定化・絶対化する規範意識があると論じたが、中国朱子学にはそうした秩序意識は存在せず、君臣義合観に基づき、君と臣は双務的・契約的な関係に措定されるというのが現在では定説である(26)。

父子天合・君臣義合観の起源の一つとしてしばしば引用されるのが、『礼記』曲礼の次の文章である。

「為二人臣一之礼、不二顕諫一。三諫而不レ聴、則逃レ之。子之事レ親也、三諫而不レ聴、則号泣而随レ之。」

君に対して諫め聞き入れられない場合、致仕して去ることはできる。しかし親の場合は去ることはできず、ただ泣いて従うのみである。『礼記』に萌芽として見られる父子・君臣観は、やがて朱子学において天合・義合という概念で詳細に論じられることになる。

朱子学で君臣義合は、君主が臣下に礼を尽くし、臣下が君主に忠を尽くすという双務的な関係で説明される。

「定公問、君使レ臣、臣事レ君、如之何、孔子対曰、君使レ臣以レ礼、臣事レ君以レ忠。」（『論語』八佾篇）

「尹氏（尹焞——注）曰、君臣以レ義合者也。故君使レ臣以レ礼、則臣事レ君以レ忠。」（朱熹『論語集注』）

君臣が義合の関係にある場合、次のように臣下の去就や進退に関わってくる。

「子路曰、「不レ仕無レ義、長幼之節、不レ可レ廃也。君臣之義、如レ之何其可レ廃也。欲レ潔二其身一而乱二大倫一。君子之仕也、行二其義一也。道之不レ行也、已知レ之矣。」」（『論語』微子篇）

「人之大倫有レ五。父子有レ親、君臣有レ義、夫婦有レ別、長幼有レ序、朋友有レ信、是也。仕所三以行二君臣之義一。故雖レ知二道之不一レ行而不レ可レ廃。然謂二之義一、則事之可否、身之去就、亦自有二不レ可レ苟者一。」（朱熹『論語集注』）

朱子学においても当然、君臣関係は重視される。しかし「君臣之義」は、臣下が君主に付き従うという現状の君臣関係の絶対視を意味するわけではない。臣下が「義」のあるところに従って自らの去就や進退を主体的にかつ的確に判断する態度によって、あるべき「君臣之義」が成就される。もちろん中国では『魏書』節義伝や『宋書』孝義伝序に見られるように君主の為に身命を擲つ人物を義士と評価することはある。しかし不徳の君主に対しては「諫めて聴きいられずんば逃《さ》る」という行動も「君臣之義」を果たす選択肢として存在するのである。去ることのできない天合による父子関係との差異は大きい。

斯かる中国の君臣観は、士大夫層をその対象としている。宮崎市定によれば、士大夫は、文化的には読書人、政治的には官僚、経済的には地主・商業資本家たる新貴族階級である[27]。士大夫層の自主独立の気風も、こうした存在形態に基づいている。対して日本の武士は、本来的には戦闘員であり、俸禄は「藩」から支給され、時にはその俸禄が十分でないために内職も余儀なく行うこともあった。中国の士大夫とは対照的である。

白石も他の日本の儒者と同様に、士大夫と武士の存在形態の違いを意識していた。事物名の語源的解釈を示した辞書『東雅』（享保四年・一七一九年成立）では、「士」という語は次のように説明されている。

「士《サブラヒ》。我国にして士といふもの、漢に公卿大夫士などいふものと、其義不ㇾ同。此義を詳に論ぜんには、事長かりぬべし。近世に所謂サブラヒといふ者は、侍衛の義也と心得んには、大やううたがふべからず。古に物部といひ、後に武士などといふが如き即是也。」〈侍の字読て、オモトビトともいひ、またサフラフとも云ひしなり。ヲモトとは御許《ヲモト》御許也。君側に近侍するの義也。サブラフといふも、また祇候之義也。（後略）〉[28]

※〈　〉は割注。片仮名表記の振り仮名は自筆本による。

武士という語が侍衛や祇候を意味する「サブラフ」を語源とし、君主の近くに仕え護衛する者の称と定義している。ここで注目したいのは、冒頭「我国にして士といふもの、漢に公卿大夫士などいふものと、其義不ㇾ同。」という一文である。

主体的に自己の進退を決定できた中国の士大夫に対し、日本の武士は「奉公人」であった[29]。「御家の犬」「主君の御脇差」（大久保彦左衛門忠教著『三河物語』、寛永三年・一六二六年最終成立）という献身的奉公が理想とされたのである。冒頭の一文は、斯かる士大夫と武士との存在形態の差異をふまえて述べられたものと考えられる。「士」に関する斯かる認識を念頭に置くと、『儀礼』喪服伝斬衰条を転用し[30]、臣下は君主を「天」とすると説く白石の君臣観は、君臣関係の固定化・絶対化を企図し、君主に仕えることを職務とする「サブラヒ」に相応しい君臣観と言えよう。

以上のように、武士と士大夫との差異に対する認識が、鳳岡の断案を媒介にして透かして見える、中国の君臣観、さらにその延長に位置する朱子学の君臣義合観への実質的な否定へと繋がっている。士大夫層の自主独立の気風に基づいた朱子学の君臣義合観は進退の自由を臣下の側に認め、君主に対し献身的奉公を尽くすことを要請する近世日本の主従制論理と相容れないものであった。白石は斯かる事実を認識し、君臣関係の固定化・絶対化を嚮導する独自の君臣観を提示したものと考えられる。

三、忠孝一致論との論理的相違

白石の君臣観は、君臣関係と父子関係、換言すれば忠と孝との相克という難解な問題に対する解答である。ここで注意したいのは、白石は君臣関係の強化を図る際に、忠孝の一致を説かずに、臣下が君主へ忠を尽くす在り方を専一に説いたことである。他の思想家たちもこの相克に対峙しているが、その多くが忠孝一致を説くことによって、君臣関係の強化を図らんとした。

第一章において白石の批判とは別に林鳳岡の君臣観が存在すると述べた。鳳岡は父子・夫婦関係において義合より天合が優先すると考え、それが白石から批判を受ける糸口となってしまったのであるが、君臣・父子関係において鳳岡自身は忠孝一致を君臣観の根幹原理と考えていた。

「天地の性、人、貴と為し、人の行ひ、忠孝より大なるはなし。忠孝なるものは順徳にして並行の方なり。五常の本、百行の始なり。人心、天理の固有なり。強いてこれを為すものに非ざるなり。父に事ふるの孝を移し以て君に事ふれば、則ち忠と為る。君に事ふるの忠を移し以て父に事ふれば、則ち孝と為る。故に曰く、忠臣を求むるは必ず孝子の門に於いてす、と。また曰く、君子はその孝を行ふに、必ず先づ忠を以てするなり、と。能く忠誠を致し以てその親を養へば、則ち身、家を安んじ長を豊じ、孝道の大なるものを得るなり。須臾の間も此の道を忘るるなかれ也。」（「忠孝」）(31)

「忠孝」という語は、近世日本の根幹的な主従制原理として存在した。とりわけ忠孝が主従制原理として前面に押し出されるのは、徳川綱吉政権の時期である。

綱吉政権は天和三（一六八三）年に、寛永十二（一六三五）年以来、諸士法度の第一条に掲げられていた「忠孝をはげまし、礼法をたゞし」という文言を承けて、武家諸法度の第一条を「文武忠孝を励まし、可レ正二礼儀一事」と改変した。忠孝の奨励は、支配者階層だけではなく被支配者階層に対しても行われ、「忠孝札」の掲示（天和二年・一六八二年）などの教化策が実施された(32)。歴史のアイロニーとでも言うべきか。後に、赤穂浪士の討ち入り事件によって綱吉政権は主従制原理を問われる事態に陥ったが、綱吉政権は主従制原理を確立させようとした意欲に満ちた政権であった(33)。綱吉政権による一連の政策は一定の功を奏し、武家家訓のみならず、商家の家訓などにも忠孝の強調が頻繁に見られるようになる(34)。「忠孝」は、近世日本の主従制原理の中核として位置づけられるに至った。思想家たちが忠孝一致論を説くようになるのも、斯かる歴史的状況が背景として考えられる。

我々はここから「忠孝」という儒教的徳目が、近世日本において弛緩しがたい羈絆として機能していたと見なしがちである。しかし、日本とは異なる知的土壌で成立した朱子学を真摯に学んだ思想家のなかには、「忠」と「孝」とが予定調和的に一致するものではなく、緊張した関係を孕んでいたことを看破した者も存在した。理論的意匠を凝らすことなく単純に「忠孝」を振りかざしても、支配イデオロギーとして十全に機能しないのではないかという危機感があった。中国社会が所産した「忠孝」を、近世日本の主従制原理に適合するように変畸させる必要を感じていたのである。白石とほぼ同時代に生きた闇斎学派の浅見絅斎（一六五二年～一七一一年）は、まさしくその典型的な思想家である。

「天倫ハ、天命自然ノ叙《ついで》ノコト。コチカラコシラヘタコトデハナイ。固有本然ゾ。大ムネ父子ハ骨肉一体ノ情ヲ得テ、自ラ離レラレヌ様ナガ、君臣モ天倫カラハ、父子一体ノ様ニ大切ニ思テ、止《やむ》ニ忍ビヌ様ニアル筈ナレドモ、君臣ト云ト、他人ト他人トノツナギ合セノ様ニ思ヒ、ドウシテ情ガ薄テ、何ト云コトナフ、ヨソ外ニナリ、親ヲ大切ニ思様ニ君ヲイトシミテ、ドウモ忍ビラレズ、忘レラレヌト云様ニナイ。コレハドフゾ。」（浅見絅斎講・若林強斎録『拘幽操師説』(35)）

絅斎によれば、君臣関係も、本来は「天倫」（天合）によって結ばれ、一体の情により離れられないはずであるが、君臣という語は、「他人ト他人トノツナギ合セノ様」に思わせると述べる。君臣義合観を念頭に置いた発言である。絅斎の君臣観の根底には、朱子学的な父子天合・君臣義合観を規範した場合、君臣関係を疎遠にする結果を引哄しかねないという白石と同様の問題意識があった。君臣関係をより緊密にするために絅斎が提示した方策が、義合である君臣関係を天合へと移行させることであり、親子間における「愛」の感情を、君臣関係へ連続させていく在り方である。

「文王ノ紂ガ無道ヲ知ラセラレヌデハナイガ、唯君ガイトウシウテナラズ、忘ル、ニ忍ビラレヌ心カラ、聖明ノ君ジヤト仰ラレタ。親ノ子ヲ思様ニ、何程ニワルイコトガ有テモ、ソレヲ知ヌデハ無レドモ、其ワルイナリニ弥カワユフテ忍ビラレヌト同ジコトゾ。」(同前)(36)

「真味真実、君ガイトシフテナラヌト云至誠惻怛ノツキヌケタデナケレバ、忠デナイ。」(同前)(37)

浅見絅斎による君臣間の情宜的結合の強調は、『葉隠』(山本常朝述、田代陣基記、享保元年・一七一六年成立)においてより熾烈な形で展開されている。

「恋の部《はまり》の至極は忍恋也。「恋死なんのちの煙にそれとしれつひにもらさぬ中の思ひを」、如レ斯也。命のうちにそれとしらざるは、深恋にあらずや。思ひ死の長《た》け高きこと限なし。仮先より「ケ様にては無きか」と問れても、「全思ひもよらず」と云て、思ひ死に極るは至極也。(中略)此事、万の心得にわたるべし。主従の間など、此心にて澄なり。」(聞書二、第三四条)(38)

臣下が君主に絶対的恭順を示す関係を「恋愛」に準える心性に衆道の影響を指摘することもできるが、君臣義合観からの超克を試みる思想空間のなかに位置づければ、(39)『葉隠』は、君臣間の情宜的結合を強調する思潮のボリシェヴィキとして登場するのである。

近世の日本社会は、擬制的な「家」秩序が各身分・職能集団に浸透した社会である。尾藤正英氏によれば、近世日本の「家」は、血縁者のみならず非血縁者をも含みながら「家業」を営み、「家産」を所有する社会組織とされる。(40)

「家業」や「家産」の維持を目的にした機能主義的集団である日本の「家」は、血縁による結合に基づく中国の「家」とは性格を異にする。(41) 武士にとっては藩＝「御家」の存続が何よりも重視されたと田原嗣郎氏は述べているが、(42)「御家」の思想は、擬制的な「家」秩序が武士の精神構造を規定するイデオロギーとなって表れたと理解することができる。「御家」の思想は一方で、主君より「御家」(＝「藩」) の永続を重視し、「御家」の持続に相応しくない主君に対しては「押込」を辞さない(43)という主君の公的機関化へと繋がる。ただし、主君の公的機関化が進む一方で、それに抗うような主君に対する個人的結合を希求する感情が噴出していたことも事実である。そこに目を付けたのが浅見絅斎である。絅斎は、綱吉政権以降で頻出するようになった忠孝一致論に目を向けて、忠と孝の緊張を超克し、君主と臣下との情誼的結合に、血縁的な「家」での結合感情である父子の感情を連続させていくという意匠を提示したのであった。

君臣結合の濃密化を企てる絅斎の機巧は、一方で主君の公的機関化を促す「御家」の思想に抗いながら、「家」の基本的な結合感情である父子の感情を君臣の主従制論理にまで連続させていくことで、近世日本の擬制的な「家」秩序へ対応していたのである。

義合的関係で結合する君臣関係は、天合的関係で結合する父子関係に比べて疎遠になり易い。浅見絅斎は、この問題を解決する手段として、君臣関係を義合から天合へとスライドさせ、情宜的結合の強調によって解決を図ろうとした。近世の思想家の多くが忠孝一致論によって忠孝の相克に対峙した。一方で白石も、父子天合・君臣義合観に関して同様の問題意識を持ちながら、忠孝一致を喧伝しようとはしなかった。

おわりに

本章で述べて来た内容を小括する。

伊兵衛事件に関する白石の断案は、林鳳岡への批判を基調として展開される。鳳岡への批判を通じて、白石は、朱子学的な父子天合・君臣義合観が君主を無みする危険性を持つと糾弾する。その帰結として、絅斎と同様に、朱子学的な父子天合・君臣義合観からの超克を図るが、ただし白石は、忠孝一致の論理構成を採らずに、身分的・社会状況（子、臣、妻）の如何によって、奉事する対象（父、君、夫）を一つに画定する方法を採った。君臣観に即して言えば、専一に君主へ忠を尽くすことが求められる。白石は、奉事する対象が複数（「二君」・「二尊」）存在する在り方は、主従関係の破綻を招きかねないと厳しく批判する。この人倫観を演繹すれば、忠孝一致論は、奉事する対象が父と君主の「二君」（「二尊」）に分散し、君臣間の主従関係を希薄化する恐れのある論理機制ということになる。このような理由から白石は忠孝一致論から距離を置いたと推測し得る。

以上の考察によって白石の君臣観が解明されたが、そこから窺知し得る白石の思想の特質について、従来の白石論との違いを意識しながら述べる。

白石は、学統から「朱子学者」と範疇化されるのが常であった。しかしその通説的なイメージは見直す必要がある。本章によって明らかとなった通り、白石は自己の君臣観を展開するに際し、鳳岡批判を通じて、上記の朱子学的な父子天合・君臣義合観が近世日本の主従制論理に与える危険性を剔抉しており、朱子学を規範とする意識は見られない。もちろん白石は、古学派のように、朱子学の否定を明確なスローガンとして学説の定立を図る型の思想家ではない。しかしその思想的営為には、「朱子学者」という像には括れない、乃至、相反する要素が多分に見られるのである。

朱子学との差異化は君臣観の他にも宗教観も看取することができる。鬼神論を例として説明しよう。

白石の鬼神論は「朱子学的合理主義」の産物として従来理解されてきた。しかし、「厲鬼」（タタリを起こす死者の霊魂）を現実世界に影響を及ぼす実在として危惧する白石の態度は、鬼神を陰陽二気の運動として捉え自然現象の一部として理解する「朱子学的合理主義」の埒内に収まらない。また鬼神への祭祀に対する考えについても懸隔がある。朱子学における祭祀は祖先祭祀を主題としているのに対し、白石における祭祀は次期徳川将軍の継承問題を主題としている。すなわち白石の鬼神論は、朱子学的な宗教的命題を離れ、当時の徳川政権が直面した政治的課題への解答なのである。(44)白石にとっての準拠枠は、第一に現実の政治世界であって、経書の思想世界ではない。斯くの如き思想的営為の後景には、白石独自の正名思想が理論的支柱として存在していると考え得る。この点について敷衍する。

近年の白石に関する有力な学説の一つとして、ケイト・W・ナカイ氏の見解が挙げられる。(45)ナカイ氏は、白石の思想的戦略が、将軍家と天皇家とにそれぞれ分割された二元的王権構造を、将軍権力の基に一元化することを企図するものであったと論じている。しかし、白石の国家構想に関する言説を内在的に理解していくと、「神祖」家康が定めた「朝幕」の二元的王権構造を前提として将軍権力を正当化する企図を持っていたことが分かる。(46)その具体的施策として、国王復号・武家勲階制の実施が提唱されるのである。ここで注目されるのは、国王復号も武家勲階制も『論語』子路篇に見られるいわゆる正名思想を典拠として提唱されていることである。(47)白石は、足利義満が実質的には君主としての権力を手中に収めながら朝廷の官位制に依拠したことや、豊臣秀吉が大名統制において天皇の勅旨を利用したことを例に挙げ、従来の武家政権がその「実」に合わない朝廷の「名」を使用し、「名」と「実」とが乖離したことを、躓きの原因とする。白石の政治的目標は、何よりも「名」と「実」との一致であった。徳川政権の「実」に相応しい「名」の創設が第一に急務とされたのである。中国の士大夫と日本の武士との社会的存在形態の違いを認識して、武士の「実」に即して君臣観という「名」を創設する思想的営為も、正名思想の外延に位置づけられる。

従来の白石論は、「儒学者」「朱子学者」という平板なレッテルを貼って安んずる傾向が見られてきた。ナカイ氏の一連の研究によって政治思想家として白石が注目されるようになったが、その白石像に関しては疑問が残る。氏は、儒学的な原理にあくまで基づきながら、現実の政治世界における様々な課題に立ち向かった、いわば儒学原理主義者とも言うべき白石像を描出しているが、本章によって明らかになったように、白石は、近世日本の社会・国家構造という「実」を基盤にして、それを正当化するために儒学原理という「名」を利用するのである。したがって日本の武士の主従関係という「実」に不相応な父子天合・君臣義合という「名」は否定されるのである。白石にとって、「正名思想」という儒学原理の実践は、儒学や朱子学のエピゴーネンたることを意味せずに、現実の政治的活動を支えるプラグマティズムとしての意味を持っていたのである。

続いて近世思想史上において白石の君臣観が有する意義を述べる。

通説では、忠孝の相克に関して、中国が孝をより重視したのに対し、日本では忠をより重視したと説明される[48]。この説明の仕方は誤ってはいないが、近世日本では、二者択一的な形で忠が孝より優先されたのではなく、忠孝の相克を止揚する形で忠の主従制イデオロギーとしての性格が強められたと考える方がより実態に即している。その際に採られた論理機制が、忠孝一致論である。また近世日本の君臣観に関しては既に三宅正彦氏[49]とI・J・マックマレン氏[50]によって優れた研究がなされているが、両者の研究でも忠孝一致論に対する目配りはほとんど見られない。両者の研究はともに忠孝の相克という近世の思想家が対峙した問題を前提に論述を展開し、「忠」と「孝」、「公」と「私」の、どちらが優先されたかという二者択一的な評価から近世の主従制原理を考察しているが、近世の武家家訓書や思想家の言説の多くが忠孝一致を説いているという事実をふまえていない。近世の主従制原理を考察するためには、忠孝一致論を念頭に置く必要がある。

忠孝一致論は、徳川綱吉政権による教化策に照応し主従制原理として浸透していく。こうした時代状況のなかで、忠孝の調和が与件として存在しないことを鋭く看破した思想家が、忠孝一致論の磁場から現れる。その一人が浅見絅斎である。絅斎は、朱子学的な父子天合・君臣義合観に基づけば忠より孝を優先しかねないと考え、君臣関係を、契約的関係である「義合」から血縁的関係である「天合」へと移行させ、子が父を慕うような愛慕の情を君臣結合の紐帯として強調するのである。(51) 絅斎の思想的意匠は、君主の公的機関化という時代の趨勢に抗いながら、血縁的な「家」の基本的感情である父子感情を君臣結合の紐帯とした点において、近世日本の擬制的な「家」秩序に即した一つの解答と言える。

新井白石が君臣観を醸成させる背景には、以上のような思想的状況が存在した。加えて、元禄十五（一七〇二）年以降の義士・義僕論のブームは、白石に自己の君臣観を天下に示す必要を感じさせる契機であったと考えられる。(52) 君臣間の問題ではないはずの伊兵衛事件を、付会して君臣観を披瀝する題材として白石が利用したのも、主従制原理の定式化という時代の要請に応えるためであったと考えられる。

本章で取り上げた浅見絅斎と新井白石は、どちらも表面上は「忠」の機能強化を図った思想家として映ずるが、忠孝一致論への思想的態度にまで踏み込んで考察してはじめて両者の真意が理解し得る。浅見絅斎は、君主と臣下との個人的な情誼的結合による忠孝一致論を説いた。対して白石は、忠孝一致が奉事する対象を分裂しかねないことを看破して、専一に君主へ忠を尽くす在り方を説く。同じく「忠」のイデオロギー強化を企図しながらも、その主張の背景にある忠孝一致論に対する思想的態度は全く違うのである。

忠孝の相克に対峙した他の思想家と同様に、朱子学的な父子天合・君臣義合の超克という地平に立ちながら、近世を通じて支配的であった忠孝一致論と一線を画した白石独自の君臣論が、当時の政治状況のなかでどのような役割を果たしたか、また通史的に君臣論を検討した際に、どのような位置づけが可能となるのか。更なる考究が必要となる。[53]

斯かる作業の積み重ねにより近世における君臣論の詳細な見取り図を獲得しながら、我々は近世の君臣論と近代の支配論理（とりわけ「忠孝一本」を原理とする家族国家観）との関係性についても再考せねばならないだろう。

近代日本の忠孝一致論者である井上哲次郎（一八五五年～一九四四年）は、天皇へ一元的に価値を収斂する形で忠孝一致論を説く。中国と日本との君臣関係を比較して、前者は「義合」だけで結合しているため、その関係は希薄になり易く、後者は「情ハ父子ヲ兼ヌ」が故に、その結合は揺るぎないと述べる。[54]斯かる井上の忠孝一致論がどのような系譜学的作業の基に形成されたのか、今後の研究の課題としたい。

注

（1）『新井白石全集』第六巻に所収（国書刊行会、一九〇五年）。

（2）伊兵衛事件に関する『決獄考』と『折たく柴の記』の当該箇所は概ね同じ趣旨で書かれているが、『折たく柴の記』（一七一六年起稿）は『決獄考』（一七一一年成立）より後に著されたという事情もあって、『決獄考』には見られなかった鳳岡に関する批判的言辞が明確に記載され、より周到な記述となっている。よって本稿では『折たく柴の記』の記述によって論述を進めることとする。

（3）『日本古典文学大系　折たく柴の記・蘭東事始』（岩波書店、一九六四年）、三三七頁。

（4）干名犯義とは、「名分を干《おか》し、道義を犯す」の意であり、自分が仕える者（君・親・夫など）の悪事を告訴することを罪とする律である（荻生徂徠『定本明律国字解』四五三頁等参照。内田智雄・日原利國校訂、創文社、一九六六年）。東アジアの前近代法に広く見られる。

(5)『新井白石の文治政治』(石崎書店、一九五二年)。
(6)「新井白石と裁判」(『弘前大学国史研究』三九号、一九六五年、後『新井白石の人物と政治』に所収、吉川弘文館、一九七七年)、『定本　折たく柴の記釈義』(一九六四年、至文堂、増訂版、近藤出版社、一九八五年)。
(7)「干名犯義に関する覚書」(『国学院法研論叢』二二号、一九九五年)。
(8)「新井白石における法的弁証――正徳元年の疑獄事件を例として――」(『国学院大学紀要』三四巻、一九九六年)。
(9)「『折たく柴の記』に見えたる「大赦」と「疑獄一条」とをめぐって」(『大倉山論叢』二四輯、一九八八年)。
(10)『日本古典文学大系　折りたく柴の記・蘭東事始』(岩波書店、一九六四年)、三三七頁。
(11)この点について白石の訴訟処理、裁判観を論じた山口繁『新井白石と裁判』(西神田編集室、二〇〇三年)もふれているが、白石の君臣観の内実については全く論じられていない。
(12)「「変」の論理――新井白石論」(『倫理学年報』二一号、一九七二年)、後『攘夷と伝統』(ぺりかん社、一九八五年)に所収。
(13)鳳岡の断案について、『鳳岡林先生全集』(国立公文書館内閣文庫所蔵本。延享元年・一七四四年刊)には関連資料が見当たらない。現在のところ、鳳岡が提出した断案の内容は白石側の資料から窺知するしかない。その不備は否めないが、本稿はあくまで白石の君臣論を解明することを目的としている。
(14)『日本古典文学大系　折たく柴の記・蘭東事始』(岩波書店、一九六四年)、三三八頁。
(15)「祭仲専鄭伯患之使其婿雍糾殺之。将享諸郊。雍姫知之謂其母曰、父与夫孰親。其母曰、人尽夫也。父一而已。胡可比也。遂告祭仲曰、雍氏舎其室而将享子於郊。吾惑之以告。祭仲殺雍糾尸諸周氏之汪。」
(16)『日本古典文学大系　折たく柴の記・蘭東事始』(岩波書店、一九六四年)、三三九頁。
(17)「斬衰」とは喪服の名であり、喪服のなかで最も重い。子が父のために、臣が君のために、諸侯が天子のために、妻が夫のために三年の喪に服するのに用いる。
(18)『日本古典文学大系　折たく柴の記・蘭東事始』(岩波書店、一九六四年)、三三九頁。

(19)『儀礼』喪服伝斬衰条に見られる婦人三従観と、鳳岡が引用した『春秋左氏伝』桓公十五年記事に見られる夫より父を優先する考えとが、そもそも経書上において対立した位置にある。杜預の『春秋経伝集解』には、次のような注が施されている。

「婦人在レ室、則天レ父。出則天レ夫。女以為レ疑。故母以二所レ生為一レ本解レ之。」

傍線部は、先ほど見た『儀礼』喪服伝斬衰条をふまえたものである。嫁した婦人なら父ではなく夫を優先するべきだとする三従観に雍姞は違和感を感じ、夫と父のどちらを優先するべきか判断に迷い、母に相談した。母は「人尽夫也、父一而已」という血縁を重視した人倫観を雍姞に説いたと杜預は解釈している。婦人が奉侍する対象をめぐる白石と鳳岡とのコントラストは、それぞれが『儀礼』喪服伝斬衰条と『春秋左氏伝』桓公十五年記事とを典拠とすることにおいて既に示されている。

(20)『日本古典文学大系　折たく柴の記・蘭東事始』(岩波書店、一九六四年)、三三九〜三四〇頁。

(21)『儀礼』喪服伝の記述には、「変」なる状態を想定・連想させる語はないが、白石は人倫の「変」における在り方に読み込んでいる。

(22)『日本古典文学大系　折たく柴の記・蘭東事始』(岩波書店、一九六四年)、三四二頁。

(23)『日本古典文学大系　折たく柴の記・蘭東事始』(岩波書店、一九六四年)、三四一頁。

(24)享保八年(一七二三)初刊。内田智雄・日原利國校訂『定本明律国字解』(創文社、一九六六年)、四五六頁。

(25)東京大学出版会、一九五二年。

(26)島田虔次『朱子学と陽明学』(岩波新書、一九六七年、九七〜一〇一頁)、溝口雄三編『中国という視座』(溝口氏担当執筆、平凡社、一九九五年、五三〜五八頁)、渡辺浩『近世日本社会と宋学』第二章第二節「君臣」(東京大学出版会、一九八五年)など。以下の朱子学の父子・君臣観の記述はこれらの諸氏の研究に負う所が大きい。

(27)「東洋的近世」(『アジア史論稿』上、朝日新聞社、一九七六年)。
(28)『新井白石全集』第四巻、一〇七頁。
(29)小池喜明『葉隠――武士と「奉公」――』(講談社学術文庫、一九九九年)。
(30)朱子学において婦人三従観の典拠である喪服伝斬衰条を君臣論に転用した議論は管見の限り見られない。『儀礼経伝通解』の喪服伝斬衰条の注釈(喪礼一、続巻一)は、『儀礼注疏』の当該部分を踏襲するのみで、君臣観に絡めた議論は見られない。また『朱子語類』巻八十五の『儀礼』喪服伝に関する問答でも、服装等喪礼の方法についての議論が載せられるのみである。君臣観に絡めた議論はない。なお、『性理大全』巻八十五「君臣・臣道」の項には『儀礼』喪服伝に関する記述は見受けられない。
(31)「天地之性、人為貴、人之行莫大於忠孝。忠孝者順徳而並行之方也。五常之本、百行之始也。人心天理之固有也。非強為之者也。移事父之孝、以事君則為忠。移事君之忠以事父、則為孝。故曰、求忠臣必於孝子之門。又曰、君子行其孝必先以忠也。能致忠誠以養其親、則身安家豊長、得孝道之大者也。須臾之間莫忘此道也。」(『鳳岡林先生全集』巻百十八、十六丁表、延享一年・一七四四年刊。国立公文書館内閣文庫所蔵本)。
(32)庶民教育政策について、代表的な研究として石川謙氏の一連の研究が挙げられる。なお、特に忠孝道徳に焦点を絞った研究として、尾形利雄「江戸時代における庶民教化理念としての忠孝道徳の一考察」(『上智大学教育学論集』教育学科、二一号、一九八六年)。
(33)綱吉政権が人倫秩序の安定化を推進したという見解は既に共有されている。塚本学氏は、生類憐みの令も、人民教化策の一貫として捉えられると主張し(「綱吉政権の歴史的位置をめぐって」、『日本史研究』二三六号、一九八二年)、朝尾直弘氏は、「公儀」の権威を拡大して、全国の大名をも旗本・御家人と同じく主従制の原理によって包摂しようとしたとみなすことができると述べ(「将軍政治の権力構造」、『岩波講座　日本歴史』十巻所収、岩波書店、一九七五年。後に同氏『将軍権力の創出』に採録、岩波書店、一九九四年)、倉地克直氏は、民衆の教化・思想的統合を目指す政策を強力に進めたと述べる(「近世都市文化論」、歴史学研究会・日本史研究会編『講座日本歴史五　近世一』所収、東京大学出版会、一九八五年。後に同氏『近世の民衆と支配思想』に採録、柏書房、一九九六年）。綱吉政権の時期になると、儒者の社会的地位も向上する。それを象徴する出来事が元禄四（一六九一）年に林鳳岡が大学頭に任ぜられたことである。今まで民部卿法印を授位され僧侶として任用されていた林家が、綱吉政権になって初めて蓄髪還俗し正式に儒者として任用されたのである。

(34) たとえば延宝三（一六七五）年の三井家店式目の第一条では「……但親孝行成者は主へは忠をなし商之みち無油断勤者孝之至也」というように、武士と同様に商人も忠孝を心懸けることが述べられている（入江宏『近世庶民家訓の研究――「家」の経営と教育』、多賀出版、一九九六年、一九〇頁）。なお商家家訓における忠孝の強調につき、山本眞功氏は「重農賤商を旨とする体制の枠内で自らの営利活動を守るためにおこなわれた商人の試行錯誤がたどり着いたのは、結果的に支配階層である武家の〝家〟意識の形態や意識に自らを添わせてゆくという方向にむかうということだったのである。」と述べている（『家訓集』解説論文、平凡社、二〇〇一年、四〇五頁）。

(35)『日本思想大系　山崎闇斎学派』（岩波書店、一九八〇年）、一三五頁。

(36) 同前、一三五頁。

(37) 同前、一三〇頁。

(38)『日本思想大系　三河物語・葉隠』（岩波書店、一九七四年）、二八二頁。

(39) こうした見方は既に丸山眞男によって提示されている（「闇斎学と闇斎学派」『日本思想大系　山崎闇斎学派』解説論文、岩波書店、一九八〇年）。

(40)『江戸時代とは何か』序文及び第一部第三章「戦国大名と幕藩体制」（岩波書店、一九九二年）。

(41) 滋賀秀三『中国家族法の原理』（創文社、一九六七年）、五八頁～六七頁。

(42)『赤穂四十六士論――幕藩制の精神構造』（吉川弘文館、一九七八年）、八二～一〇四頁。

(43) 笠谷和比古『主君「押込」の構造』（平凡社、一九八八年）。

(44) 第一部第一章。

（45）*Shogunal Politics : Arai Hakuseki and the Premises of Tokugawa Rule*(Council on East Asian Studies, Harvard University, 1988)。後、邦訳が『新井白石の政治戦略　儒学と史論』（平石直昭ほか訳、東京大学出版会、二〇〇一年）として刊行、「「礼楽」・「征伐」の再統一――新井白石の将軍権力再構築構想とその挫折の意味するもの」（『季刊日本思想史』三一号、一九八八年）、「徳川朝幕関係の再編――新井白石の幕府王権論をめぐって――」（『日本思想史学』二七号、一九九五年）。

（46）第一部第二章。

（47）湯浅常山著『文会雑記』には服部南郭の語として、「唯正名トニバカリデ……」（巻之三、上）という白石評が載せられている。なお、白石が正名思想を重視していたことは、先学が指摘している。尾藤正英「新井白石の歴史思想」（日本思想大系『新井白石』解説論文、一九七五年）、本郷隆盛「新井白石の政治思想と世界像――日本的習俗への挑戦――」（『宮城教育大学紀要』第三一巻第一分冊、一九九六年）。

（48）桑原隲蔵「支那の孝道殊に法律上より観たる支那の孝道」（鈴木虎雄編『狩野教授還暦記念支那学論叢』所収、弘文堂書房、一九二八年。後に『桑原隲蔵全集』第三巻に採録、岩波書店、一九六八年）。R・N・ベラー『徳川時代の宗教』（原書一九五七年、岩波文庫、一九九六年）。石井紫郎「近世の国制における「武家」と「武士」」（『日本思想大系　近世武家思想』解説論文、岩波書店、一九七四年）など。

（49）三宅氏は、「公」と「私」を分析概念として用い、幕藩主従制原理は、「公」と「私」を分離し、「公」を「私」に優越させることによって発展したと述べている（「幕藩主従制の思想的原理――公私分離の発展――」、『日本史研究』一二七号、一九七二年）。

（50）マックマレン氏は、忠を孝に優先させる考え方が通史的には支配的であったことを認めつつも、近世前期においては、「孝」を「忠」に優先させる、ないしは両者の均衡を保とうとする林羅山や熊沢蕃山の思想と、「孝」を「忠」に従属させる山鹿素行や浅見絅斎の思想という二つの潮流が存在したと述べている（「江戸前期における「忠」と「孝」の問題について」、『季刊日本思想史』三一号、一九八八年）。

(51) なお、綱斎と同様に、朱子学的な君臣義合・父子天合観に批判意識を持ち、君臣関係の「天合」化を図った思想家として、山鹿素行（一六二二年〜一六八五年）を挙げることができる。

「父子の間は天然の親愛を以てなすこと也、君臣は他人相あつまりて君を仰ぎ臣と約するのことわりにして、何を以て天然の親愛あるべき処なし。」（『山鹿語類』巻十三）。

素行も綱斎と同様に、義合の君臣関係には天合の父子関係のような親愛の感情が生まれないことに危機感を抱き、「君を以て父に比し、臣を以て子に比するときは、天下豈不是底の父母あらんや」（同前）というように、君臣関係を父子関係に同定して、主従関係の緊密化を図る。

(52) 伊兵衛事件より遡ること九年前（元禄十五年・一七〇二年）、赤穂浪士による討ち入り事件が起きる。討ち入りの賛否をめぐり、室鳩巣（『赤穂義人録』、一七〇三年成立）を嚆矢として、林鳳岡（「復讐論」）、佐藤直方（「四十六人之筆記」、一七〇五年以前成立）、三宅尚斎（「重固問目」）、浅見絅斎（『四十六士論』、一七〇六年以前成立）、荻生徂徠（「論四十七士事」、一七〇五年頃成立）などの錚々たる思想家が激しい論争を繰り広げた。そして討ち入り事件と同年に、上総国姉崎村の奉公人市兵衛の長年の嘆願により、主人である同村総名主斎藤次郎兵衛の赦免が行われた。市兵衛の献身的な行動は、林鳳岡『市原郡市兵衛記事』（一七〇三年成立）、荻生徂徠「記義奴市兵衛事」（『徂徠集』巻十二）らによって賞賛されている。身分階層を異にした二つの出来事であるが、どちらも主従制原理を改めて考えさせる大きな契機となった点で軌を一にしている。君臣関係に関係のない伊兵衛事件を牽強して自己の君臣観を披瀝する題材とした白石の内発的動機は、如上の事情に因由するものと考えられる。

(53) なお、白石の思想上の主従制原理と実際の教化政策の関係の解明については残された課題である。この点について興味深い事実は、綱吉政権によって喧伝された「忠孝」という語が、家宣政権下の法令・高札ではそれほど強調されなくなるということである。武家諸法度天和令の第一条「文武忠孝を励し、可レ正礼儀事」を、宝永令では「文武之道を修め、人倫を明かにし、風俗を正しくすべき事」と改め、天和の忠孝札の第一条「忠孝をはけまし、夫婦兄弟諸親類にむつましく、召仕之者にいたるまて憐愍をくはふへし、若不忠不孝之者あらは、可為重罪事」を、正徳の高札

（正徳元年・一七一一年、五月）では「親子兄弟夫婦を始め、諸親類にしたしく、下人等に至まで是をあはれむへし、主人ある輩は、各其奉公に精を出すへき事」と改めている。仮に、こうした改変の跡から、家宣政権下は「忠孝」自体を重視しなかったと臆断するならば誤っている。やはり通史的に鑑みて、「忠」と「孝」とは近世日本の根幹的な主従制原理として存在していたと考えるべきである。当時の政治の牽引者であった新井白石は、「忠」と「孝」にそれぞれ個別的に価値を認めるが、忠孝一致論と原理的に相容れない主従制原理を考えていた。家宣政権が忠孝の一致を想定し易い「忠孝」という語句を法令や高札においてあまり強調しなかった事情は、白石の主従制原理と何らかの関連性を有していたのではなかろうか。もちろん白石の主従制原理と当時の教化策とを単純に結びつけることはできなく、以上の考察はあくまで推論であるが、白石の主従制原理を念頭に置いて、家宣政権の教化政策の性質を考えることは重要であろう。

(54)「日本は矢張り一君万民の国体で、君臣の大義は古今決して変はること無かるべきものである。雄略天皇の遺勅に、「義ハ乃チ君臣、情ハ父子ヲ兼ヌ。」とあるやうなわけで、唯ゝ義を以て君臣を結び付けた国とは決して同一視すべきではないのである。朱子は君臣の関係は義を以て結び付けられたものとして、唯ゝ此一点から忠を説いたのである。其の論に斯うある。「君臣ハ是レ義ヲ以テ合ス。世ノ人便チ苟且ヲ得易シ。故ニ此ニ於テ忠ヲ説ク。是レ足ラザル処ニ就イテ説ク。」（原漢文）と斯う云つて居る。朱子の考では君臣の関係といふものは義を以て結び付いたもので、それ以外に何物も無いから、兎角此の関係を苟且《かりそめ》にし易い。それで忠といふことを説いて、其の関係の薄弱なるところを補ふものである。と、斯ういふ風な意味で忠を説いたのであるが、注意すべきは「情ハ父子ヲ兼ヌ。」といふことが其処には少しも見えて居らぬ。尤も支那に於いては、随の文帝の詔勅に、「情ハ父子ヲ兼ヌ。」といふことがあるけれども、それは唯ゝさうあるだけで支那では決して能く行はれて居らぬ。日本では皇室と臣民の間には矢張り家族道徳が行はれて居つて、本当に「情ハ父子ヲ兼ヌ。」といふことが行はれて居る。」（「武士道総論」、『武士道全書』巻頭論文、時代社、一九四二年）。

第二部　「正名」の転回史

――近世後期思想史をめぐって――

第一部では新井白石の政治思想を検討し、その結果、実効的な政治権力に正当性を与える「正名」という原理が、彼の思想の中核に置かれているという結論を導き出した。第二部では、この新井白石の「正名」思想を反定立することで、十八世紀末からの尊王（皇）論・名分論が昂揚していく流れを解明する。

第一章　叫ばれる「正名」

――統一的国家イデオロギーの成立――

はじめに――叫ばれる「正名」という思想空間

徳川政権による大政委任論の表明は、天明八（一七八八）年八月に徳川家斉に松平定信が献上した「将軍家御心得十五箇条」にはじまる。大政委任論は、徳川将軍及び武家が、公家と同じく天皇の臣下（「王臣」）であり、徳川政権による政治統治は天皇からの委任・職任であるという王臣論・委任論によって構成される(1)。大政委任論の表明により、徳川政権は国内の不満を牽制して、自身の政治支配の正当性を得たが、天皇を身分的頂点とした国家秩序へ自らを組み込むことは、その王権としての自立性を後退させることにもなった。大政委任論が表明される寛政期の政治状況について、山本博文氏は、対外的危機感に伴い、徳川王権と京都王権の並立といったような曖昧な関係では支配が貫徹できず、統一的国家イデオロギーが要請されたと述べているが(2)、正鵠を射た説明であると考えられる。大政委任論の成立のみならず、朱子学の「正学」化などの文教政策も、統一的国家イデオロギーの醸成という文脈で理解し得る(3)。松平定信にとって、「異学」の思想内容自体が問題なのではなく、学派の分裂・対立こそが、統一的国家イデオロギーの成立に大きな障碍となっていると認識されたのである(4)。寛政期はこのような意味でイデオロギー改革期であったと考えられる。徳川政権のために、天皇を身分的頂点とした統一的国家イデオロギーに基づく政治運営を行ったこと

は、皮肉なことにそれが素因となって明治天皇制国家建設へと至る動乱の政史を竹帛に記すことになったのである。(5)

そして統一的国家イデオロギーの成立以後から明治新国家に至る道程においてとりわけ大きな役割を果たしたのが、後期水戸学派である。水戸学に関する研究は多くの蓄積があるが、我々が思っている以上に研究の進捗が見られないというのが現状である。とりわけ通史上の把握という点では課題を残している。以下、具体的に述べる。

戦後の近世思想史研究の礎を築いた丸山眞男とその徹底した批判者であった尾藤正英氏は、荻生徂徠の思想と後期水戸学派との関係性をめぐっても鋭い対立を見せている。丸山は、荻生徂徠の思想に見られる作為的制度観と対置する形で自然法的秩序観を描出し、後期水戸学派の思想は、作為の論理の停滞と自然法的秩序観の再生として捉える。(6)対して現在に至る後期水戸学研究の礎を築いた尾藤氏は、荻生徂徠に見られる礼楽観や祭政一致の思想が、後期水戸学派に継承されていくと反駁を加える。(7)両者の見解の相違は、水戸学の理解の相違というより荻生徂徠の思想の解釈の違いに因由しているのであるが、そもそも水戸学を荻生徂徠の思想との関係性によって理解することが果たして有効であるのか。両者の研究は、後期水戸学における荻生徂徠の影響を実証的に解明した上で提示されたわけではない。あるいは直接的な影響関係を抜きにして思惟様式や思考方法の観点から考えても、首肯し難い。丸山のように、荻生徂徠の思想を頂点として、それに対する朱子学派や水戸学の思想を一括して自然法的秩序観と措定するのは乱暴であり、古学派中心主義に視座を置いてしまうと、古学派以外の思想の個性や各時代における史的意義を軽視してしまいかねない。一方、尾藤説に対しては、礼楽を政治的手段として重視したり祭政一致を説く思考形式が、荻生徂徠と後期水戸学派とに固有の形式なのか疑問を禁じ得なく、また宗教や政治に対する荻生徂徠と後期水戸学派との根本的な態度の違いも看過できない。(8)その他、後期水戸学に関する研究に関して、「研究する側の個人的な心情や思いを投影して、それに適合する部分だけを繋げ、これを系譜づけることをもってよしとするような態度や、内在的な分析を最初から志向せず、思想のデリカシーに踏み入ることなく、予め抱懐されていた結論を確認するだけのような研究が、こと水戸学については少なくなかった」と田尻祐一郎氏は述べているが、[9]現在でもさほどその状況が変わったとは言い難い。

このような状況を一変するために本章では、統一的国家イデオロギーが醸成・成立する十八世紀末に「叫ばれる正名」とも言うべき新たな思想空間が誕生していることに注目する。

「叫ばれる正名」と名づけた所以は、この時期に「正名」に関する議論が活性化するという特異な思想現象が見られるからである。「正名」という語が直接その書名にあるものは、菱川秦嶺『正名緒言』（一七八八年）、猪飼敬所『操觚正名』（一七九五年）である。続いて「正名」をその思想的主題としたものや、もしくは「正名」思想が随所に原理的に著されている書として、中井竹山『逸史』（一七七〇年から約三〇年をかけて成立。一七九七年から翌年にかけて幕府に献上）、尾藤二洲『称謂私言』（一七九九年）、頼山陽『日本外史』（一八二七年）などがある。その他、儒者の「正名」論に対する国学からの批判がこの時期に展開され[10]正名論に対する当時の思想家たちの関心の高さを窺わせる。

「叫ばれる正名」という思想空間の誕生は東アジア思想史の視座からも興味深い研究対象である。中国古代思想史において「正名」に関する論争が、孔子などの儒家、公孫龍などの名家、墨家、荀子・法家などによって行われるが、論理学的な論争史としての色彩が強かった。[11]対して十八世紀末に集中して行われた日本の「正名」論争は、名分論と尊王（皇）論とが昂揚する契機となっている。[12]

尾藤氏によって、後期水戸学の原型と定義された藤田幽谷（一七七四年〜一八二六年）の著『正名論』も、このような思考空間に存在していたのである。古着屋の生まれの若者が異例の抜擢を受け彰考館の館員となり『正名論』を書いたのは寛政三（一七九一）年。幽谷この時十八歳。成丁に満たない黄口の健児である。この思想空間では、親より年齢の大きな、錚々たる儒者が論壇を賑わしていたのであった。「叫ばれる正名」という思想空間のなかで、とりわけ存在感を発揮していたのが隆盛期にあった懐徳堂四代目学主中井竹山（一七三〇年～一八〇四年）である。寛政正学派の母胎となる混沌社と深い交流を持ち、大政委任論成立に大きな役割を果たし松平定信のブレーンの一人となった大儒である。本章ではその主著『逸史』をめぐる中井竹山と佐倉藩儒菱川秦嶺（一七四八年～一八〇三年）[13]との論争を主たる対象として、両者において正名論・名分論・尊王（皇）論がどのように展開されたか、その詳細な論理分析を行い、「叫ばれる正名」という思想空間を解明する。後期水戸学派の思想的特質もこの作業を前提にしてはじめて定位できると考え得る。以下、迂路のように思われるかもしれないが、正名論・名分論・尊王論に関する従来の研究の問題点を指摘し、その後で中井竹山と菱川秦嶺との論争の解明を行っていく。

一、正名論・名分論・尊王論の予備的考察

正名論・名分論は日本思想史においては、とりわけ後期水戸学研究で焦点となった。その代表的研究として尾藤正英氏の研究[14]を挙げなければならないであろう。氏は、後期水戸学が儒家や朱子学とは異なる思想を持つとする基本的立場によって論述している。この立場には私も賛同するが、その具体的な論述においては根本的な誤解がある。氏は、①そもそもの儒教原理として正名論は、万人に等しく社会的職分に相応しい道徳的責務を遂行させる原理であり、②それに対し名分論は儒家ことに朱子学になじみが薄い概念で、身分的上下の差別を固定化する原理である点で正名論とは全く相反するとし、この名分論を下敷きとして後期水戸学の大義名分論が展開されると論じている。氏の誤解に対して従来の研究は明確にそれを正さなかったので、ここで儒教・朱子学の正名論・名分論の概要を説明する。後期

水戸学研究を丁寧に整理した本郷隆盛氏は、従来の研究の根本的な問題点を、正名論、名分論、尊王論などの基礎概念をあたかも自明なものとして使用し、その内実を規定しようとしなかったことに求めているが、[15]私も全く同感である。

名分論は論語の「正名」思想[16]から派生した概念である。『論語』の段階では具体的に「名を正す」ことがどのような行為を指すのか示されていないが、朱子によって「名」（名称）と「実」（事・物の実態）との一致を行う行為として規定される。[17]「正名」は、世界の様々な事・物を対象として行われるものであるが、そのなかで特に社会的身分や職分を対象として、「名」と「実」との一致を行うものが名分論である。したがって尾藤氏のように、はじめから正名論と名分論を異質な思想として捉えるのは妥当ではない。そして儒教・朱子学において名分論は、第一義として、礼の立場からそれぞれの身分や地位に相応しい職分を説く言説である。[18]西洋の近代概念に慣れ親しんだ我々は、とかく名分論を、身分を固定化し個人の自由を抑圧する封建的なイデオロギーとしてイメージしがちであるが、中国の名分論にはそのような負のイメージで一括できない面がある。本来の名分論は、全ての社会成員がそれぞれ社会的役割を果たすことを要求する点で「責任の体系」を構築するものであり、尾藤氏が言うところの「正名論」は、正しくは、名分論なのである。そして中国での名分論が君臣論に適用された場合、『論語集注』子路篇の朱子注で見られるように、諫諍のダイナミズムを産む契機ともなったのである。

これに対し、近世日本の名分論は、独自の国制の存在や、「忠」のイデオロギー強化を図る方向で主従制論理が展開していったという思想史的文脈を後景にして、[19]『拘幽操』に対する朱子の言辞や春秋への評価を肥大化させる傾向が強く、日本の儒者における名分論とは、第一に臣下が主君へ恭順を示す（「臣から君へ」と一方的なベクトル）という内容を持つ概念となっている。[20]すなわち、尾藤氏が言うところの「名分論」は、中国における名分論ではなく、正しくは、近世日本の名分論なのである。

以上、尾藤氏の研究においては、【一】正名論とその派生概念である名分論を、全く相反する異質な思想として捉えている点、【二】名分論の内容を、「正名論」として混同している点、【三】中国における名分論を、近世日本の名分論とを混同している点、という三点の誤解が見られる。

ここまで本論の理解前提のために、正名論・名分論における整理を行ってきたが、「叫ばれる正名」という思想空間のなかで、名分論が尊王論とがどのような交渉を持って展開していったのか考察していこう。

二、荻生徂徠と新井白石の「称謂」・「正名」

問題関心を同じくする数少ない先行研究として、梅澤秀夫氏の研究がある。[21] 近世後期に、天皇を中心とした「名分」秩序のなかに幕藩的支配秩序を位置づけようとする国家観が大きな影響力を持つようになり、それが後期水戸学に限られるものでなく、寛政異学の禁以後の「正統」朱子学をも含めて知識層に浸透することに氏は注目している。また、中井竹山の『逸史』と幕府の修史事業との関連をめぐっては高橋章則氏の研究がある。[22] 両氏の研究からは教えられることが多いが、寛政期における正名・名分をめぐる論争の前提となる「思考的枠組み」に対する考察が不十分である。結論を先取りして言えば、政体構造に関する議論では多分に新井白石を意識し、新井白石の正名論・名分論を否定的媒介として、「叫ばれる正名」において名分論・尊王論が展開していくと私は考えている。以下、その考察に移る。

両氏の研究では、寛政期の思想家が、徂徠学の「称謂」説に対して強い批判意識を持っていたことを重視するのであるが、まずはこの点を再検討しよう。

第一に、徂徠学の「称謂」は、文人趣味、古代中国への憧憬に基づき、日本の制度・事物の名称を古代中国風に直すというものである[23]。そして徂徠学の正名論は、『弁名』（享保二年・一七一七年頃成立）の冒頭に次のように展開されている。

「生民より以来、物あれば名あり。名は故より常人の名づくる者あり。これ物の形ある者に名づくるのみ。物の形なき者に至りては、すなはち常人の睹《み》ること能はざる所の者にして、聖人これを立ててこれに名づく。然るのち常人といへども見てこれを識るべきなり。これを名教と謂ふ。故に名なる者は教への存する所にして、君子これを慎む。孔子曰く、「名正しからざればすなわち言順ならず」と。けだし一物紕繆すれば、民、その所を得ざる者あり。慎まざるべけんや[24]。」

徂徠学の「正名」とは、「聖人命名説」、聖人の言語制定の問題である[25]。『弁名』冒頭で確かに『論語』の正名思想が引かれるが、実質的には、君主の言語的行為を説く『荀子』正名篇で説かれる問題を引き継ぎ展開する。徂徠には『読荀子』（宝永六年・一七〇九年成立）という『荀子』注釈書があり、『荀子』注釈はそのような意味で理解すべきであろう。徂徠学の「正名」は言語論的な言説であり、寛政期の儒者が問題にしたような名分論的思考とは無縁な問題圏のなかで思考を展開している[26]。徂徠学の「称謂」「正名」は、日本の政体構造に関わる議論をしているわけではなく、後代の批判の「名教ノ罪人」という批判もおそらく徂徠自身からすれば予想し得ない批判であっただろう。

それでは、「叫ばれる正名」という思想空間における徂徠批判を詳細に見てみることにしよう。徂徠批判の典型の一つは、「処贔屓」「江戸贔屓」（中井竹山の言葉）というものである。近世後期を代表する注釈家の一人である猪飼敬所（一七六一年〜一八四五年）の次の言葉を見てみよう。

「蘐園の徒、我が邦を称して大東と為す。此れ唐人、日東の称に基づく。（中略）西洋夷人をして我を謂ひ大東と為さしむるは、猶ほ我、彼を謂ひて太西と為すがごときなり。当たらずと為さず。本邦まさに自ら大東と称すべからず。此れ自他主客の弁なり。自他主客の弁を知りて後に名正しきを得るべし。」（『操觚正名』、寛政七年・一七九五年成立）[27]

日本と中国、朝廷と幕府をめぐる徂徠学の称謂は、自他主客を転倒させたものとして後代から批判されたのである。それに対し、新井白石は、当時から「唯正名ト云バカリデ」（湯浅常山『文会雑記』、服部南郭の白石評として紹介）と「正名思想家」ともいうべきイメージを与えるほどに、著作の至るところで「正名」思想を展開している。[28]

「孔子曰く、必ずや名を正さんか、と。名なる者は、惟だに其の君臣父子を言ふのみならず、天子より以て諸侯及び卿大夫士に至るまで、其の爵位名号、亦た皆是れなり。故に下上を犯すは、僭なり。名其の実に非ざるは、乱なり。僭の乱を興すは、其の正に非ざるなり。」（『国書復号紀事』）[29]

白石は正名思想の立場から国王復号説を展開していることが注目される。[30]白石は天皇と将軍をめぐる政体構造に対して、「名」「実」関係の原理的考察にまで踏み込んでおり、白石の批判者である竹山は、この白石の「名」「実」関係論の批判を展開するのである。

「白石ノ名実ヲ変乱スルハコレノミナラズ。右ノ五事略ノ王号ノ論ニテ明白ナリ。」（『竹山国字牘』二篇上、答大室渋井氏第三書）(31)

竹山や秦嶺の論争を読み解くためには斯かる白石の正名論を念頭に置く必要がある。ただしこれは思想の意識的な影響関係のみを以てそう述べているわけではない。私がより本質とするのは問題史的な思想展開なのであり、白石の正名論が達成した「思考の枠組み」が後代の正名論に見られる思考構造とどのような関連を有するのかを問うことによってはじめて解明し得るのである。それでは中井竹山の正名論の特質から考察していく。

三、中井竹山の正名論

中井竹山は、「正名」という問題圏の中核に「名分」を置く。

「凡ソ天下ノ事物、世俗ニテ名称ヲ取誤リタル事トモ枚挙スベカラズ。是等ヲ討究シテ其称呼ヲ正シ、流俗ノ失ヲ救フコト、学者ノ当然ナリ。天文、地理、宮室、器用ノ品ヨリ、草木、蟲魚ノ微ニ至ルマデ、一々皆然リ。モシ世間ニテ称呼正シク嘗テ誤ルコトヲ、学者ノ方ヨリ乱ルコトハ決シテアルマジキコトナリ。微細ノコトハ姑ク是ヲオク。三綱五常ノ道ハ最モ切要ナルコトナレバ、最モ名ヲ紊リ分ヲ失フコトアルベカラズ。」（『竹山国字牘』二篇上、答大室渋井氏第一書）(32)

そして名分を中核としたこの正名論の立場によって、主著『逸史』が表されているのである。

「ここを以て論定の権儒者に存す。乃ち詳かに釐正を加へ、僭妄を抑へ本実を表し古を斟み今を量り雅を推し俗を撓め鋳鎔渾融し後学をして遵依し以て規矱と為さしむ。然して後師儒の任に勝ふと為す。異日国家或いは采録する所有るか。亦た是れ名を正す一端。」（『逸史』釈言）[33]

中井竹山や懐徳堂の思想的特質について先行研究では、「今」への当為的性格を指摘した研究[34]や、町人階級のイデオロギーを生産していたとする研究[35]がある。中井竹山及び懐徳堂は蘐園学派への対抗学派や大阪町人の自由な気質を反映した学派というイメージが強いが、その名分論や尊王論を本格的に解明した業績は未だない[36]。本章では、従来看過されてきた中井竹山の正名論・名分論・尊王論の内奥に踏む込む。その嚆矢として、次の豊臣秀吉評を見てみたい。そして、この竹山の秀吉評は新井白石の秀吉評を相当に意識して述べられている。白石の言辞と比較しながら検討してみよう。

〈新井白石〉

「まさしき伯心ありて伯功をたてし人は、秀吉にやおはすべき。（中略）島津に贈り北条に贈られし書、皆々勅旨のよしを称せらる。まつたくこれ天子を挟むで令するの事にてあり。されど、此時、誰かは天子の令をつつしむ事をしるべき。その故に島津も北条もさらに其旨には応ぜられき。おもふに鬼面を粧ふて小児を驚するごとくにて、今はた、これをおもふに、かたはらいたき事共なり。いかで我神祖の神武をもて天下を服し給ひしにはおよぶべき。」（『読史余論』下）[37]

〈中井竹山〉

「逸史氏曰く、王室の卑しきや尚し。豊臣氏能く大節を執り盛時を挙げ蒼生をして日月の末光を仰がしむ。（中略）然りと雖も陽王室を尊び陰己の威を樹て、挟み以て諸侯に令し、屋上に瓴（瓴水か――注）を建《くつがえ》すの勢ひを成し、天下をして益敢へて枝梧せざらしむ。牛耳の命、王家の勤労を以て盟首と為すと雖も、其の主とする所、列侯をして己が令に違はざらしむるに在るのみ。仮りて帰さず。これ則ち憎むべし。」（原漢文）（『逸史』巻六、天正十六年記事(38)）

竹山『逸史』の前半傍線部「挟み以て諸侯に令し」という評価は、白石『読史余論』の前半傍線部「天子を挟むで令する」という記述と共通する。この「天子を挟むで令する」という評は、「伯は長也とみえたれば、諸侯の長なりて天子を挟て令を発する人をいひしなるべし。」（『読史余論』下）という白石の伯者（覇者）の定義に基づく。一般的に伯者（覇者）は、「力を以て仁を仮《か》る者は覇。……徳を以て仁を行ふ者は王。」（『孟子』公孫丑上）と、仁徳を重んじる王者に対立する概念であり、武力で諸侯を統治する者の称である。この通用された伯者（覇者）の定義と比べると白石のそれは独特である。

白石も竹山も、秀吉が表立っては尊王的な態度を取りながら、実は、諸大名の統制のために天皇の権威を利用したこと（伯者であること）を批判する点で共通する。しかし結論は全く異なることに注意したい。

白石の場合には、天皇が実際の政治権力を喪失しているのに、その天皇の「名」を借りて諸大名を統治しようとするのは、「子供騙し」の詐術であると秀吉を批判する。白石は歴代の武家政権を武家の「実」に相応しい「名」が立てられているかという名実一致の観点から評価し(39)、天皇の勅旨を利用した秀吉の政治手法は、「実」と「名」が乖離したものとして批判するのである。それに対し竹山は、秀吉が天皇の勅旨を「王家の勤労」のために利用せず、さらに勅旨を「借りて返さない」ことを尊王論の立場から批判している。

さらに両者の違いは徳川家康への賛美の仕方で顕在化する。白石の場合は、名実乖離した秀吉と異なり、家康は「我神祖の神武をもて天下を服し給ひし」と、武家の実質に相応しく武力統治した点を名実一致に相応しい政治方式として賛美するのである。対して竹山は次のように述べる。

「（家康がはじめ征夷大将軍の拝命を謙譲して固辞したことに対して）恭平功成り、随て殊拝に膺《あた》る。固より其の所、孰か能く之を歳月の外に遷延せん。在昔、織田氏殊拝を受けず。実に禍乱未だ定まらざるを以て、室町の虚号に愧るも、亦た其れ宜なり。豊臣氏のごときは、則ち鴻業未だ半ばならず、威力を以て朝議を排し、強て関白を取り暴戻甚だし。唯だ我が大君恭謙の美、独り此くのごとく実に千古比無しと為す。」（『逸史』巻九、慶長六年記事(40)）

勅旨を枉げて利用した秀吉と比べ、「大君」家康は天皇に対し恭順を貫いたと竹山は評価する。天皇への恭順的態度こそがそれ以前の治者と家康とを決定的に分けるものであり、竹山の「大君イデオロギー」の核心を表すものである。斯かるイデオロギーは、「我邦百王一姓ノ沢ニテ、今日一統江都御恭順ノ時」（『竹山国字牘』、答大室渋井氏第一書）という当代観にも敷衍され、そして「今日聖天子宇に当たらせ給ひ、関東賢治委任を専らにせさせられ、中興隆治の啓けそめし御事」（『草茅危言』巻之一、一七八九年成立）という大政委任論的思考とも有機的に連絡するものである。統一的国家イデオロギーの要請という状況の中で、徳川政権の正当化が尊王論的観点からなされていることは注目される。

以上を小括しよう。
竹山は、「名分」を中心に据えた「正名」の立場から主著『逸史』を叙述しており、「天皇家への恭順」という尊王論の立場によって「大君」家康及び徳川家の支配正当化を図ることがその内実であった。『逸史』に見られる考え方は、白石が建議した諸政策への批判にも通底して見られる。

「白石先生ナルモノ復出テ、四足御門ヲ建テ、名実トモニ変乱セバ、天ニ両日出テ、大ニ天下ノ耳目ヲ駭スベシ。」（『竹山国字牘』、答大室第一書）[41]。

「君臣国号ヲ同ジクセル周王周公ノ例ニヨラレテ、本朝ノ天皇国王同ジク日本ヲ以テ称セラルベキコト、何事ノアルベキトアリ。コレハ遁辞ノ窮、笑ベキノ甚シキモノニテ、周公孔子ヲ仮、ソノ説ヲ飾ルハ憎ベキノ大ナルモノナリ。（中略）周王ノ周ハ世号ノ周ナリ、周公ノ周ハ地名ノ周ナリ。我邦天皇ト国王ノ同一日本タルトハ豈異ナラズヤ。」（『竹山国字牘』、答藤江貞蔵書）[42]

前半の資料は江戸城の四足門設置を行ったことへの批判、後半の資料は朝鮮外交において国王復号を断行したことへの批判である。江戸城門の様式を京都御所の格式と同じくすることは天皇と将軍の君臣関係を紛乱させる行為であり、また天皇に対し不敬である国王号の上に、国号までも付し朝鮮外交を白石が行ったことを竹山は厳しく批判する。
ここで見られる構図は、白石の二元的王権論と竹山の一元的王権論とが扞格する構図である。白石は、天皇＝「礼楽」と将軍＝「征伐」という、儒家的概念からすれば王権の権能分割という近世日本の政体構造に対し、それを前提として将軍＝「国王」の実効的政治支配を正当化する論理を創出した[43]。ケイト・W・ナカイ氏[44]が論じたような「礼楽」「征伐」を将軍に集中させる一元的国家像を白石は構想していたわけではなく、二元的王権論を前提とした国家像を構想していたのである。竹山もそのように白石の試みを理解しているのは、「天ニ両日出テ」「我邦天皇ト国王ノ同一日本タル」という言葉から看取できる。

松平定信のブレーンとなって統一的国家イデオロギーの創出を要請されていた竹山にとって、まさしく白石の二元的王権論こそが最大の障碍として映じたのである。そして白石の二元的王権論を毀廃するために、同じく「正名」を唱えながらも、名分論・尊王論が動員されたのである。

以上、竹山の白石批判を検討してきたが、竹山の正名論の内実をさらに詳細に検討しよう。竹山は、白石を批判するに際し、彼の正名論が「名実トモニ変乱」させるものとして批判した。それでは竹山の正名論の原理、則ち「名」と「実」との関係論は如何なるものであったのか。

「今日ノ室町氏ト殊異ナルモノハ勢威ナリ。事体ニ於テハ全ク同シ。（中略）周ニ一王アレハ列国ノ諸侯タルハ均シ。七国ミナ万乗ノ国ニテミナ王ヲ称スルサヘモ、孟子ニミナ今ノ諸侯トアリテ今ノ諸王トハナシ。ソノゴトク室町氏ノ勢力ノ軽小ト今日ノ重大ナルト霄壌ナレドモ、ソノ大臣タリ将軍タルハ同シ。上ニ一王アリテ服事スルハ少モ異ナラズ。コレヲ事体ナリト喩サル、ハ、恐クハ実ニ惑テ名ヲ誤ル方ニアランカ。」（『竹山国字牘』二篇上、答大室渋井氏第二書）(45)

ここでの趣意は、室町政権と徳川政権とは、政治権力の「勢威」において違いはあるものの、天皇を上に戴いて服事するという「事体」は変わらず、「名」（「事体」）と「実」（「勢威」）とを混同してはならないというものである。

この資料に対して高橋章則氏は、「「名」の秩序圏に「実」の秩序を置こうとするものである」と分析しているが[46]、やや正確さを欠いていると私は考える。ここで竹山が述べていることは、「名」と「実」との乖離であり、「名」の範疇のなかに「実」を埋入させることではない。こと武家間に関する記述では、それが竹山の正名論の一つの特徴ともなっている。続く資料は、秀吉を「播侯」、信長を「江侯」として『逸史』で記述したことへの批判に対する竹山の応答である。

「（前略）旧史ニモコノ類アルコトナリ。史記高祖本紀ニ高祖ノ漢王タルトキ、斉王韓信梁王彭越淮南王英希、ミナ王臣ナリ。君臣ミナ王爵ト云ハ、アマリワケノ立ヌコトナレトモ、其時ノ事実コノ通リナレハ、馬遷モ已コトヲ得スシテソノ通リ記シ置クナリ。（中略）然レハ江侯播侯モヒトリ咎ムルニ足サルカ。」（『逸史問答』上、中井竹山書[47]）

『逸史』で問題とされたのは、武家の棟梁とその臣下とがともに同じ格の爵号を持つという事態である。竹山は「アマリワケノ立ヌコト」と認めながらも、『史記』の記述を例証として自説を正当化する。注目すべきは、そこから「君臣の名分は〜のようにあるべきだ」という当為命題を立てようとしない竹山の姿勢である。「アマリワケノ立ヌ」ような名実乖離の事態に対し、こと武家の間柄では、それをそのまま是認しておくのである。

名実乖離の史的出来事に対する態度においても白石と竹山とは逕庭がある。

「王朝既におとろへ、武家天下をしろしめして、天子をたて、世の共主となされしよし、その名、人臣なりといへども、その実のある所は、その名に反せり。我すでに王官をうけて、王事にしたがはずして、我につかふるものをして、我事にしたがふべしと令せむには、下、あに心に服せむや。かつ、我がうくる所も王官也。我臣のうくる所も王官也。君臣共に王官をうくる時は、その実は君・臣たりといへども、その名は共に王臣也。その臣、あに我をたつとむの実あらむや。（中略）もし此人（足利義満——大川注）をして不学無術ならざらましかば、此時、源家、本朝近古の事制を考究して、その名号をたて丶、天子より下れる事一等にして、王朝の公卿・大夫・士の外、六十余州の人民等、ことぐ\く、其臣たるべきの制あらば、今代に至るとも遵用するに便あるべし。」（『読史余論』下）(48)

実際の君臣関係とは異なり、「名」のレベルでは義満とその臣下はともに「王臣」として朝廷の官位制に従属しているという名実乖離の事態を白石は問題にした。そしてその結論では、武家の「実」、則ち実効的な政治秩序に対応させるために、朝廷の官位制という「名」ではなく、武家独自の勲階制という「名」を創設すべきだという名実一致の当為命題を立てる。

以上、白石が提示した二元的王権論・名実一致の正名論に対し、竹山は、一元的王権論・名実乖離の正名論を以て抗拒するのであるが、この名実乖離の正名論について批判を展開したのが、菱川秦嶺である。

四、菱川秦嶺の批判

秦嶺も竹山と同様に正名を重視するが、名や実のどちらかに偏重する態度とは一線を画して名実の一致を唱えている。

「蓋し其の実既に変ずれば、名も亦た随ひて遷す。此れ必然の理なり。正名の学、講ぜざるべからず。（原漢文）」（『正名緒言』凡例[49]）

「窃かに近世の作家を閲ふに、其の実に据りて之れに名を与ふる者、多くは僭踰に失す。其の名を執りて之れに実を遺《おく》る者、多くは拘泥に失す。皆一偏を免れず。余の中間に就きて正路を求むる所以なり。（原漢文）」（『正名緒言』凡例[50]）

斯かる正名の姿勢が、白石の思想への一定の共感を生むこととなる。

「（白石の『殊号事略』で展開される国王復号説について）此れ特だ朝鮮書式に就いて論ぜば、則ち亦た理有るに似る。（中略）顧みるは大君は則ち婉、王号は則ち直なり。事或いは天朝に関係す。対言苟もすべからざれば、則ち吾其の婉なる者に従はん。（原漢文）」（『正名緒言』上巻[51]）

「実」に基づく「名」の制定という白石の「正名」の方向性に、秦嶺は一定の評価を与えるが、国王復号説は尊王論と牴触するものであり是認できないと述べる。

ただし武家独自の「名」の制作という白石の主張に関しては肯定的に捉えている。

「戦国ノ世トナリテ群雄州郡ニ割拠シ幕府ノ命ヲ用ヒサレハ、官爵ノ宣授ニモ及ハス。君臣同ク何守ヲ称スレハ、何レカ主人カ家隷カ名称ヲハワカラス。其中旦那分ハ使命ヲ通シ宣授ヲ受タルモ有ヘケレト、家隷ノ分ハ皆主人ノ免許ニテ勝手次第ニ何守ト名ノラスコトト見ヘタリ。サレトモ大名ト家隷トハ君臣ノ分明白也。タヽ将軍家ト大名ノ分カレハ君臣コレハ統属ト差別スルコト至テ難シ。（中略）是白石ノ云ル如ク、鹿苑公ニ学術有テ和漢古今ノ事制ヲ講究シ天子ヲ降ルコト一等ニシテ其名号ヲ立テ、新タニ武弁ノ官号章服ヲ制シ、天朝百官ヲ除ク外、天下ノ人民咸ク公方ノ臣タル法令ヲ置レハ、名正シク言順ニシテ歴代循用スヘキニ、其図ヲハツサレタルユへ、威令行ハル、間君臣ノ分明ナル様ナレトモ、戦国ニ及テハ君臣トイヘハ君臣統属トイヘハ統属トモ云ル、類多ク出来テ議論所詮果スコトナシ。」（『逸史問答』下、菱川秦嶺書[52]）

ここで注目したいのは見慣れない「統属」という語である[53]。この語は、次の竹山の言葉を受けて述べられたものである。

「分既非君臣。コレハタ、有テイノ事実ニ就テ云也。（中略）世ニハ是ヲ主君ヲ追落シタルヤウニ思フ人モアルカ、サレハ一向事実ニ闇キナリ。旧記ノ表最初ヨリ君臣ノ義ヲ結ヒタルコト何モ見ヘス。（中略）来喩ニ君ハ天子一人ニテ其他ハミナ主従ナリトアルハ解シカタシ。俗ニ云主従ハ即チ君臣ノコトナリ。コ、ハ統属ト云心ニヤ。統属ハ官階勢力ノ相違アルユヘ、尊キヨリ卑キヲ統テ、卑キハ尊キニ属スルナリ。君臣ニ似テ君臣ニ非ス。」（『逸史問答』下、中井竹山書[54]）

冒頭の「分既非君臣」とは、足利義昭と織田信長の関係が君臣ではないという『逸史』巻三の天正元年五月記事をふまえている。竹山によれば、権勢をふるう者にその臣下でない者が従う関係が「統属」であり、君臣に似た関係でそうではないという極めて複雑な説明を付している。「有テイノ事実ニ就テ云也」という言葉は、ありのままの事実について言うのだという歴史家竹山の自負が表出されたものと理解できるが、足利義昭と織田信長の関係に「統属」という語を導入した大きな理由は、「大君」イデオロギーの創出のためには不可欠な前提であったと考えられる。続く資料は、家康が義昭の将軍職在任中に馬を献上したことについての竹山の見解を述べたものである。

「大君ノ使者ヲ登シ、名馬ヲ献上ノアリシハ、カノ統属ノ義ヲ立サセラレシナリ。君臣ノ義ヲ結フニハアラス。」（『逸史問答』下、中井竹山書[55]）

高橋章則氏は「分既非君臣」という表現意図について次のように述べている。

「義昭と家康の間にも信長同様に「君臣」と呼び得る関係の成立を窺わせる場面が存在したから、義昭・信長間に「君臣」関係を認めるとそれに連動して、義昭・家康間にも「君臣」と措定せざるを得なくなる。しかし、それは足利滅亡期の家康の行動への道徳的批判を生む端緒になる。竹山は極力それを避けようとする立場にあったのである。[56]」

実に正鵠を射た分析である。竹山は、家康の道義的責任への追及を回避するために、信長と義昭の関係から遡って「統属」という語を提示したのである。

しかし秦嶺にとっては、まさにこの「統属」という語が批判の対象となるのである。

「義昭将軍ニ至リテハ衰微ノ極ナリト雖モ公方ノ称号依然タリ。公方ハ即チ大君ナレハ邦君ノ上ニ位ス。天下ノ邦君其臣ニ非スト謂ヘカラス。君臣ノ義ヲ結フノ結ハヌト云論ハナカルヘシ。サレハ苟モ天子ノ策命ヲ受テ此職ニ居ル人ニ栖ツク者ハ叛臣ナリト抑ヘンコソ、名教ヲ助ク公正ノ論トハ謂ヘケレ。タ丶事実ニ就テ見レハ信長ニ非スヘキコトナシトテ、名分ニカマハス論ヲ立ハ、恐ラクハ乱賊ノ心ヲ生セン。其ヲトロヘタル処ニテ、イヨ〳〵名分ヲ掲ケテ人ニ示ヘキコトナラスヤ。」（『逸史問答』下、菱川秦嶺書）(57)

ここで注目されるのは天皇の「策命」の強調である。君臣関係の有無という「実」にかかわらず、将軍の地位を保証するのが天皇の策命であり、将軍への叛逆行為は、ひいては天皇の策命に悖る行為として、名分論の立場から厳しく批判される。

ここにおいて「叫ばれる正名」における尊王論・名分論は新たな局面を見せる。竹山においては、天皇と将軍との君臣の分（名分）が強調され、将軍の実質的な政治支配は、天皇への恭順という尊王的行為によってその正当性が示される。しかし『逸史』で対象となったのは、天皇と将軍の間柄であり、将軍と武家との間柄については尊王論・名分論の展開は十分に見られない。

秦嶺はその不十分さが名分を紊乱させるとして厳しく批判し、武家が将軍へ臣従するべき名分を正当化するものとして、天皇の策命を持ち出すのである。秦嶺においては、天皇と将軍の関係だけではなく、将軍と武家との関係においても尊王論・名分論が展開されるのである。

「叫ばれる正名」における藤田幽谷『正名論』の位置——おわりにかえて——

以上、白石批判を念頭に置いて竹山・秦嶺の「正名」に基づく名分論・尊王論を解明した今、「叫ばれる正名」という思想空間において藤田幽谷『正名論』を定位化する作業へと入りたい。それによって、「尊王」か「敬幕」か（またはその折衷としての「尊王敬幕」）、「前期水戸学的」か「後期水戸学的」か、「近世日本的」か「近代日本的」か、などという従来のオルタナティブな観点からの評価[58]とは全く異なる幽谷思想の独自性が顕わとなるであろう。『正名論』の目的を端的に言えば、徳川「将軍」を「摂政」として「正名」することである。周知の通り、『正名論』は以下のようにはじまる。

「甚だしいかな。名分の天下国家において、正しく且つ厳ならざるべからざるや。それなほ天地の易ふべからざるがごときか。天地ありて、然る後に君臣あり。君臣ありて、然る後に上下あり。上下ありて、然る後に礼義措くところあり。苟しくも君臣の名、正しからずして、上下の分、厳ならざれば、すなはち尊卑は位を易へ、貴賤は所を失ひ、強は弱を凌ぎ、衆は寡を暴して、亡ぶること日なけん。故に孔子曰く、「必ずや名を正さんか。名正しからざれば、すなはち言順ならず。言順ならざれば、すなはち事成らず。事成らざれば、すなはち礼楽興らず。礼楽興らざれば、すなはち刑罰中らず。刑罰中らざれば、すなはち民を手を措く所なし」と[59]。」

ここで示された幽谷の名分論・正名論の内実とは如何なるものであったのか。

「異邦の人、言有り。「天皇は国事に与らず、ただ国王の供奉を受くるのみ」と。蓋しその実を指せるなり。然りといへども、天に二日なく、土に二王なし。皇朝自から真天子あれば、幕府はよろしく王を称すべからず。[60]」

白石との対照が際だつ見解である。白石は『殊号事略』において、天皇が国政に関与せず、国王の供奉を受ける存在であるという明人の言（おそらく明の諸葛元明『両朝平攘録』巻四日本部が出典）を根拠の一つとして、国王復号説を展開した。幽谷も、「実」を指すものとして「王」号という称号（「名」）が正しいことは認める。ただし名分論の立場からは許されるものではなく、代わりに「摂政」の称号（「名」）が案出される。幽谷『正名論』においては、「名」（名称）と「実」（実効的政治支配）とが乖離し、「実」より名分をより優先して名称を作成する発想が見られる。しかし「実」（将軍の実効的政治支配）に対応しない「摂政」という「名」の創出は、尾藤氏の言われるように「不徹底な妥協[61]」と言い切れるものなのか。幽谷思想の内奥へとさらに歩を進めて検討してみよう。

「日本は古より君子・礼義の邦と称す。礼は分より大なるはなく、分は名より大なるはなし。慎まざるべからざるなり。夫れすでに天子の政を摂すれば、すなはちこれを摂政と謂ふ、また名正しくして、言順ならずや。[62]」

注目されるのは、傍線部「夫れすでに天子の政を摂すれば」という記述である。先ほどの資料で幽谷は、白石の国王復号説を意識して、将軍による実効的な政治支配を「実」とした場合、それに対応する名が「国王」号であることは理解していた。幽谷は、それに対抗すべく、将軍が「天子の政を摂」するという大政委任論的な国家運営を「実」とし、それに対応する「名」として「摂政」号を創出していたのである。「摂政」号も幽谷自身の主観に沿えば、名実が一致していることに注目したい。竹山は大政委任論的な国家像を「実」とは切り離された名分論的な枠組みから主張していた。しかし幽谷にとって大政委任論に基づく政権運営はすでに「実」なのである。

続く資料では、白石や竹山との違いが明らかになる。

「豊臣氏、天歩艱難の日に当り、身、匹夫より起こり、覇主の業を致し、天子を挟みて、以て諸侯に令し、長策を振ひて、以て城中を駆使し、遂に藤氏関白の号を奪ひてこれを有つ。その強虣すでにかくのごとくなれども、なほ臣礼を執りて、以て皇室に敢へて自ら王を称せざるは、名分の存するを以ての故なり。名分の存するところ、天下これを仰ぎ、強覇の主、西滅東起すれども、天皇の尊は自若たるなり(63)。」

「天子を挟みて、以て諸侯に令し」という表現は白石や竹山も用いた秀吉評である。その後の結論では、白石は名実乖離として秀吉を批判し、竹山は天皇の権威に対する不敬として批判していたことは前に確認した通りである。しかし幽谷の場合では、権勢を誇り暴虐な秀吉にさえも、臣子の礼を取らせるほどに天皇が尊貴である存在であるという尊王論・名分論が展開され、歴史を貫いて「天皇の尊貴性」が実在しているため名分が保たれてきたという主張に重きが置かれるのである。

さらに次の言説の存在が、幽谷をして「叫ばれる正名」のなかで特異な存在とならしめるのである。

「幕府、皇室を尊べば、すなはち諸侯、幕府を崇び、すなはち卿・大夫、諸侯を敬す。夫れ然る後に上下相保ち、万邦協和す。甚だしいかな、名分の正しく且つ厳ならざるべからざるや。今夫れ幕府は天下国家を治むるものなり。上、天子を戴き、下、諸侯を撫するは、覇主の業なり。その天下国家を治むるものは、天子の政を摂するなり。天子垂拱して、政を聴かざること久し。久しければすなはち変じがたきなり。幕府、天子の政を摂するも、また勢のみ。[64]」

「幕府」が「皇室」を尊ぶ、すなわち将軍による尊王行為は、大名や武士たちにその「効用」が及び、「上下相保ち万邦協和す」という名分論的な調和へと導かれる。ここからすれば尊王は、倒幕という「反逆」行為にならなく、統一的国家イデオロギーの浸透を促進する役割を果たすものである。問題は後半の傍線部である。徳川政権の国家運営が「勢」という語で表現されるとき、権勢を誇るものはやがて衰退するという「歴史主義の毒」（野口武彦氏[65]）を思わせるものがある。

成丁に満たない黄口の健児・藤田幽谷が著した『正名論』が、後期水戸学の祖型として、また、近世後期思想を代表する著作の一つとして位置づけられる真の所以が、是をもって解明されたと考える。幽谷の他の著作における「正名」論の展開、及び藤田東湖や会沢正志斎ら次世代の後期水戸学者による幽谷思想の展開（もしくは転回）、さらに会沢正志斎の『新論』（一八二五成立）と同時期に成立し、同じく幕末の志士たちに多大な影響を与えた頼山陽の『日本外史』（一八二七年成立）に見られる名実二元論・勢論については、次章以降で論ずる。

注

（1）大政委任論については、藤田覚氏の研究を参照した。『幕末の天皇』（講談社選書メチエ、一九九四年）。同『近世政治史と天皇』（吉川弘文館、一九九九年）。

（2）「徳川王権の成立と東アジア世界」（水林彪ほか編『王権のコスモロジー』所収、弘文堂、一九九八年、一一二頁）。
（3）辻本雅史「十八世紀後半儒学の再検討――折衷学・正学派朱子学をめぐって――」（『思想』七六六号、一九八八年）。同『近世教育思想史の研究――日本における「公教育」思想の源流――』（思文閣出版、一九九〇年）。
（4）「道春といふ人をあげ給ひて、代々の学のめあてしるしをたて置給ひにければ、藤樹・蕃山・伊物の徒出たれども、おほやけの学の道はかはる事なし。もしひとの心のまに〳〵、をのがさま〴〵論説を経文に加へなば、代々の大君の御説よりして、諸侯・大夫をはじめ、おもひよることいひたらば、何をもて後のよを救ひなん。」（『花月草紙』「学問の事」、文政元年・一八一八年刊行。岩波文庫版、六〇～六一頁）。
（5）従来の研究では、西洋列国の圧力によって皇国意識が醸成されていくというストーリーを描くものが多かったが（例えば、渡辺浩「「泰平」と「皇国」」、初出は国家学会百年記念『国家と市民』第二巻所収、有斐閣、一九八七年。後に『東アジアの王権と思想』所収、東京大学出版会、一九九七年）、本章では、近世後期における皇国意識の上昇に際して、寛政期における統一的国家イデオロギーの成立という「内在的」要因を重要な契機と考える。
（6）『日本政治思想史研究』第二章第六節「幕末における展開と停滞」（東京大学出版会、一九五二年）。
（7）「水戸学の特質」（『日本思想大系　水戸学』解説論文、岩波書店、一九七三年）。「国家主義の祖型としての徂徠」（『日本の名著　荻生徂徠』解説論文、中央公論社、一九七四年）。
（8）荻生徂徠は人民の文化形成の手段として祭祀を措定していたのに対し（『徂徠集』巻十七、「私擬対策鬼神一道」）、後期水戸学派の会沢正志斎は、天皇を頂点とした祭祀体系によって「忠」「孝」の一致、民心の統一を図ることを説く（『新論』）。徂徠と会沢の祭祀論の関係については、次章で論ずる。
（9）J・ヴィクター・コシュマン『水戸イデオロギー』（田尻祐一郎、梅森直之訳、ぺりかん社、一九九八年）解説論文、二五八頁。
（10）たとえば本居宣長は以下のように述べている。

「孔子は名を正すをこそいみじきわざとはしつれ、此方の近きころのじゆしやは、よろづに名をみだることをものみつとむめり、（中略）おほやけざまにあづかれる、重き名どもをさへに、わたくしの心にまかせて、みだりにあらためて定めて書なるは、いとも〳〵可畏きわざならずや、近き世に儒者の、今の世は、萬の名正しからず、某をば、今はしか〳〵とはいふべきにあらず、しか〳〵いはむこそ正しけれ、などいひて、よろづを今の世のありさまにまかせて、例の私に物せるは、いかなるひが心得ぞや、そも〳〵かの孔丘が名を正せるやうは、諸侯どものみだりなる、当時のありさまにかかはらずて、ひたぶるに周王のもとの定めをこそ守りけれ、（中略）皇国は、物のありさまは、古とかはりきぬる事も、名は、物のうつりゆく、其時々のさまにしたがはずして、今の世とても、萬になほ古のを守り給ふなるは、いともいとも有がたく、孔丘が心もていはば、名の正しきにこそありけれ、」（『玉かつま』二の巻、「儒者名をみだること」、一七九三年起稿、『本居宣長全集』第一巻、七八〜七九頁、筑摩書房、一九六八年）。

宣長は、「正名」をめぐる儒者の喧しい論争を孔子の本意から外れたものと批判し、「皇国」が古名を墨守してきた伝統こそが、孔子が説いた「正名」の主旨に叶うものだと主張している。孔子が説いた「正名」そのものに対して宣長が好意的であったという事実は注目すべきであろう。

（11）加地伸行『中国論理学史研究——経学の基礎的探究——』（研文出版、一九八三年）。浅野裕一『古代中国の言語哲学』（岩波書店、二〇〇三年）。

（12）中国思想との関連について、「叫ばれる正名」という思想空間には中国の正統論争の影響が看取し得ることを指摘したい。

秦漢時代から五行相生説によって王朝の是非が議論されてきたが、宋代に入ると、『春秋公羊伝』の「君子大《とうとぶ》居正」（道徳的条件）「王者大一統」（政治的条件）という二つの契機を重視する説に転換し、本格的に正統論争が行われるようになる。

宋代の正統論争を整理すると、「一統」（政治支配力）を王朝成立の条件として重視する思想的系譜があり、代表的論者として欧陽脩、司馬光、蘇軾を挙げることができる。一方、「一統」を重視する傾向を批判して「居正」（君主・臣下の徳義等）を王朝成立の条件として重視する思想的系譜も存在し、代表的論者として章望之、朱熹が挙げられる。

ただし日本近世後期の正名論争に見られるように、名分論と尊王論に特化して議論される傾向は見られないことを注記したい。本章は「叫ばれる正名」という思想空間の描出を目的としており、比較史的な視座からここで詳述する余裕はないので、別の機会で論じたい。なお中国の正統論に関する代表的研究として、諸橋轍次、神田喜一郎、内藤湖南、西順蔵ら諸氏の研究が挙げられる。また朱子学の正統論と近世日本思想との関連については、土田健次郎氏の近年の研究が興味深い（「朱子学の正統論・道統論と日本への展開」、吾妻重二編『国際シンポジウム　東アジア世界と儒教』所収、東方書店、二〇〇五年）。

(13) 岡山で長じ、後に、高松藩儒後藤芝山に師事。尾藤二洲とも親交があった。大阪で開塾。一七八八年大阪城代堀田正順の儒臣となり、一七九一年正順に従って江戸に下り、同四年佐倉藩温故堂初代教授となる（『国書人名辞典』より。岩波書店、一九九八年）。

(14) 前掲「水戸学の特質」。同「尊王攘夷思想」（『岩波講座　日本歴史近世五』所収、岩波書店、一九七七年）。同「正名論と名分論——南朝正統論の思想的性格をめぐって——」（家永三郎教授東京教育大学退官記念論集刊行委員会編『近代日本の国家と思想』、三省堂、一九七九年）。

(15) 「藤田幽谷「正名論」の歴史的位置——水戸学研究の現在——」（衣笠安喜編『近世思想史研究の現在』所収、思文閣出版、一九九五年）。

(16) 「子曰く、必ずや名を正さんか、と。……名正しからざれば、則ち言順はず。言順はざれば、則ち事成らず。事成らざれば、則ち礼楽興らず。礼楽興らざれば、則ち刑罰中たらず。刑罰中たらざれば、則ち民手足を措く所無し。故に君子は之に名づくれば必ず言ふべきなり。之を言へば必ず行ふべきなり。君子其の言に於ける、苟くもする所無きのみ、と。」（『論語』子路篇）。

(17) 「名正しからざれば、則ち言順はず。言順はざれば、事成らず。〈楊氏曰く、名其の実に当たらざれば、則ち言順はず。言順はざれば、以て実を考ふる無くして事成らず、と。〉」（『論語集注』子路篇）※〈　〉部朱註。以下同じ。

「故に君子は之に名づくれば、必ず言ふべきなり。之を言へば、必ず行ふべきなり。君子其の言に於いて、苟くもする所無きのみ、と。〈程子曰く、名実相須つ。一事も苟くもすれば、其の余は皆苟くもす、と。〉」（『論語集注』子路篇）。

（18）名分論の典拠としては一般的に、「君は君たり、臣は臣たり、父は父たり、子は子たり」という『論語』顔淵篇の一節が引かれる。引用典拠として誤ってはいないが、朱子学で実際に「名分」という語を用いて解釈している文章を用いて説明する。

「冉子朝より退く。子曰く、何ぞ晏きやと。対へて曰く、政有りと。子曰く、其れ事ならん。もし政有らば、吾を以ひずと雖も、吾其れ之を与り聞かん、と。〈（前略）冉有、時に季氏の宰為り。朝とは、季氏の私朝なり。晏とは、晩なり。政とは国政、事とは家事、以とは用なり。礼に、大夫は事を治めずと雖も猶ほ国政を与り聞くを得、と。是の時、季氏魯を専らにし、其の国政に於けるや、蓋し同列と公朝に議せずして、独り家臣と私室に謀る者有り。故に夫子知らざるものと為して言ふ。此れ必ず季氏の家事のみ。若し是れ国政ならば、我嘗て大夫たりしかば、用ひられずと雖も、猶ほ当に与り聞くべし。今既に聞かざれば、則ち国政に非ざるなり、と。語意は、献陵の対と畧相ひ似る。其の名分を正し、季氏を抑へ冉有を教ふる所以の意は深し。〉」（『論語集注』子路篇）

ちなみに傍線部「献陵の対」の典拠は以下の通り。

「文徳皇后既に葬らる。帝、苑中につきて層観を作り以て昭陵を望む。徴を引き同じく升る。徴熟視して曰く、臣、昏眊にして見る能はず、と。帝、之を指し示す。徴曰く、此れ昭陵か、と。帝曰く、然り、と。徴曰く、臣以為へらく、陛下献陵を望む、と。昭陵のごときは、臣、固より之を見る、と。帝泣きて為に観を毀つ。」（『新唐書』巻九十

七、魏徴伝）

魯の家老季氏が孔子の門人で当時季氏の家宰であった冉有と私的に国政を謀ることを孔子が諌めた場面である。魏徴が太宗に、太宗の母の陵である献陵より太宗の后の陵である昭陵を優先したことを諌めた意と同じであると朱子は述べる。

（19）桑原隲藏「支那の孝道殊に法律上より観たる支那の孝道」（鈴木虎雄編『狩野教授還暦記念支那学論叢』所収、弘文堂書房、一九二八年。後に『桑原隲藏全集』第三巻に採録、岩波書店、一九六八年）。R・N・ベラー『徳川時代の宗教』（原書一九五七年、岩波文庫、一九九六年）。石井紫郎「近世の国制における「武家」と「武士」」（『日本思想大系 近世武家思想』解説論文、岩波書店、一九七四年）など。

（20）「正名」「名分」については、丸山眞男の理解が正鵠を射ている。詳細は『丸山眞男講義録』第七冊、二〇八～二一五頁を参照のこと（東京大学出版会、一九九八年）。

（21）「称謂と正名」（尾藤正英先生還暦記念会編『日本近世史論叢』下巻所収、吉川弘文館、一九八四年）。

（22）「近世後期史学史と『逸史』」（『日本思想史学』一九号、一九八七年）。「『逸史』献上と歴史叙述の方法について」（近世儒家資料集成第四巻『中井竹山資料集』解説論文、ぺりかん社、一九八八年）。「近世の家康研究と『逸史』」（『季刊日本思想史』三六号、一九九〇年）。

（23）日野龍夫『徂徠学派——儒学から文学へ——』（筑摩書房、一九七五年）。

（24）「自生民以来、有物有名、名故有常人名焉者。是名於物之有形焉者已。至於物之亡形焉者、則常人之所不能睹者、而聖人立焉名焉。然後雖常人可見而識之也。謂之名教。故名者教之所存。君子慎焉。孔子曰、名不正則言不順。蓋一物紕繆、民有不得其所者焉。可不慎乎。」（『日本思想大系　荻生徂徠』岩波書店、一九七三年、二〇九頁）。

（25）相原耕作「古文辞学から徂徠学へ——聖人命名説と荻生徂徠の言語戦略——」（『政治思想研究』七号、二〇〇七年）を参照。

(26) 徂徠学の言語論的な認識に対する先行研究は蓄積も多く現在でも議論が盛んに行われている。ここで先行研究を逐一列挙するのは避ける。言語論の問題に対して最も論争が盛んである所以は、それが古文辞学を提唱した徂徠学の核心に迫る問題だからである。

(27) 「蘐園之徒、称我邦為大東。此本乎東人日東之称。（中略）使西洋夷人謂我為大東、猶我謂彼為太西也。不為不当。本邦不合自称大東。此自他主客之弁也。知自他主客之弁、而後名可得而正矣。」（関儀一郎編『日本儒林叢書』第八巻所収、鳳出版、一九七一年復刊）。

(28) 第一部第三章。白石思想の全体において正名思想が重要な位置を占めていることを指摘している研究に、尾藤正英「新井白石の歴史思想」（『日本思想大系　新井白石』所収、一九七五年）、本郷隆盛「新井白石の政治思想と世界像――日本的習俗への挑戦――」（『宮城教育大学紀要』第三一巻第一分冊、一九九六年）、渡辺浩「「礼」「御武威」「雅び」――徳川政権の儀礼と儒学――」（笠谷和比古編『国際シンポジウム　公家と武家の比較文明史』所収、思文閣出版、二〇〇五年）。

(29) 「孔子曰、必也正名乎。名者不惟言其君臣父子、而自天子以至諸侯及卿大夫士、其爵位名号、亦皆是也。故下犯上、僭也。名非其実、乱也。僭之興乱、非其正也。」（『新井白石全集』第四巻、国書刊行会、一九〇五年、七〇〇頁）。

(30) 第一部第二章。

(31) 東北大学付属図書館狩野文庫所蔵本、「文化丙子（一八一六）冬十二月十六夕」の跋あり。

(32) 同前。

(33) 「是以論定之権、存乎儒者。乃詳加釐正、抑僣妄表本実、斟古量今、推雅撓俗、鋳鎔渾融、令後学遵依以為規矱。然後為能勝師儒之任矣。異日国家或有所采録乎。亦是正名之一端。」（近世儒家資料集成第四巻『中井竹山資料集』上、ぺりかん社、一九八八年、九九～一〇〇頁）。なお『中井竹山資料集』に所載の『逸史』は、国立公文書館内閣文庫所蔵の江戸幕府献上本の影印。『逸史』の引用資料は、できるだけ献上本に記された訓点・送りがなに忠実な形で私が書き下した。

(34) 藤直幹「中井竹山の日本史研究について」（京都大学文学部読史会創立五十周年記念会編『国史論集二』所収、京都大学文学部読史会、一九五九年。後、『武家時代の社会と精神』収録、創元社、一九六七年）。宮川康子「『日本外史』のメタヒストリー」（『思想』八七一号、一九九七年）、同「儒教的歴史記述とナショナリズム」（『江戸の思想』一〇、ぺりかん社、一九九九年）。

(35) テツオ・ナジタ「懐徳堂のイデオロギー――普遍性・生産・科学――」（櫻井進訳、『思想』七六六号、一九八八年）。『懐徳堂――一八世紀日本の「徳」の諸相――』（子安宣邦訳、岩波書店、一九九二年。原題 *Visions of Virtue in Tokugawa ; The Kaitokudō Merchant Academy of Osaka*,Chicago,The University of Chicago Press,1987）。

(36) そのような研究状況の中で、宮川康子氏は、懐徳堂に見られるナショナリズムに注目し、その尊王思想の特徴を「普遍的な儒家的国家の理念」と論じているが（前掲「儒教的歴史記述とナショナリズム」）、大雑把な定義であり、その内実はイメージしにくい。

(37) 『日本思想大系　新井白石』（岩波書店、一九七五年）、四二八頁。

(38) 「逸史氏曰、王室之卑也尚矣。有豊臣氏能執大節、挙盛時、使蒼生仰日月末光。（中略）雖然陽尊王室、陰樹己威、挟以令諸侯、成屋上建瓴之勢、使天下益不敢枝梧。牛耳之命、雖以王家勤労為盟主、而其所主、在乎使列侯不違己令耳。仮而不帰。是則可憎矣。」（『中井竹山資料集』上、五五九～五六〇頁）。

(39) 第一部第二章。

(40) 「恭平功成、随膺殊拝、固其所矣、孰能遷延之於歳月之外邪。在昔織田氏不受殊拝、実以禍乱未定、愧乎室町虚号、亦其宜也。若豊臣氏、則鴻業未半、以威力拝朝議、強取関白、暴戻甚矣。唯我大君恭謙之美、独如此、実為千古無比。」（『中井竹山資料集』下、三〇一～三〇二頁）。

(41) 『懐徳堂遺書』（懐徳堂記念会、一九一一年）三、下二二丁表。

(42) 同前、下二八表。

(43) 第一部第二章。

（44）*Shogunal Politics : Arai Hakuseki and the Premises of Tokugawa Rule*（Council on East Asian Studies, Harvard University,1988）。後、邦訳が『新井白石の政治戦略　儒学と史論』（平石直昭ほか訳、東京大学出版会、二〇〇一年）として刊行、「「礼楽」・「征伐」の再統一――新井白石の将軍権力再構築構想とその挫折の意味するもの」（『季刊日本思想史』三一号、一九八八年）、「徳川朝幕関係の再編――新井白石の幕府王権論をめぐって――」（『日本思想史学』二七号、一九九五年）。

（45）東北大学付属図書館狩野文庫所蔵本。

（46）「近世後期史学史と『逸史』」（『日本思想史学』一九号、一九八七年）。

（47）『逸史問答』は、『逸史』の記述に対する菱川秦嶺の問と竹山からの返答を秦嶺がまとめた問答集である。前掲『中井竹山資料集』に東北大学付属図書館狩野文庫蔵の揺修斎叢書本の影印が所収されている。本章ではそれを底本とし、不鮮明な部分については、大阪大学付属図書館懐徳堂文庫所蔵本によって補った。なお引用文は『中井竹山資料集』、五九九頁。

（48）『日本思想大系　新井白石』、三六九頁。

（49）『日本経済大典』二三巻（鳳文書館、初版一九二八年。再版一九九二年）、一六一頁。

（50）同前。

（51）同前、一八二頁。

（52）『中井竹山資料集』下、六五五～六五七頁。

（53）統属という言葉は、中国の経史に散見でき竹山の造語ではないが、近世史学思想史において統属という語を用いた例は管見の範囲では見当たらず、しかもこれほど統属という語に拘った思想家はまず見当たらない。

（54）『中井竹山資料集』下、六二四～六二五頁。

（55）同前、六二六～六二七頁。

（56）前掲「『逸史』献上と歴史叙述の方法について」。

（57）『中井竹山資料集』下、六三七～六三八頁。
（58）従来の研究史整理については、前掲本郷論文に詳述されているので、参照して頂きたい。
（59）「甚矣。名分之於天下国家、不可不正且厳也。其猶天地之不可易邪。有天地然有君臣。有上下然後礼義有所措。苟君臣之名不正、而上下之分不厳、則尊卑易位、貴賤失所、強凌弱衆暴寡、亡無日矣。故孔子曰、必也正名乎。名不正則言不順。言不順則事不成。事不成則礼楽不興。礼楽不興則刑罰不中。刑罰不中則民無所措手足。」（『日本思想大系　水戸学』、三七〇頁）。
（60）「異邦之人有言、天皇不与国事、唯受国王供奉。蓋指其実也。雖然天無二日、土無二王、皇朝自有天子、則幕府不宜称王。」（『日本思想大系　水戸学』、三七一頁）。
（61）「水戸学の特質」、同前、五七四頁。ちなみに『日本思想史事典』（ぺりかん社、二〇〇一年）の『正名論』の項目においても「名」と「実」とが切り離され独立していることが特徴として挙げられている（鈴木瑛一氏担当執筆）。
（62）「日本自称君子礼義之邦、礼莫大於名、分莫大於名、不可不慎也。夫既摂天子之政、則謂之摂政。不亦名正而言順乎。」（『日本思想大系　水戸学』、三七一頁）。
（63）「豊臣氏当天歩艱難之日、身起匹夫、致覇主之業、挟天子以令諸侯、振長策以駆使域中、遂奪藤原氏関白之号、而有之矣。其強譊既如此、而猶執臣礼以事皇室、不敢自称王者、以名分之所存也。名分所存、天下仰之、強覇之主、西滅東起、而天皇之尊自若也。」（『日本思想大系　水戸学』、三七〇頁）。
（64）「幕府尊皇室、則諸侯崇幕府、諸侯崇幕府、則卿大夫敬諸侯。夫然後上下相保、万邦協和。甚矣。名分之不可不正且厳也。今夫幕府治天下国家者也。上戴天子、下撫諸侯、覇王之業也。其治天下国家者、摂天子之政也。天子垂拱不聴政久矣。久則難変也。幕府摂天子之政、其勢爾。」（『日本思想大系　水戸学』、三七一頁）。
（65）『江戸の歴史家――歴史という名の毒』（筑摩書房、一九七九年）。

第二章　後期水戸学における思想的転回

――会沢正志斎の思想を中心に――

はじめに――「正名」の転回――

近世後期思想史において大きな役割を果たした後期水戸学[1]に関する研究の蓄積は多く、七〇年代に尾藤正英氏が近代日本の国家主義の源流として定位して以来[2]、後期水戸学研究では、尊王論・祭政論・忠孝論を主たる分析対象として明治天皇制国家とのイデオロギー的連続の如何を考察することが大きな関心事となっている[3]。明治天皇制国家のイデオロギーの特性を後期水戸学に遡及して形成史的な観点から問うことの意義を否定するつもりはない。しかしそのような系譜学的なナラティヴが定型化されていく一方で、後期水戸学の思想個性そのものが見えにくくなり、後期水戸学を一枚岩として扱っていることで、後期水戸学の内部的差違が看過されている。斯かる研究史の不備は七〇年代末から本郷隆盛氏[4]、本山幸彦氏[5]らによって既に提起されているが、その後の研究史においてこの問題提起は等閑視されていると言わざるを得ない。この章では斯かる視座に基づき、後期水戸学内部において、ある大きな思想的転回が存在することに注目するものである。この思想的転回とはいったい何なのか。それを解明する前提として、後期水戸学が誕生する寛政期の思想空間に一度遡ってみる必要がある。

後期水戸学が寛政期の正学派朱子学の統合論の流れを受けていることは辻本雅史氏の研究[6]によって明らかとなって

いるが、寛政朱子学派の統合論は「正名」を原理として成立している。[7]「正名」とは『論語』子路篇に典拠を持ち、「名」（名称・名義）と「実」（事・物の実態）との一致を行うことである。古代中国においては、儒家・名家・墨家・法家などの間で「正名」に関する論理学的な論争が行われた。[8]対して、日本では朱子学派を中心として十八世紀末に「正名」を議論する思想空間が誕生する。[9]私はこの思想空間を仮に「叫ばれる正名」と名づける。この思想空間で最も議論される対象の一つに、徳川将軍の名称が挙げられる。

内憂外患の国家的危機において、統一的な国家イデオロギーが必要となり、二人の「治者」の曖昧な関係、すなわち天皇と将軍の関係に対して整合的な説明が求められるようになる。[10]如上の時代要請に対し、寛政期を代表するイデオローグであった中井竹山らの朱子学派は、「将軍」の名義を「正名」することを以て応えようとした。竹山らは、「将軍」に相応しい名号として「大君」号を提示し、天皇から「大政」を委任された治者と定義して、その政権運営を正当化しようとした。ただし大政委任論は、天皇による委任を前提としているために、ややもすれば徳川政権の権威失墜を招きかねなく、イデオロギーのさらなる意匠が必要となる。そこで持ち出されたのが、名分論・尊王（皇）論である。歴代の武家とは異なり、「大君」は天皇へ尊崇の態度を示し、武家の棟梁としての名分を遵守してきたという論理で、竹山らは徳川政権の権威化を企てるのである。十八世紀末から見られる名分論・尊王（皇）論の昂揚も、正名思想との関連からはじめて理解され得る。

後期水戸学の肇始にあたる藤田幽谷（一七七四年〜一八二六年）も、寛政期の統一的国家イデオロギーの成立に大きく関与し、主著『正名論』（一七九一年成立）も、この「叫ばれる正名」という思想空間において成立したものである。

『正名論』の眼目は、「一に統べらるる」国家イデオロギーの構築にあり、そのために、徳川将軍の名称を「正名」

すべきだと唱える。幽谷は、白石の国王復号説を意識し、将軍による実効的な政治支配を「実」とした場合、それに対応する「名」が「国王」号であることへ理解を示すが、それに対抗して、将軍が「天子の政を摂」するという大政委任論的な国家運営を「実」とし、それに対応する「名」として摂政号を案出している。

「異邦の人、言有り。天皇は国事に与らず、ただ国王の供奉を受くるのみ、と。蓋しその実を指せるなり。然りといへども、天に二日なく、土に二王なし。皇朝自から真天子あれば、幕府はよろしく王を称すべからず。」(『正名論』[11])

「日本は古より君子・礼義の邦と称す。礼は分より大なるはなく、分は名より大なるはなし。慎まざるべからざるなり。夫れすでに天子の政を摂すれば、すなはちこれを摂政と謂ふ、また名正しくして、言順ならずや。」(『正名論』[12])

将軍の名号を、朝臣を想起させる「摂政」と正し、天皇と将軍との間に君臣関係をより直接的に措定する。「摂政」号へと「正名」することが、臣下たる徳川将軍から君主たる天皇への尊王の根拠となり、徳川将軍の尊王行為が「天下の君臣たる者をして則を取らしむる」ための範となって、下垂的に支配ヒエラルヒーに効果を及ぼし、名分的秩序を全体にもたらすと幽谷は揚言する。

「幕府、皇室を尊べば、すなはち諸侯、幕府を崇び、諸侯、幕府を崇べば、すなはち卿・大夫、諸侯を敬す。夫れ然る後に上下相保ち、万邦協和す。」(『正名論』[13])

　幽谷は、寛政期からの統一的国家イデオロギーの要請に伴い、「正名」を思想的原理として、天皇を身分的頂点とした支配ヒエラルヒーを再定義した。しかし、幽谷が思想的核心とした「正名」は、以後の思想家において大きな転回を見せることになる。幽谷の子、藤田東湖（一八〇六年〜一八五五年）の次の言葉が端的にそれを示す。

「蓋し大臣と曰ひ、摂政と曰ひ、関白と曰ひ、将軍と曰ひ、名位殊なりといへども、その実は天工に代りて皇化を弘むる所以なり。」（『弘道館記述義』巻上、一八四二年成立）(14)

先ほど見た通り、幽谷は『正名論』において、「夫れすでに天子の政を摂す」という「実」に相応しい「名」として、摂政号を提示することに執拗に拘っていたのであるが、東湖は、「天工に代りて皇化を弘むる」実のみを重視しており、その「名」には拘らない。同様の姿勢は「道」に関する議論にも見られる。

「蓋し道はなほ大路のごとし。人人、大路に遵ひて行き、率由践履、斯路にあらざるなくば、すなはちたれかまた路の路たるを知らんや。その路、維れ一にして、他岐あることなくば、すなはちまたいづくんぞ路に命ずるに名を以てすることをこれなさん。天地ありてより以来、斯道の外、また道あらず。君臣上下、熙熙皐皐として、これに遵ひこれを行ひ、絶えて異端邪説のこれに間《まじ》はることなければ、すなはち斯道の名なかりしも、また宜ならずや。（中略）後の古を談ずる者、その実に徴するを知らずして、徒らにその名に求め、名、見るべからざればすなはち曰く「上世は未だ嘗て道あらざりき」と。ただ知らず、道の純一なるは、すなはち名なき所以なるを。」（『弘道館記述義』巻上）(15)

「異端邪説」（この場合、仏教を指す）の流入以後は、日本固有の「道」を「異端邪説」と別つために、「神道」「古道」などの名を付せざるを得なくなるが、それ以前においては、唯一の「道」に名を付す必要もなかった。「名」の不在こそが、「道」が純一であった確かな証拠であると東湖は主張する。そしてこの「道」は「自然」なるものとして強調されるようになる。

「夫れ父母ありて然る後に子孫あれば、則ち子孫の父祖に於ける、生くるやこれに事へ、死するやこれを祭るは、固より自然の道にして、子子孫々、歴世相承け、千万年に至るといへども、その始祖に本づく所以のものは自若たり。」（『弘道館記述義』巻上）(16)

この「自然の道」は、「天地」「天神」に基づいた「大経」とされ、また、「道の純一なるは、すなはち名なき所以なるを」、あるいは「その実のごときは、すなはち未だ始めより天神に原づかずんばあらず」と、言語を超えた「実」なる世界において、「道」の純一性が確保されていると東湖は説くのである。

以上、幽谷思想の中核をなす正名思想が、子の東湖においてどのように継承されていったのかという点に焦点を絞り考察してきたが、従来の研究史で全く看過されてきた言語的作為に関する断絶が両者の間に存在すると言わねばならない。幽谷は、既存の政治言語を、新たな「名」へと正していく作業によって、支配イデオロギーを構築した。「正名」に懸けるパッションは、東湖においては窺瞰できず、「名」の世界に対する不信と「実」の世界に対する信頼とが披懐される。

そして時系列においても学統においても幽谷東湖の父子の間に存するのが後期水戸学の大成者とされる会沢正志斎

（一七八二年〜一八六三年）であり、「名」の世界から「自然」なる「実」の世界への思想的転回は、正志斎から見られるようになる。以下の本論においては、この思想的転回を正志斎の思想に焦点を絞って解明していく。頭緒として正志斎の思想の基調をなす「自然」概念を、言語的作為との対立構図から詳細に解明していく(17)。また正志斎における思想的転回の後景にある近世の諸思想の影響を論じることで、後期水戸学の祭政論・礼楽論は徂徠学の影響を受けて成立したとする尾藤氏以来の単線的な影響論も一新していきたい。

一、「自然」――言語的作為の否定として

正志斎は、当代に対し次のような憤懣を抱いていた。

「嗚呼、大道の明かならざるや、横議百出し、人々説を殊にし、家々其の言を異にす。而して俗の奇を好むや、新を喜び旧を厭ひ、坦路康衢を捨て、曲途傍径に馳騁し、迷ひて復へらず。其の害を為す、言ふに勝ふべからず。」（『下学邇言』論道第一、一八四七年起稿(18)）

言説が飽和・対立しているが故に、人々は平易な正しき「道」を見失っており(20)、学者は、訓詁註釈の議論を専らとすることで、経世への志を喪失している(19)。こうした当代観は、藤田幽谷、藤田東湖も持っており(21)、イデオロギーの分散・飽和を解消し統一化することは、後期水戸学の全体的課題であるとともに、寛政朱子学の統合論の問題意識を継承している。ただし正志斎はその課題の解決方法を大きく転換させていくことに注意したい。

寛政朱子学及び藤田幽谷は、「正名」を思想的原理とし、言語的作為によって統一的な支配イデオロギーを構築し

ようとした。対して正志斎は、言語的作為を否定し、「道」の「自然」なる性格を強調することで、イデオロギーの統一を図ろうとしている。(22)「教」や「道」に付せられる「自然」概念については、五〇年代に遠山茂樹氏(23)と同じく後期水戸学の反動的・封建的性格を強調した丸山眞男も注目しており、朱子学と同様に「純乎たる自然的秩序観」が後期水戸学の思想的根底にあると述べている。(24)丸山は、朱子学における「自然的秩序観」(25)を天人相関・理一分殊から着想を得た分析用語として論じてきたにもかかわらず、後期水戸学のそれは正志斎の『迪彝篇』に見られる「自然」という語彙に、分析用語としての「自然的秩序観」を読み込むという誤謬を犯している。「自然」概念の内実とその思想形成過程への詳細な解明が必要であろう。(26)

正志斎における「自然」とは、おのずからという自己生成的な内容を第一義とし、後述するように、その生成について「理」を根拠として置かない。丸山の述べるところの、朱子学の「自然法」的性格とは内容を異にする。

「教といふは、天地自然の大道なり。大道は道路の如し。人の往来すべき所には、何人の教ふるともなく、自然に一條の道を踏み分け、便道にして往来繁ければ、自然に大道となる。人道もこれに同じ。億兆の人、皆、履み行ふべき道なる故に、自然に一條の大道備はるなり。」(『迪彝篇』師道)(27)

この「自然」は「名」に対する「実」の範疇で捉えられる。

「神州には、前に云へるごとく、五倫の実はあれども、その名なし。名なきの弊は、人或は実を失ふに至る。故に尭・舜・孔子の立置かれし名に依て、神州に本よりある所の自然の実を知る事を得るは、即ち「皇猷を賛る」なり。」（『退食間話』[28]）

上代日本において「名」のない純朴な「自然の実」が存在しており、その「実」なる世界を客観対象化しうる「名」として儒教の徳目の重要性を説く。この点、「名」と「実」との一致を説く「正名」の基本的立場を継承しており、寛政期の朱子学派および藤田幽谷と原理面では大きな違いがないように思えるかもしれない。しかし以下に見られるように、正志斎は「名」ではなく、「実」の世界に大きな比重を置いており、寛政期の朱子学派および藤田幽谷が「名」の世界の革新を思想展開の起点に置いていたことと対照的な相違を示す。

「帝王の恃んで以て四海を保ちて、久しく安く長く治まり、天下動揺せざるところのものは、万民を畏服し一世を把持するの謂にあらずして、億兆心を一にして、皆その上に親しみて離るるに忍びざるの実こそ、誠に恃むべきなり。」（『新論』国体上[29]）

天皇がその地位を持続してきた所以を、天皇の統治能力ではなく、被統治者の「億兆心を一にして、皆その上に親しみて離るるに忍びざるの実」という心情の「実」に求める。また次のようにも述べる。

「天地闢けし日より今日の今に至るまで、一人も天位を犯すものなきは、即ち、君臣の義にして、言語を待たずして、其教自然に備れるなり。」（『退食間話』[30]）

言語的作為ではなく、臣下や民衆のうちにおのずから湧き出る尊王の心情こそが、後述するように、正志斎の祭政論の根拠をなすものである。

イデオロギーが飽和・対立する状況に対し、正志斎は、従来の「正名」を転回させることで、換言すれば、言語的作為を否定し、秩序の「自然」なる性格を強調することで、イデオロギーの統一化を企てた。斯かる正志斎の思想的転回には本居宣長の影響がある。とりわけ「自然」概念の形成には、宣長の「惟神」解釈が大きく影響している。

「神道に随ふとは、天下治め賜ふ御しわざは、たゞ神代より有こしまゝに物し賜ひて、いさゝかもさかしらを加へ給ふことなきをいふ、さてしか神代のまに〳〵、大らかに所知看せば、おのづから神の道はたらひて、他にもとむべきなきを自有㆓神道㆒とはいふなり。」（本居宣長『直毘霊』）[31]。

「惟神とは神の道に随って、亦自ら神の道ありと云ひて、神のまゝにして、自ら神道に備れるとの義なれば、毫も曖昧なる臆度を以て造化せる道には非ずして、事につき、物につきて、衆人といへども知り得べき天然の大道なり。」（会沢正志斎『迪彝篇』総叙）[32]

「さかしら」は「曖昧なる臆度」に、「おのづから」は「天然」に対応し、恣意的な判断を加えずに、自己生成的な「道」に従順する態度は、宣長から継承したものである。そして「道と云ふは、人に五倫あるは天地自然に備りて、人の作りたるに非ず。」（『読直毘霊』）、「道を作ると云ふは、荀子性悪の説にて、本より道を知らざる者の邪辞なり。」（同前）というように徂徠学に見られる「道」の作為性への反撥という点でも軌を一にする[33]。

「作為」に対する峻烈な対立意識によって、正志斎は「自然」概念を展開していくのであり、正志斎の「道」概念は、「先王の道は、先王の造る所なり。天地自然の道に非ざるなり」（『弁道』第四条）という徂徠の「道」概念を反定立して立ち現れるのであるが、この態度を徹底したがために、宣長学は「自然」ならざる「作為」的な学説に映じたのであった。宣長が力説する「御国心」も、宣長の私意によって作為された「本居心」というべき代物と述べ、宣長が批判した「さかしら」な心を宣長自身のうちに嗅ぎ取る。

「御国心と云ふは、天地自然に備りたる人心なり。古書に附会して私説を造作するは、本居心と云ふべし。」（『読直毘霊』）(34)

宣長学は、作為の否定と「自然」的秩序の重視という面では影響を与えたものの、畢竟、正志斎にとっては「自然」なる「道」を害する異端にしか過ぎなかった。

「而して曲学の徒、方且《まさ》に眉を揚げ舌を鼓し空論閑議し、徒に異邦を尚慕して、万国中固より至尊あるを知らず。或は自ら皇国学と称して、力めて商・周・漢・唐を牴排し、至尊の以て腹心・禦侮無かるべからざるを知らず。之を要するに、皆、身を没するまでに力を竭すも、其の終は同じく大道を傷害し、邪説を助長するに帰す。」（『下学邇言』論道第一）(35)

資料中の「徒に異邦を尚慕して、万国中、固より至尊あるを知らず」とは徂徠学派を、「自ら皇国学と称して、力めて商・周・漢・唐を牴排し、至尊の以て腹心・禦侮無かるべからざるを知らず」とは宣長学を、それぞれ指している。徂徠学・宣長学を含めた異端の存在によって民心が揺動し、異教であるキリスト教につけ込まれる余地を与えていると正志斎は警告するのである。

徂徠学や宣長学などの新たなイデオロギーの存在によって、見失われしまった「自然」なる秩序をどう再生していくか。新たに言語的作為を用いることによって人々を教導していくことは、イデオロギーの更なる飽和と対立を招きかねず、自らを異端の一派へ貶めることになる。このような問題意識のもとで正志斎は次のような解答を提示していくのである。

「夫れ聖人は人に教ふるに事を以てして、之れに啾《かまびすし》くするに言を以てせず。礼楽・刑政、民をして其の中に涵泳せしむ。民は日に善に迂《うつ》り義に由りて自ら其の然る所以を知らず。」（『下学邇言』論道第一(36)）

言語的作為によらずに民衆をおのずから善導していく手段としての礼楽。ここに正志斎の祭政論の意義がある(37)。

二、「心」――活物的人心観

前掲の正志斎の礼楽観は、荻生徂徠のそれを想起させる。

「先王の道、古者これを道術と謂ふ。礼楽これなり。後儒はすなはち術の字を諱みてこれを言ふを難《はばか》る。殊に知らず、先王の治は、天下の人をして日《ひび》に善に遷りてみづから知らざらしめ、その教へもまた学者をして日にその知を開き月《つきづき》にその徳を成してみづから知らざらしむるを。これいはゆる術なり。」（『弁道』二十(38)）

冒頭でも触れたが、尾藤氏の指摘以来、徂徠学の影響如何が後期水戸学研究の大きな関心事の一つとなっている。氏は祭政一致の枠組みを以て徂徠学の影響を指摘するが、[39] 実証的にそれを解明しているわけではない。そもそも祭祀と政治との親和を考えるのは『礼記』祭統篇などで見られるように、儒家の標準的な発想である。問題は、如何なる文脈でその親和を説くのかということにある。徂徠学における祭祀の意義は、平石直昭氏が述べるように、聖人の作為物たる「鬼神」を祭祀することによって文化的共同体が形成されたとする、文化的紐帯をもたらす力にあり、[40]『新論』などに見られる祭祀論と安易に連続させるのは乱暴である。前章で見た通り、正志斎は、「自然」概念と反する徂徠の作為説に対して厳しく批判する一方、言語によらない教導方法として礼楽を措定する点において、徂徠から大きな影響を受けていた[41]というのが実態に即した正確な言い方であろう。

そしてこの礼楽で最も民心統合に有効な手段が、[42] 天皇を頂点とした祭祀である。正志斎の祭政論の枠組みについては既に先行研究によって詳細に論じられており、[43] その全体像を改めて示すことはしない。ここでは、前章で検討した「自然」観と同じ思想構造が祭祀論に再見できることを強調したい。大嘗祭の役割について述べた次の文章を見てみよう。

「夫れ天祖の遺体を以て、天祖のことに膺《あた》り、粛然僾然として、当初の儀容を今日に見れば、則ち君臣観感し、洋洋乎として天祖の左右に在るがごとし。而して群臣の天孫を視るも、またなほ天祖を視るがごとく、その情の自然に発するもの、豈に已むを得んや。而して群臣なるものも、また皆神明の冑にして、その先世、天祖・天孫に事へ、民に功徳あり、而して祀典に在りて、宗子、族人を糾緝して、以てその祭を主《つかさど》る。（割注略）入りては以てその祖に追孝し、出でては以て大祭に供奉するも、またおのおの祖先の事を行ふ。（割注略）惻然悚然として、乃祖・乃父の、皇祖・天神に敬事せし所以のものを念はば、豈にその祖を忘れ、その君に背くに忍びんや。ここにおいてか孝敬の心、父は以て子に伝へ、子は以て孫に伝へ、志を継ぎ事を述べ、千百世といへどもなほ一日のごとし。孝は以て忠を君に移し、忠は以てその先志を奉じ、忠孝は一に出で、教訓正俗、言はずして化す。祭は以て政となり、教と政は、未だ嘗て分ちて二となさず。故に民はただ天祖を敬し、天胤を奉ずるを知るのみにて、郷《むか》ふところ一定して、異物を見ず。ここを以て民志一にして、天人合す。」（『新論』国体上）(44)

祭政一致・忠孝一致・天人の合などの正志斎の思想のエッセンスが集約されている文章であるが、ここで注目されるのは、天皇の祭祀の意義を臣下や民衆の心情に即して説明し、祖先や天皇に対する心情が、言語的作為に依拠せずにおのずと発現される様態を説いていることである。「自然」観の考察で見たように、正志斎は、天皇の統治能力ではなく、臣下や民衆の内におのずから湧き出る心情の活動に注目したが、祭祀論でも通底している。正志斎の人心観の内奥へ歩を進めてみたい。

「古は心性を以て教と為さず。夫子の性を言ふ、相近しと曰ふのみ。（中略）然れども専ら心性を恃みて教と為すは、則ち無星の秤のごとく、指名以て準則を為す無し。故に古は相訓告するに必ず徳を以て言を為す。（中略）心のごときは則ち出入時無く、其の郷《むか》ふを知る莫し。思ひて学ばざれば則ち殆し。故に古は心を言ふも、亦た多く徳と併せて之れを言ふ。（中略）仁とは実徳の指名して依るべき者なり。既に心を言へば、則ち亦た仁を以て言を為し、而して専ら心を言はざるなり。孟子の時に至りては、則ち横議並び興り、道を害し世を惑はす。心性を説く者、多端にして極り無し。故に其の性善を道ひ放心を求むること、皆、人心の惑ひを解き、之れをして道に郷はしむる所以にして、其の教を為す所以の者に至りては、則ち四端を拡充し、以て仁義礼智の徳を成す。専ら心性を以て教となさざるなり。〈伊藤氏曰く、聖人は徳を言ひて心を言はずと。知言なりと謂ふべし〉」(『下学邇言』論学第二)(45)

「心」そのものは定準のない捉えがたきもので、心性論を説くことは無用なイデオロギーを新たに産むことになり、あくまで「心」が発動した状態である「実徳」を「拡充」していく実践が重要であると述べる。天皇による祭祀は、国家的統合に必要な「忠」や「孝」などの「実徳」を言語的作為によらずに自発的に引き起こさせ、定準のない「心」に一定の方向性を与え、「自然」なる道へと向かわせるのである。そしてこの注に伊藤仁斎の言辞(引用は『語孟字義』巻上、徳第四条)が引かれているように、仁斎学が与えた影響は看過できない。仁斎から正志斎が継承したもの。それは活物的世界観である(46)。

「夫れ人なるは活物なり。仁義は其の性情の活動するものなり。故に人道を言へば之れを仁義に求めて可なり。而して目の横なる所以、鼻の竪なる所以、手の執る所以、足の踏む所以は、則ち未だ必ずしも論ぜざるなり。天地も亦た活物なり。陰陽剛柔は天地の精神にして其の活動するものなり。天地の道は当に諸れを陰陽剛柔に求むべきのみ。而して天の蒼なる所以、月日の照らす所以、山の高き所以、川の深き所以は則ち未だ必ずしも論ぜざるなり。近世に蘭学なる者あり。其の万国の形勢を言ひ、火器・戦艦の利を談ずれば、則ち亦た国家に益なしと為さず。然れども多くは宋儒窮理の名を仮りて以て世俗を欺く。一草一木も皆就いて其の理を窮む。遂に言ふ、天に幾層あり、日日の形状云々、列星の形状云々と。而して一も人事に関する者なし。専ら天地を視て死物となし、徒に其の形状あるを知りて精神あるを知らず。天地の理は此くの如きのみと謂ひ、而も未だ嘗て陰陽鬼神の活動変化、測らざるものあるを知らざるなり。是を以て天命の畏れざるべからざる、鬼神の敬せざるべからざるを知らず。」（『下学邇言』論道第一）(47)

正志斎は、万物を活動・流行する「活物」として捉え、その流行・活動を重視する一方、その実相は不可知で畏敬すべきものだと述べる。したがって「理」によって世界を形而上的な法則の下に弁別・認識する蘭学は、世界を「死物」と化す異端の学であるとして厳しく糾弾する(48)。斯かる正志斎の活物観形成には仁斎の影響が大きく関与し(49)、心の活動によって発現された「徳」の「拡充」を重視するのも根底に活物的世界観の存在があり、また秩序の「自然」的性格、すなわち自己生成的な性格を強調するのも、この活物的世界観が後景にある。なお周知の通り荻生徂徠も活物観を展開した思想家である。ただし正志斎は活物的人心観を展開する際の資源として徂徠の名を挙げない。徂徠は先王の作為物として仁義礼智を捉え（『弁名』性）、心を「礼」によって「制する」ことを重視していた（『弁道』十八、『弁名』心）。斯かる徂徠の人心観は、作為性を徹底的に否定し、心の発動状態の「拡充」を重視した正志斎のそれとは相容れない。

正志斎が盛んに説く「民心統合」の持つ意味も、活物的人心観をもとに捉え直すことができる。天皇を頂点とした祭祀により、国家的統合に必要な「忠」「孝」などの「実徳」を自発的に発現していく民心の「活物」的エネルギーを正志斎は重視するのであるが、その活物的エネルギーには、以下のような西洋列国への強い敵愾心が含まれている。

「苟くもよく人心の磨滅すべからざるものに因りて、これが教条を設け、神聖の、天下を淬礪したまひし所以の意に原づきて、天に事へ先を祀り、本に報い始めに反り、因りて以て君臣の義を正し、父子の親を敦くし、万民を櫜籥して、以て一心となさば、豈に甚だなし難からんや。」（『新論』国体上[50]）

「人心の磨滅すべからざるもの」が基盤となって教条・祭祀が構築されるのであるが、この「人心の磨滅すべからざるもの」とはこの引用部の直前に「天下智愚となく、黠虜の狡謀詭計の悪むべく醜づべきを知らざるはなし。天下の人心の磨滅すべからざること、かくのごとし」とあるように、西洋列国への勁悍な敵対感情を指している。この点、「愛」の拡充によって日常の人間関係の充実を説いた仁斎の活物的人心観とは相貌を異にする。

正志斎は、「活物」たる人心の活動に注目し、その活動エネルギーを祭政により結集し統一的国家を形成することで内憂外患の国家的危機を打開できるとして強い期待感を示した。しかし一方で、「活物」であるが故に、人心が不安定さを孕んでいることへ強い危惧感を持っていたのである。

「夫れ物は天より威あるはなし。故に聖人は厳敬欽奉し、天をして死物となさしめずして畏敬悚服するところあらしむ。物は人より霊なるはなし。その魂魄精強にして、草木禽獣と与に澌滅する能はず。その死生の際においても、また漠然として念ふなき能はず。故に聖人は祀礼を明らかにして、以て幽明を治め、死者をして憑るところありて以てその神を安んぜしめ、生者をして死して依るところあるを知つて、その志を弐《たが》はせざらしむ。」（『新論』長計[51]）

人が霊長である所以として、魂魄の不滅、思念の強さを挙げている。祭祀は、人心の拠り所を作り、心の持つエネルギーに正しいフローを確保させる一種の装置でもあった。祭祀がなければ、心が揺動し放逸となり、人々は社会から逸脱し、キリスト教のような「冥福陰禍の説」を容易に信じるに至ると正志斎は危惧する。

「祀礼廃らば、すなはち天人隔絶して、民は易慢を生じ、游魂安きを得ずして、生者も身後を怵《おそ》れ、民に固志なく、冥福陰禍の説、これに由りて入る。幸を死後に徼《もと》めて、義を生前に忘れ、政令を避くること寇を避くるごとく、異言を慕ふこと慈母を慕ふがごとし。心、外に放たれて、内に主なければなり。」（『新論』長計(52)）

先ほど見た通り、正志斎は「活物」たる心の働きは、「出入時無く、其の郷《むか》ふを知る莫し」というように定準のない不可知なものと考えた。民心は「活物」であるが故の不安定さを内包しており、さらにイデオロギーの飽和・対立が拍車を掛け、新奇な「曲途傍径」へと人々が喜んで馳せているとの正志斎は認識した。このような認識のもとで民心掌握に長けたキリスト教(53)への警戒心を募らせ、揺動しやすい「活物」たる民心に一定の方向性を与えるために、天皇を頂点とした祭祀の必要性を縷説するのである(54)。

おわりに

最後に「正名」を軸とした近世政治思想史に、会沢正志斎の思想はどのように位置づけられるのか、簡単にまとめてみたい。

近世日本思想史における正名思想の嚆矢として新井白石の思想が挙げられる。白石の正名思想の特質は、実効的な政治支配という「実」に対応して「名」（名号）を案出することにあり、国王復号や武家勲階制の提唱は、正名思想を原理としている。[55]一方、十八世紀末の「叫ばれる正名」という思想空間では、この白石の正名思想を批判対象とし、実効的な政治支配ではなく、天皇を頂点とした身分ヒエラルヒーに対応する「名」を提示して、統一的国家イデオロギーを構築しようとした。政治言語（「名」）を正すことを起点として、「天皇」をその価値の中心に置いた支配イデオロギーを展開した幽谷の思想的営為もこの思想空間内に属するものである。しかし文政期以降（『新論』成立は文政八年・一八二五年）で活躍した正志斎の段階になると、言語による作為から、言語ならざる自己生成的な「自然」的秩序の再生、「活物」たる民心の統一化へ言説の比重が移行していくようになる。そしてこの思想的転回の後景に宣長学・徂徠学・仁斎学の変奏が存在することは注目される。[56]

最後に正志斎以後の思想史的流れについて大まかな見通しと課題を提示したい。本章の冒頭で述べたように、正志斎によって提示された「自然」秩序観は、藤田東湖によって発展継承されていく。[57]しかし民心統合に対する東湖の意識は希薄である。この問題について更なる究明が必要であるが、ここでは祭祀による民心統合論が東湖と同世代の豊田天功（一八〇五年～一八六四年）によって強調されていることを指摘したい。[58]さらに付言すると民心統合論は後期水戸学内部の問題に止まらない。桂島宣弘氏は、民心統合論が正志斎だけではなく津和野派国学の大国隆正（一七九二年～一八七一年）にも見られることを指摘している。[59]大国隆正が、同じ時代において民心統合の面から天皇論を構築していった事実は興味深い。一九世紀に入って民心統合を重視する時代思潮とはいったい何なのか…。後期水戸学研究及び近世後期思想研究には我々が思っている以上に課題が山積している。

注

（1）水戸学の区分についても議論があるが、以下の一般的定義を用いる。前期水戸学は、徳川光圀が小石川に史局を開設したこと（明暦三年・一六五七年）にはじまり、『大日本史』の編纂に集中した時期である。代表的思想家に安積澹泊、栗山潜鋒、三宅観瀾らがいる。『大日本史』の編纂事業はその後も継続されていくが（明治三九年・一九〇六年まで）、寛政期から、内憂外患の時代状況を背景に、国家的危機を克服しようとする思想が説かれる。これが後期水戸学である。代表的思想家に藤田幽谷、会沢正志斎、藤田東湖らがいる。

（2）「水戸学の特質」（『日本思想大系　水戸学』解説論文、岩波書店、一九七三年）。「国家主義の祖型としての徂徠」（『日本の名著　荻生徂徠』解説論文、中央公論社、一九七四年）。

（3）なお研究史を整理したものとして、本郷隆盛「藤田幽谷「正名論」の歴史的位置――水戸学研究の現在――」（衣笠安喜編『近世思想史研究の現在』所収、思文閣出版、一九九五年）。

（4）「幕藩制の動揺と国体イデオロギーの形成――後期水戸学を中心に――」（歴史学研究会編『民族と国家』所収、青木書店、一九七九年）。

（5）「後期水戸学の人々」（相良亨ほか編『江戸の思想家たち』下所収、研究社出版、一九七九年）。

（6）『近世教育思想史の研究――日本における「公教育」思想の源流――』（思文閣出版、一九九〇年）。

（7）第二部第一章。

（8）加地伸行『中国論理学史研究――経学の基礎的探究』（研文出版、一九八三年）。浅野裕一『古代中国の言語哲学』（岩波書店、二〇〇三年）など。

（9）「正名」という語が直接その書名にあるものは、菱川秦嶺『正名緒言』（一七八八年）、猪飼敬所『操觚正名』（一七九五年）である。続いて「正名」をその思想的主題としたものや、もしくは「正名」思想が随所に原理的に表されている書として、中井竹山『逸史』（一七七〇年から約三〇年をかけて成立。一七九七年から翌年にかけて幕府に献上）、尾藤二洲『称謂私言』（一七九九年）などがある。それから遅れて成立した頼山陽『日本外史』（一八二七年）も正名論の隆盛を承けて成立したものである。

（10）示唆を与える研究として、山本博文「徳川王権の成立と東アジア世界」（水林彪ほか編『王権のコスモロジー』所収、弘文堂、一九九八年）。

(11)「異邦之人有言、天皇不与国事、唯受国王供奉。蓋指其実也。雖然天無二日、土無二王、皇朝自有天子、則幕府不宜称王。」（『日本思想大系　水戸学』岩波書店、一九七三年、三七一頁）。

(12)「日本自称君子礼義之邦、礼莫大於名、分莫大於名、不可不慎也。夫既摂天子之政、則謂之摂政。不亦名正而言順乎。」（『日本思想大系　水戸学』、三七一頁）。

(13)「幕府尊皇室、則諸侯崇幕府、諸侯崇幕府、則卿大夫敬諸侯。夫然後上下相保、万邦協和」（『日本思想大系　水戸学』、三七一頁）。

(14)「蓋曰大臣、曰摂政、曰将軍。名位雖殊、其実皆所以代天工弘皇化。」（『日本思想大系　水戸学』、四三二頁）。

(15)「蓋道猶大路。人人遵大路而行。率由践履、莫非斯路、則孰復知路之為路。其路維一、無有他岐、則亦安命路以名之為。自有天地以来、斯道之外、不復有道。君臣上下、煕煕皐皐、遵之行之、絶無異端邪説間之、則斯道之無名、不亦宜乎。（中略）後之談古者、不知徴於其実、而徒求於其名、名不可見、則曰上世未嘗有道。特不知道之純一、乃所以無名也。」（『日本思想大系　水戸学』、四二三頁）。

(16)「夫有父母然後有子孫、則子孫之於父祖、生也事之、死也祭之、固自然之道、而子々孫々歴世相承、雖至於千万年乎、其所以本於始祖者、自若。」（『日本思想大系　水戸学』、四二四頁）。

(17)なお後期水戸学の区部論として、栗原茂幸「藤田東湖の政治思想」（『東京都立大学法学会雑誌』二〇―一、一九七九年）がある。栗原氏は国体観を題材として、幽谷を前期水戸学の総括者、東湖を後期水戸学の確立者と見なしているが、思想内容に対して前期的であるか後期的であるかという区分は、論者自身の指標に基づいてまちまちであり、生産的な結果を導いてきたとは言い難い。私はこういう区分論には立ち入らない。栗原氏の論文で注目すべきは、幽谷と正志斎・東湖との間で径庭があることを示唆していることにある。しかし、氏の議論では十分にその径庭が論じられてはない。

(18)「嗚呼大道之不明、横議百出、人殊其説、家異其言。而俗之好奇也、喜新厭旧、捨坦路康衢、而馳騁曲途傍径、迷而不復。其為害、可勝言乎。」（会沢善発行刊本、一丁裏。一八九二年）。

(19)「後世は大道行はれずして所謂教は儒者の私業と為り、終身業とする所は、訓詁を治め、心性を論ずるに過ぎず。徒に道を議論の上に講じて、事業を度外に置く。近世のごときは、乳臭児と雖も、猶ほ且つ伝注を弁析し性命を談説す。是を以て議論愈《いよいよ》多く実用愈疎し。」（『下学邇言』論学第二、同前、一三丁裏）。

(20)「今の学者、一家の言を守り、其の己に異なる者に於いては、則ち弁争斷斷如なり。自ら小なる者と謂ふべし。」（原漢文、「木村子虚に答ふ」、一七八九年成立、菊池謙二郎編『幽谷全集』、二三九頁、吉田彌平刊、一九三五年）。

(21)「これを要するに漢儒は訓詁に長じて道理に短に、宋儒は性命に精しくて事業に疎に、おのおの門戸を立て、党同伐異し、その註釈・語録の、互に相排撃するに及ぶものは、紛紛擾擾として、指も屈するに勝へず。遂に学者をして茫乎として適従するところを知らざらしむ。後の、書を読み学を講ぜんと欲する者は、噫、また難し。」（『弘道館記述義』巻上、『日本思想大系　水戸学』、三二三頁）。

(22)寛政朱子学と後期水戸学の関係性を論じた研究に、前掲辻本氏の研究のほか、梅澤秀夫氏の研究があるが（「称謂と正名」、尾藤正英先生還暦記念会編『日本近世史論叢』下巻所収、吉川弘文館、一九八四年）、両氏とも正志斎以降での思想的転回を見落としている。

(23)『明治維新』（岩波書店、一九五一年）。

(24)『日本政治思想史研究』第二章「近世政治思想史における「自然」と「作為」」（東京大学出版会、一九五二年）、三〇三〜三〇四頁。なお第二章の初出は『国家学会雑誌』五五―七・九・一二および五六―八（一九四一〜一九四二年）。

(25)朱子学に自然法的性格を措定する丸山の視角の欠陥については、溝口雄三編『中国という視座』（溝口担当執筆、第一章「中国近世の思想世界」、平凡社、一九九五年）。

(26)桂島宣弘「国学と後期水戸学――後期水戸学の思想史的考察に向けて」（『日ノ本学園短期大学研究紀要』一四号、一九八六年。のち『増補版　幕末民衆思想の研究――幕末国学と民衆宗教――』に収録、文理閣、二〇〇五年）は、正志斎の自然秩序観について分析しているが、十八世紀末の正名論からの転回、換言すれば言語的作為の否定として

「自然」観が形成されていくことには触れられていない。

（27）天保四年・一八三三年成立。高須芳次郎編『水戸学大系　会沢正志斎集』（井田書店、一九四一年）、三五四頁。なお『迪彝篇』については、東北大学付属図書館狩野文庫所蔵の時雍館版本（天保十三年序）により校訂を行った。

（28）天保十三年・一八四二年迄に成立。『日本思想大系　水戸学』、一四二頁。

（29）「帝王之所恃以保四海、而久安長治、天下不動揺者、非畏服万民把持一世之謂、而億兆一心、皆親其上而不忍離之実、誠可恃也。」（『日本思想大系　水戸学』、三八二頁）。

（30）同前、二三八頁。

（31）明和八年・一七七一年成立。『本居宣長全集』第九巻（筑摩書房、一九六八年）、五〇頁。

（32）『水戸学大系　会沢正志斎集』、三三〇～三三一頁。

（33）橋川文三は、徂徠学が先王による「道」の作為を重視したのと同様に、後期水戸学は日本の皇祖神による「道」の作為を重視すると論じているが（「水戸学の源流と成立」『日本の名著　藤田東湖』解説論文、中央公論社、一九七四年）、正志斎において徂徠の作為説は徹底して批判されていることを全く考慮していない。近年、J・ヴィクター・コシュマン氏は、後期水戸学の言説の性格が、自然なる「道」の秩序を自然ならざる言語的作為によって実現しようとする逆説的性格にあると論じているが（『水戸イデオロギー』田尻祐一郎、梅森直之訳、ぺりかん社、一九九八年）、正志斎が言語的作為を否定したことの意味を看過している。

（34）安政五・一八五八年成立。『日本儒林叢書』第四巻（復刻版、鳳出版、一九七一年）、五〇頁。

（35）「而曲学之徒、方且揚眉鼓舌空論閑議、徒尚慕異邦、而不知万国中固有至尊者。或自称皇国学、力牴排商周漢唐、不知至尊者之不可以無腹心・禦侮。要之皆没身竭力、其終同帰傷害於大道、助長邪説。」（会沢善発行刊本、二丁裏）。

（36）「夫聖人教人以事、而不咻之之以言、礼楽刑政使民涵泳於其中、民日迁善由義、而不自知其所以然。」（会沢善発行刊本、七丁表）。

（37）正志斎における民心統合と大嘗祭の関係について、田尻祐一郎「会沢正志斎に於ける礼の構想」（『日本思想史学』

一三号、一九八〇年）。

(38) 原漢文。『日本思想大系　荻生徂徠』（岩波書店、一九七三年）、二八〜二九頁。

(39) 前掲「国家主義の祖型としての徂徠」。

(40) 「徂徠学の再構成」（『思想』七六六号、一九八八年）、「徳川思想史における天と鬼神——前半期儒学を中心に——」（溝口雄三ほか編『アジアから考える　第七巻　世界像の形成』所収、東京大学出版会、一九九四年）。

(41) 「荻生徂徠は豪邁の資を以て、大いに古学を唱へ後儒を排撃し、礼楽・刑政の義を論じ、有用の学を講ず。而して時務を論じ用兵を説くがごときは、甚だ痛快と為す。然れども道を以て先王の造る所と為し、典礼の天叙・天秩に出でて、治教の心術躬行に本づくを知らず。」（『下学邇言』論学第二、会沢善発行刊本、二二丁表）。

(42) 正志斎における術策については、前田勉「『新論』の尊王攘夷思想——その術策性をめぐって——」（『近世日本の儒学と兵学』所収、ぺりかん社、一九九六年）。

(43) 前掲の辻本氏の研究が精緻である。なお澤井啓一「会沢正志斎の祭政一致論」（『フィロソフィア』六五号、一九七七年）は、儒教の配祀思想、天命思想の影響と変奏を論じている。

(44) 「夫以天祖之遺体、而膺天祖之事、粛然優然、見当初儀容於今日、則君臣観感、洋洋乎如在天祖之左右、而群臣之視天孫、其情之発於自然者、豈得已哉。而群臣也者、亦皆神明之冑、其先世事天祖天孫、有功徳於民、而宗子糾緝族人、以主其祭。（割中略）入以追孝其祖、出以供奉大祭、亦各以其祖先之遺体、行祖先之事。（割中略）惻然悚然、念乃祖乃父所以敬事皇祖天神者、豈忍忘其祖背其君哉。於是乎孝敬之心、父以伝子、子以伝孫、継志述事、雖千百世猶如一日、孝以移忠於君、忠以奉其先志、忠孝出於一、教訓正俗、不言而化、祭以為政、政以為教、教之与政、未嘗分為二。故民唯知敬天祖奉天胤、所郷一定、不見異物、是以民志一而天人合矣。」（『日本思想大系　水戸学』、三八三頁）

(45) 「古者不以心性為教、夫子之言性、曰相近而已。（中略）然専恃心性為教、則如無星之秤、無指名以為準則。故古者相訓告、必以徳為言。（中略）若心、則出入無時莫知其郷。思而不学則殆。故古者言心、亦多与徳併言之。（中略）仁者実徳可指名而依者。既言心則亦以仁為言、而不専言心也。至孟子之時、則横議並興、害道惑世、説心性者、多端而無極。故其道性善求放心、皆所以解人心之惑、使之郷於道、而至於其所以為教者、則拡充四端、以成仁義礼智之徳。不専以心性為教也。〈伊藤氏曰、聖人言徳而不言心。可謂知言〉」（会沢善発行刊本、一七丁表～裏）。

(46) 近世日本思想における活物観を論じた研究として黒住真氏の研究が挙げられる（『近世日本社会と儒教』、ぺりかん社、二〇〇三年。『複数性の日本思想』、同前、二〇〇六年）。氏の研究視角からは教えられる所が多いが、仁斎・徂徠を中心として活物観を論じており、正志斎における活物観には触れられていない。

(47) 「夫人也者活物也。仁義者其性情之活動者也。故言人道求之仁義、可也。而目之所以横、鼻之所以竪、手之所以執、足之所以踏、則未必論也。天地亦活物也。陰陽剛柔天地之精神、而其活動者也。天地之道、当求諸陰陽剛柔耳。而天之所以蒼、月日之所以照、山之所以高、川之所以深、則未必論也。近世有蘭学者。其言万国形勢、談火器戦艦之利害、則亦不為無益国家。然多仮宋儒窮理之名、以欺世俗。一草一木、皆就窮其理、遂言天有幾層、日月之形状云々、列星之形云々。而無一関於人事者。専視天地為死物、徒知其有形状、而不知有精神。謂天地之理如此而已矣。而未嘗知有陰陽鬼神活動変化不測者。是以不知天命不可不畏、鬼神不可不敬。」（会沢善発行刊本、八丁裏）。

(48) 正志斎は「気」を説くが「理」は説かない。それは次のような聖人観にも見られる。

「聖賢の人を言ふや、人道のみ。其の天を言ふや、天道のみ。未だ嘗て専ら其の形態に就き、徒に其の理を説かざるなり。」（『下学邇言』論道第一、同前、八丁表）。

(49) 「伊藤氏は古学を唱へ天地を以て活物と為す。其の言は仁を以て旨と為し、拡充・培殖・火然・泉達の義を発明す。其の親愛の徳に帰し、内より外に及び、発生長養・活動進往するは、実に陽を先にし陰を後にするの義を得たりと為す。夫れ日域は生気の発する所、太陽の出づる所。故に二氏（貝原益軒と伊藤仁斎――注）の学を論ずるがごときは、亦た聖人の陽を貴ぶの意を得、以て東方発生の気に応ず。蓋し亦た天地の気、之れをして然らしむる有るか。」（『下学邇言』論学第二、同前、二四丁裏）。

(50)「苟能因人心之不可磨滅者、而設之教条、原於神聖所以淬礪天下之意、事天祀先報本反始、因以正君臣之義、敦父子之親、槖籥万民、以為一心、豈甚難為哉。」（『日本思想大系　水戸学』、三八九頁）

(51)「夫物莫威於天、故聖人厳敬欽奉、不使天為死物、而使民有所畏敬悚服焉。物莫霊於人、其魂魄精強、不能与草木禽獣澌滅。其於死生之際、亦不能漠然無念。故聖人明祀礼、以治幽明、使死者有所憑以安其神、生者知死有所依、而不弐其志。」（同前、四一六頁）。

(52)「祀礼廃則天人隔絶、而民生易慢、游魂不得安、而生者怵於身後、民無固志、冥福陰禍之説、由此而入焉。徼《もと》幸於死後、忘義於生前、避政令如避寇、慕異言如慕。心放於外、而無主於内也。」（同前、四一六頁）。

(53)「今、虜は犬羊の性にして、与には長短を較ぶるに足らずといへども、しかもその俗は残忍にして、日に干戈を尋《つ》ぎ、勢その民を愚弱にして、以て自から国を立つるを得ず。故に闔国皆籍して兵となすべく、また役を海外の諸蛮に徼すれば、未だ侮りて以て寡となすべからざるなり。各国、戦争し、民は兵に習へば、未だ侮りて以て弱となすべからざるなり。妖教を用ゐてその民を誘ひ、民心皆一なれば、以て戦ふに足る。」（『新論』国体中、同前、三九二頁）。

(54)近年、子安宣邦氏は、正志斎における祭祀を国家祭祀の文脈から捉え直し、その特質を死後の安心論・救済論的課題へ国家経論の立場から答えていることに求めている（「「天祖」概念の再構築――『新論』と危機の政治神学・その一」、『現代思想』三一―一〇、二〇〇三年。「祭祀的国家の理念――『新論』と危機の政治神学・その二」、『現代思想』三一―一一、二〇〇三年。のち『国家と祭祀――国家神道の現在――』に収録、青土社、二〇〇四年）。しかし正志斎が主眼としているのは、天皇を頂点とした祭祀体系によって、「活物」たる人心に一定の方向性を与え、「忠」「孝」などの国家的統合のために必要な「実徳」を自発的に引き起こさせることにあり、死後観の問題も、「冥福陰禍」を教理とするキリスト教への対抗意識から述べられた派生的な問題に過ぎない。この点において死後の安心論・救済論的課題を第一義とした平田篤胤とは峻別されるべきだと私は考える。

(55)第一部第二章。

(56)吉田俊純氏は、正志斎の思想が徂徠学を読み替えることによって成立すると述べ、宣長学の影響を考えないのであるが（『水戸学と明治維新』、吉川弘文館、二〇〇三年）、本稿で明らかとなったように、「自然」概念形成には宣長学の影響が、活物的人心観形成には仁斎学の影響が、それぞれ看取できるのである。なお吉田氏は後に仁斎学の影響を指摘している（「水戸学と伊藤仁斎」、『茨城の思想研究』八、二〇〇八年。後『寛政期水戸学の研究――翠軒から幽谷へ』所収、吉川弘文館、二〇一一年）。

（57）東湖の主著『弘道館述義』における「道」の観念は、正志斎の『読直毘霊』などに見られる議論を引き継いだものと考えてよい。なお『弘道館述義』の、「後の古を談ずる者」、「後の古を言ふ者」、「近世、古学を唱ふる者」という批判対象者は宣長を指し、より批判の矛先を強めて水戸学における「自然」と国学の「自然」との差異化を図っている。

（58）「夫れ天朝、神道を執りて以て国体を立て、神命を奉じて民政を行ひ、神心に本づきて以て教化を宣ぶ。（中略）在上の君子、有志の士、其れ何ぞ古昔は以て大道を明かにし、明神を敬し淫祀を黜け、以て民心の帰仰を一にし、以て億兆の向背を憲定せざるを得んや。」（「道の大原」、『水戸学大系　立原翠軒・豊田天功』、一九一頁）。

（59）「近代天皇制イデオロギーの思想過程――徳川思想及び平田篤胤像の転回を中心に――」（安丸良夫ほか編『岩波講座　天皇と王権を考える』四所収、岩波書店、二〇〇二年。前掲『増補改訂版　幕末民衆思想の研究』に収録）。

（付記）

※なお本書の入稿直前に高山大毅「遅れてきた「古学」者――会沢正志斎の位置――」（『季刊日本思想史』七九号、二〇一二年）を得た。仁斎学と徂徠学との影響関係を丁寧に読み解くことによって、正志斎の学問体系の鮮明化に成功しており、画期的な研究と言える。賛同する部分は多いが、ただし結論部で「国学は彼の議論の骨格に影響を与えていない。」とした箇所には賛同できない。私は宣長学の影響は十分にあると考えている。

第三章　頼山陽における政治なるもの

はじめに

厳格な父との確執。江戸遊学期での放蕩生活。突然の出奔と幽閉。女弟子への恋…。頼山陽（安永九年・一七八〇年〜天保三年・一八三二年）という人物は文学的ロマンをかき立てるエピソードに事欠かない。だが彼を思想家として正当に立ち位置を与えるのは容易な作業ではない。山陽の歴史書『日本外史』(1)『日本政記』(2)はつとに名文として知られ、活々溌々としたその叙述は、山路愛山からは、「彼は日本人として日本の英雄を詠ぜり」(3)、森田思軒からは「外史は主らその事実の底に伏せる個人の性質に意を注で之を写せり。外史の諸人物の他の諸史に比して皆な各自鮮明の特色異采を具して以て紙上に立つが如き趣き有る者はこれが為なり」(4)などと評された。しかし一度彼に思想的レッテルを貼ると、途端に彼の個性が殞命してしまう。曰く、尊王（皇）思想家(5)。曰く、朱子学者(6)…。多面的で懐の深い思想家に、レッテルやキャッチフレーズを付けると、得てして陳腐になるが、山陽という魅力的な難物を目の前にすると、一層その思いを強くせざるを得ない。思想史研究で誠実に山陽に対峙しようとすれば、さしずめ思想原理・思惟様式を内在的に理解し抽出化する立場があろう。「理」や「勢」概念の関係について考察した玉懸博之氏の研究(7)や、「天」の二面性について指摘した石毛忠氏の研究(8)がある。山陽の思想原理・思惟様式に対する両者の研究は精緻であるが、政治思想研究の観点からすると幾分かの不満が残る。山陽の思想を政治思想のレベルで読み込んでいった際に、核心と思われるのが次の一文である。

「唐の柳宗元、封建を論じて曰く、「勢なり」と。余れ曰く、「封建は勢なり。勢を制するは人なり」と。（原漢文）」（『日本外史』巻十三、徳川氏前記）[9]

この一文の趣意は、政論書『通議』[10]の「天下を治むる者は其の勢に因りて而も専ら其の勢を恃まず。」（「論勢」）という一文とも連絡する。

柳宗元の「封建論」は山陽の「勢」概念の成立の下敷きとなっているが、実は両者の「勢」概念は似て非なるものなのである。現行の郡県制を是とする柳宗元は、三代の封建制を「聖人の意に非ざるなり。勢なり。」と結び、その運命的な不可逆的な歴史的作用力を悲嘆した。対して山陽は、歴史的作用力の「勢」が、人為による「制」を因子として成立することを強調するのである。山陽が描いた日本史像とは、この「制」を変数とし、「勢」を定数とする振幅の一定しない波形図のようなものである。

このような視座でもう一度先達の研究を回顧すると、山陽思想の核心を「「勢」と「制」との力学的弁証関係」に見いだした野口武彦氏[11]の炯眼には感服する。野口氏の仕事の本質は、「悪魔的」な政治思想家カール・シュミット（一八八八年～一九八五年）に同定され得るような、山陽の透視力を見抜いたことにある[12]。先ほどの「勢」と「制」との絡みで言えば、「勢」が飽和点に達する状態、則ち、ある政権が確立、もしくは崩壊するという過程を動画的に読者に見せながら、そこに為政者のどのようなプラスもしくはマイナスの「制」があったのか。頼山陽の真髄はその

「制」への鋭敏な洞察力に在る。「勢を制するは人なり」。山陽の政治思想を集約すればこの一文に尽きるが、この「制」は政権運営術、換言すれば政治力学・工学的なものであり、思想原理的に抽出化され得るものではない。個別・具体的術策の総体である「制」は、「天」「理」「気」「情」などのイデア的な概念の範疇から洩れるものである。山陽の思想が難物な所以は此辺に存する。野口氏は如上の事情を氏一流の直感によって理解しながらも、「制」への考察が不徹底に終わったために、研究史では「勢一元化論」という平板な印象を与えてしまっている。したがってこの章では、それぞれの歴代政権における具体的シチュエーションで血肉化された叙述から「制」を示し、その事例からおのずと帰納的に頼山陽の思想像を提示していく一見迂遠な方法を採りたい。また近世思想史上で孤立した位置にある山陽を、近世中後期の政治思想史上位置づけようと思う(13)。

一、封建・郡県論の予備的考察

山陽の政治観に着目した早い例として伊藤博文の次のエピソードがよく知られている。

「予は少時から山陽の日本政記を愛読し、彼れの勤王論に感激せると共に、我が王朝の盛時は今日の所謂郡県の制行はれ、此制度は即ち王朝の生命なりしこと深く心に感じ、其後留学の為英国に赴き、欧州諸国亦郡県の制を実施して国家の隆盛を来たせるを目撃し、益々封建を廃止せざるべからざるの必要を確信し、維新の初め既に其意見を岩倉公に開陳したることもありたれば、予の郡県論は一朝一夕に出でたるものにあらざるなり(14)。」

山陽が郡県制に重きを置いていたのか否かについては後に検討することとして、山陽の政治思想のなかで封建・郡県論が占める割合は大きいということをまず述べたい。

近世日本の思想家たちは中国の封建・郡県論の蓄積を享け議論を展開していく[15]。封建を是とする魏の曹元首「六代論」、晋の陸士衡「五等諸侯論」、唐代に入り現行の郡県を是とする李百薬「封事」、柳宗元「封建論」、折衷的立場の顔師古「論封建表」、宋代に入り郡県を是とする蘇東坡「論封建」、封建を是とする劉敞「封建論」などを日本の儒者たちは参照している。付言すれば、これらの中国の封建・郡県論は、「その発明するところのもの、公と私に過ぎざるのみ」（『文献通考』巻二六五、封建考六）と宋の馬端臨が評したように、その多くが「公」「私」という枠組みを基準軸として構成されている。中国の場合、「封建」が体制批判的性格を持つ一方、近世日本の場合は、「封建」は幕藩体制と等置され体制を絶対化する理念としての役割を担ったと増淵龍夫氏は述べたが[16]、体制批判―体制擁護という対立で纏めるのは些か単純である。山陽の封建・郡県論を理解する前提として、近世日本の代表的な封建・郡県論についてごく簡単に触れてみたい。

近世日本において封建・郡県論の嚆矢とすべきは、山鹿素行である。素行は、「失は政に在りて制に在らざるなり」（『中朝事実』神治章）、「封建も郡県も、公心を以て行ふときは皆公にして、天下を以て己れの為めに私せざるなり」（『山鹿語類』巻九「封建・郡県」）というように、封建・郡県の間に優劣を置かず、「制度」ではなく君主の「心」を評価基準とする。

近世の思想家のなかで明確に封建を是としたのは徂徠学派である。徂徠の議論に特徴的なものは、安定性への希求である。

「封建の世は、天下を諸侯にわりくれ候而、天子之直御治めは僅の事に候。諸侯の臣は、皆世録にて代々知行所を持候而有之候。尤も賢者を挙用る事にて候へ共、大体は人の分限に定り有之候而、士大夫はいつも士大夫に候、諸侯はいつも諸侯に候故、人の心定り落着く世にて候。」（『徂徠先生答問書』上）[17]

「旅宿ノ境界」（『太平策』）と当代を認識する徂徠にあって、封建制の利点は、世襲制により身分固定が可能となる点に見いだされる。「人の心定り落着く世」を封建の世に措定する徂徠にとって最も重要な点は安定性にあり、『政談』における都市工学的な政策も、かかる安定性への志向に裏付けされたものである。

素行を嚆矢とし、やや時代を下って徂徠学により封建・郡県論が繁興するのであるが、対内的・対外的ともに危機感が深刻に意識され、従来の政治的枠組の再編が行われる十八世紀末から十九世紀の初頭になると[18]、封建・郡県論も新たな局面に至る。前田勉氏は、従来の二分法（郡県↓封建）から、国学、後期水戸学、昌平黌の朱子学に三分法（封建↓郡県↓封建）が広まり「上古」封建を理想化することによって、真の封建に復古せねばならないという変革のエネルギーが生まれると説明している[19]。

それでは山陽の封建・郡県論はどのように位置づけられるのか。封建・郡県論の古典的研究である浅井清『明治維新と郡県思想』では、「彼の著述が王政復古思想の涵養に與つて力ありしことは茲に改めて言ふ必要も無いが、彼の郡県・封建論には、未だ王政復古思想としての郡県思想は現はれて居らないやうである。唯彼が封建の絶対性を否定して居ることは明らかである。」（四二頁）と、王政復古思想への過渡的な位置に据えられている。山陽思想が反封建的であり、どちらかと言えば郡県寄りであるという評価は他にも見られ[20]、斯かる評価は、冒頭で掲げた尊王思想家という像と密接に関連している。

ここで山陽の言葉に虚心に耳を傾けてみたい。

「郡県の世、患は姦臣と叛民とに在りて、封建はこれなし。これなきに非ざるなり。これありと雖も、而も猝かにその国を亡ぼすに至らざるなり。何となれば、諸侯は各々その土地・甲兵を有ち、その力、以て内は姦邪を慴れしめ、外は盗賊を禁ずるに足ればなり。然れども、その力以て盗賊を禁じて姦邪を慴れしむるに足る、故に制し難し。これを制するに権を以てす。権、上に在れば、則ち天下の勢分かれ、以て上の令を奉ず。権、上に在らざれば、則ち天下の勢、合して、下、その志を恣にす。合するとは何の謂ひぞ。党あるを謂ふ。党あれば、必ず耦ありて争ふ。争ふにその土地・甲兵を以てす。故に呑噬・拏攫し、数十年にして止まず。郡県の存亡の立ちどころに決するがごときに非ざるなり。而してこれが上たる者、既に以てこれを制するなく、その或いは勝ち、或いは負くるに聴《まか》すのみ。而して勝たんとする者、或いは我れを挟み、以てその勝ちを取る。而も既に勝つに及びては、乃ち終に我れを制し、我れこれを如何ともするなし。これ封建の通患にして、応仁の乱も亦た然りとなす。」(『日本政記』巻一五、後土御門天皇紀論賛)(21)

山陽は武家政権成立以前を郡県、以後を封建とみなし、天保期以前で一般的であった二分法を採る点では、独自性は見られない。そしてこの資料から窺知できるように、郡県・封建との間に優劣を置いていない。郡県・封建にはそれぞれ長所・短所の両面があり、どちらかに軍配をあげることを山陽は頑なに拒絶する。ここで述べられているのは、郡県・封建のそれぞれの政権崩壊過程の違いである。中央集権的な国家形態である郡県においては、地方で叛乱が起こった際に、その予兆を察知するのに難く、また封建の世のように近隣する諸侯間での抑制効果も期待できず、叛乱分子の勢力が強大化した後で蜂起されれば、短期間に政権は崩壊してしまう。一方、地方分権的な国家形態である封建の治世においては、中央政権の権力・権威が失墜すれば、各諸侯が結託して「党」を作り、やがて「耦」となって国内を二分する内戦へと拡大し、応仁の乱のごとく、長期的な崩壊過程を辿ることになる。かかる動画的な描出が政治思想家頼山陽の特徴であり、山陽の封建・郡県論とは、それぞれの治世において、どのような「制」によって、政権が持続したのか、はたまた崩壊したのか、日本歴史の具体的局面において提示するというモチーフで貫かれている。

二、政権の維持運営術

(一) 郡県制

山陽は郡県、封建それぞれの国家形態に即した形で、有効な「制」の在り方を述べる。郡県の治世、則ち古代の天皇家政権において山陽が重視するのは「大権」である。この「大権」という語は「君権」とも言い換えられ、中核にあるのは、君主(天皇)の統帥権である。

「蓋し我が朝の初め国を建つるや、政体簡易、文武一途、海内を挙げて、皆兵にして、天子これが元帥となり、大臣・大連これが偏裨となる。未だ嘗て別に将帥を置かざるなり。豈に復た所謂る武門・武士なる者あらんや。故に天下事なければ則ち已む。事あれば則ち天子必ず征伐の労を親《みずか》らす。否《しから》ざれば、則ち皇子・皇后これに代り、敢てこれを臣下に委ねざるなり。是を以て大権上に在りて、能く海内を制服し、施いて三韓・粛慎に及ぶまで来王せざるなきなり。」(『日本外史』巻一、源氏前記[22])。

「大兵の権は、これを臣下に委ぬべからざるなり。(中略)後世に至るに及び、兵戎の事は、これを有司に委ね、公卿と雖も、亦た甚だしくはこれを恤へず。況んや天子に於いてをや。(中略)終にこれ大権下に移るを致す。国勢一変し、長く古に復へらず。」(『日本政記』巻一、景行天皇紀論賛[23])。

統帥権を天皇が固持すること。これこそ郡県制を維持する要諦であり、専横を極めた藤原摂関家が天皇家の地位を奪取しなかったのも、彼らが臣下としての「名分」を守ったからではなく、「兵権」を掌握しなかったためであると説明する。

「藤原氏に至るに及び、世々戚畹を藉り、専恣極まれり。而れども未だ嘗て反逆を謀るに至らざるは、名分大いに定まること往昔に異なるありと雖も、亦た躬ら兵権を握らざるが故のみ。」（『日本政記』巻一、垂仁天皇紀論賛(24)）

郡県制のもう一つの要諦は政権機構である。山陽は太政官制について次のように述べている。

「それ太政大臣の名は、大友・高市に見ゆるも前後になき所なり。蓋し以て国儲を定むるの漸となすのみ。常置すべきの官に非ざるなり。何となれば則ち、人臣は天子を夾補し、専らは太政を管すべからず。人臣にして太政を管するは、これ天子を弁髦にするなり。故に特だこれを親王に属するのみにて、敢へて官名を立てず、知太政官事と称するはこれ儲王なりと曰ふがごときなり。而してこの官庁の事に与り知るのみ。実にその官に任ずるに非ざるなり。実にその官に任ずるは、則ち左右大臣あり。仍りてこれを分つなり。而してその下に弁官あり、納言あり、外記ありて、事を判じ、体統相属し、管轄して上す。而して天子臨決す。人主の勢を尊びて、権柄の下に移るを防ぐ所以なり。」（『日本政記』巻二、文武天皇紀論賛(25)）

この資料につき植手通有氏の解説が見事に正鵠を射ている。大臣ないし権臣を複数とし、その下に権限の分化した官人組織をヒエラルヒッシュに構成することによって、権臣相互の抑制均衡をはかり、君主が大権を一手に掌握して最終決定を下す、という考えは、山陽が一貫して強調するものである。(26)

(二) 封建制

平安末になると、天皇家は大権（兵権）を喪失し、臣下相互の抑制均衡も不可能となり、武家政権の成立をメルクマールとして郡県の世から封建の世へ転換したと山陽は捉えるのであるが、封建で重視される「制」は二つある。その一つは分封の「制」（勢力配置術）である。

「源氏は王土を攘《ぬす》み、以て王臣を攫《ひ》く者なり。足利氏は王土を奪ひ、以て王臣を役する者なり。故に足利氏の罪を論ずれば源氏に浮《す》ぐ。而して源氏は再伝して亡び、足利氏は乃ちこれを十三世に延くを得たる者は、蓋し源氏は宗族を剪除して、孤立自ら斃る。而して足利氏は子弟・旧臣を封建し、以て相ひ維持するに足る。故に遽《にわか》に滅びざるのみ。」（『日本外史』巻九、足利氏正記）(27)

源氏より足利氏の治世が長期化した原因について、山陽は、尊王論的な立場では説明がつかないことを見抜き、分封の仕方の巧みさをその要因とするリアリスティックな視座に立つ。封建制において山陽が分封の「制」を重視していたことは、次の織豊政権と徳川政権との比較を論じた文章でより明らかとなろう。

「封建の勢は源氏に始まりて足利氏に成る。足利氏未だその利を享けず。而してその弊に勝へず。織田・豊臣、その弊を承けて、これを裁するの術を知らず。蓋し皆我が徳川氏に待つあり。夫れ外諸侯（外様大名のこと――注）あり。内功臣（譜代大名のこと――注）あり。内功臣の封は、外諸侯に抗する能はず。然る後、以てその内を親戴衛護して、その外を折衝禦侮するに足る。否ずんば則ち功臣も亦た、諸侯と等しからんのみ。我を戴くの心なくして、我に争ふの意あり。これ織田氏の禍を被る所以なり。能く外諸侯を存すと雖も、而も長を断ち短を補ひて、勢力をして略々敵せしむるを知らず。また大いに宗族を封じ、その扼塞に拠り、犬牙相ひ制し、以てその邪心を鎮圧するを知らず。これ豊臣氏の嗣を絶つ所以なり。織田氏は唯々これを取るに難んず。故にこれを分かつに重んず。豊臣氏は唯々これを取るに易し。故にこれを分かつに軽んず。これを軽んずるとこれを重んずると、その情異なりと雖も、其の天下英雄の心を収むる能はざるは一のみ。故に曰く、「二氏は封建の弊を承けて、これを裁するの術を知らず」と。我が徳川氏に至りては、二氏の失に鑑みて、その衷を秉り、これを矯むるに漸を以てし、その内外軽重の際を権り、以て万世に維持す。封建の勢、ここにおいて一定して復た撼すべからず。」（『日本外史』巻十三、徳川氏前記(28)）

要害には親藩大名を置き、外様大名の周辺には牽制勢力として譜代大名を分封する。さらに外様に比べ少ない石高で分封することによって謀叛を不可能とさせると同時に、主家への忠誠如何によって自家の存亡が決定されることを強く意識させる。斯かる狡巧な分封の「制」の存在こそが、徳川政権をして、短期間に滅亡した近代の織豊政権、ひいては歴代の武家政権に卓絶した政権たらしめていると山陽は把握するのである。

封建の代において、君主が「権」（権力・権威）を保持するために、分封の「制」の重要性を説くのであるが、もう一つの重視される「制」は、アメ（「恩」）とムチ（「威」）による臣下掌握術である。

「天下を制馭するは、恩と威とのみ。恩これを懐け、威これを服し、相待ちて行はる。恩無ければ、則ち威以て加ふべからず。これを加ふれば、則ち我れを怨む。威無ければ、則ち恩以て施すべからず。これを施せば、則ち我れを徳とせず。」（『日本政記』巻一四、後亀山天皇紀論賛）[29]

歴代の封建政権（武家政権）への評価も、「恩」と「威」との「制」如何によってなされる。たとえば「足利氏の能く天下を得る所以は、その多くは土壌を割き、諸将に与へて吝まざるに由る。而して天下を治むる能はざる所以も、亦たこれに由る。」（『日本政記』巻一四、称光天皇論賛）というように、足利氏はアメを多用（誤用）したことにより、政権を成立させ、また崩壊をも招いたと山陽はアンビヴァレントな評価を下す。

さらに山陽は、アメを多用し臣下の甘心を得ることの非について考察へと歩を進める。

「而して其の旧臣・門族を分つや、所謂る三管領は皆大封に拠る者なり。既にこれに与ふるに、土地・人民の富を以てし、またこれに仮すに、官号の崇きを以てし、これに授くるに、権柄の要を以てす。是れ奚ぞ虎に傅《つ》くるに翼を以てするに異ならんや。応仁の乱、是れその由りて起こる所なり。而して終に上将（将軍のこと――注）も亦た虚器を擁すること王室に同じきを致す。その極や、その位号を并せてこれを喪へり。豈に計の失へる者に非ずや。」（『日本外史』巻九、足利氏正記、『頼山陽全書』上、三三二頁）[30]

領地を多く分配し高い官位を授与することは、臣下が強大な軍事力を確保した際には、「虎に翼」[31]（出典は『韓非子』難勢）となって、「大権」を喪失したかつての天皇家と同じような蹶躓を行っているのに他ならない。中央集権的な郡県の世とは異なる封建の世においては、政権の頂点にいる者は、よほど諸侯とのパワーバランスに気をつけねばならない。

足利氏はアメの与え方が下手であったが故に政権の崩壊を招いたわけであるが、歴代の政権のなかで最もアメの使い方が狡猾であったのが豊臣秀吉であり、その手立てによって「最下なる者、反りて最上に居る」（『日本政記』巻一六、正親町天皇論賛）ことができたのである。

「太閤の時に方り、その天下に布列する者は、概ね希世の雄なり。而るに尊氏の施す所を用ひんと欲せば、誰か肯へてその用をなして敢て叛かざらんや。敢て叛かざらしむる所以は必ず術あり。曰く、その意に中つるなり。曰く、その意の外に出づるなり。その意に中つれば以てこれを感喜せしむるに足り、その意の外に出づれば以てこれを畏服せしむるに足る。天下の群雄、我れに感喜・畏服せば、我れの天下に於ける何をなしてか成らざらん。何を欲してか致さざらん。これ太閤の、一世を鼓舞・顚倒して、それをして自らその何の故なるかを知らざらしむる所以なり。故に時に及びて輒ち予ふるものあり。未だ当さに与ふべくして与へざるものあり。既に奪ひて大いに与ふるものあり。分かち与へてこれを闘はすものあり。故に太閤は能く土地・金帛・爵位を用ひ以てその術を済す。専ら土地・金帛・爵位を恃むに非ざるなり。」（『日本政記』巻一六、正親町天皇紀論賛[32]）

山陽は「制」＝「術」として捉え、政権の寿命は畢竟この術の内実という一点に係ると断じ日本歴史像を描出するが、斯かる発想の先鞭に荻生徂徠を置くことはできよう。「これ太閤の、一世を鼓舞・顛倒して、それをして自らその何の故なるかを知らざらしむる所以なり。」という山陽の言辞は、「術なる者は、これに由りて以て行はば、自然にしてその至るを覚えざるを謂ふなり。」（『弁名』道、十一）という徂徠の言辞と通底するものがある。ただし徂徠の「術」とは、「生民より以来、物あれば名あり。名は故より常人の名づくるものあり。これ物の形あるものに名づくるのみ。物の形なきものに至りては、すなはち常人の睹《み》る能はざる所のものにして、聖人これを立ててこれに名づく。然るのち常人といへども見てこれを識るべきなり。」（『弁名』序）、「道なるものは統名なり。礼楽刑政凡そ先王の建つる所のものを挙げて、合せてこれに命くるなり。」（『弁道』、三）というように、聖人による命名権を根幹に置き、朱子学のように言語による教導ではなく、中国古代の先王による礼楽刑政という製作物による教化術を内容としたものである。(33) 山陽の「術」の場合、そもそもあるべき定準（原理）というものはなく、日本歴史に登場してきた具体的な為政の在り方から帰納的に「術」を導き出している。家康の分封術、秀吉の恩賞術など、狡猾かつ周到な政治的手立ての描出能力において山陽は他の思想家を圧倒している。

三、名実乖離論

政権の長期化のために、郡県の世では「大権」の維持、政権機構の体系化、封建の世では分封術・「恩」「威」による臣下掌握術が重視されるのであるが、山陽の政治思想にはもう一つの面がある。それは名実乖離論である。(34)「政は実を貴び、名を貴ばず。名を貴べば、則ち民に益なし。実を貴べば、則ち国に利あり。」（『日本政記』巻五、嵯峨天皇論賛）と述べるがごとく、山陽は「名」（身分制）と「実」（実効的な政治的支配）との二相に分け、政権を持続させるためには「実」に配慮した政策を行うべきと主張する。先ほどまで論じてきた政権の維持運営術は、「実」の世界での有効な政治的手立てを列挙したものである。天皇家から武家への政権交代について山陽は以下のように述べる。

「それ物力は、国の存する所以なり。而してその盛衰息耗する所以は、紀綱・版籍の二者に在り。故に祖宗の制を定むるや、必ずここに意を致し、後世子孫をして頼りて以てその国を守らしむ。これ無くんば、一日として守るべからざるなり。然れどもこれを守ること久しければ、二者は歳に弛み月に廃れ、名存して実亡び、その終に空器を守るに至りて、天下の実移る。これ和漢の同じき所にして、国朝著しと為す。」（『日本政記』巻七、醍醐天皇紀論賛(35)）

山陽は郡県の完成形（太政官制の確立を重視する）を天智天皇の代に措定するのであるが、後代の天皇は時宜に応じて改変を加えることもなかったが故に、政治支配に必要な要素である紀綱・版籍を武家に奪取され、「名」のみの形骸的君主へと零落してしまったと批判的なニュアンスを込めて述べる。

政権交代史とは端的に言えば「実」の移動史である。官位などの「名」については朝廷が発給権を持つものの、「実」については「天」が有能な為政者に付与すると捉えた。

「官爵は名なり。権利は実なり。名は朝廷に出づるも、実は天に出づ。天、その実を以て源氏に与へ、曰く、これ嘗て力を民に竭《つく》せる者なり、と。故に源氏は天下の実を収む。而して朝廷はその名を擁するのみ。」（『日本政記』巻十一、伏見天皇紀論賛(36)）

北条氏が低い官爵でありながら将軍・摂関・天皇の廃立を行い得た所以も、究竟は「実」への配慮が行き届いていたことに求める(37)。

「北条氏は別に主を立て、以て源氏の名を嗣がしめ、而して己れはその実を守る。唯だその実を守るのみなり。故に世々務むる所は、民を養ふに在り。民を養ふは、自ら倹し自ら勤むるに非ざれば不可なり。われ務めて心をその実に尽くすと云ふのみ、名はわれ敢て貪る所に非ず、と曰ふがごときなり。是を以て北条義時は、官を遷すと雖も、猶ほ原銜を称し、子孫、皆その遺意に循《したが》ひ、相模守・武蔵守に終ふ。而して相模守・武蔵守、能く大将軍を易置し、能く摂政・関白を進退し、能く天子を廃立するは、何ぞや。天下の実ここに在ればなり。」(『日本政記』巻十一、伏見天皇紀論賛(38))

政治世界において「名」より「実」が優先されることを山陽は縷説する。しかし一方で、名実併合に対しては峻烈な批判を展開するのである。

「或ひと曰く、「将家の礼制、概ね義満の時に成る。而して憾むべき者あり。夫れ天子の事を行ひ、而してこれを将軍と謂ふ。已に不称となす。而してこれが下たる者、封を将家に受け、而して爵を王朝に班す。また不順となす。義満をして、学あり、術あり、古今を参酌して、官爵を創立せしめ、己天子に下る一等、王朝の公卿を除くの外、天下の万姓、尽くその臣となさば、豈に善からずや」と。外史氏曰く、噫、是れ足利氏を助けて虐をなす者なり。夫れ天下、名あり、実あり。昔、我が王家、海内を統馭し、租に食み税に衣《き》、而して爵秩を以て功労に酬ゆ。この時に当つて、名実の権、並に朝廷に在り。その後に及びて、その名を盗みて敗るる者あり。平将門是れなり。その実を窃みて成る者あり。源頼朝是れなり。その名実を并有せんと欲して、これを両失する者あり。則ち足利氏是れなり。」（『日本外史』巻九、足利氏正記[39]）

資料中の「或ひと」とは新井白石を指し、「将家の礼制……善からずや」という引用文は『読史余論』に拠る[40]。対朝鮮外交において国王復号を断行した白石は、将軍が国王を名乗ることの先例として真っ先に足利義満を考えた。ただし義満は拙陋な政治家であった。政治的実力からすれば君主でありながら、朝廷の官位制に依拠してしまうという名実乖離の政治方式を行ったとして厳しく批判される。義満の轍を踏まないためにも、名実一致の制度の創出、即ち朝廷の官位制から切り離し、実際の君臣関係に相応した武家独自の勲階制を創設すべきであると白石は主張したのであった[41]。「白石は『余論』仮名書也。漢文にいたしても其論究竟の処、人以為帰於勧説候を恐れ候也。」（篠崎小竹宛書簡、一八一二年十一月二十五日付）というように、山陽は白石を相当に意識しており、『外史』の例言では、「近時の諸儒、君に非ず臣に非ざるの間において、別に名号を造り、左支右吾、議論鑫起す。これを祟ぶと曰ふと雖も、その実はこれを黷《けが》す。」と述べている。政治思想家頼山陽にとっての最大の讐敵は新井白石であった。白石と山陽の対立構図を佐幕対尊王と規定するなら、それは全く意味をなさない。本質的には、「名」と「実」との関係性をめぐる、氷炭相容れない思想性の相違にある。

封建の世においても、実質的な政治君主の頭上に、かつての郡県の代の君主が形式的であれ居座り続けるという奇妙な政治形態。中国の経史をテキストとした日本の儒者たちはこの不可解な国家形態に頭を悩ませてきた。山陽は斯かる「朝幕」関係をめぐる思想家の解釈史に終止符を打とうとした。「実」を掌握する武家の棟梁は、「名」の世界、即ち、天皇を頂点とした律令的国制の改変を決して行ってはならない。「実」の世界において政権担当者が交代しようとも、「名」の世界では天皇家が永久にその地位が保証される。「実」とは完全に分離された形で「名」の世界の不可変が約束されるのである。再三述べてきたように、山陽は「実」の面においてはまことに醒めた眼で歴代の政権担当者を論評する。有効な政治的手立てを実践できなかった無能な政権は崩壊の一途を辿るのみ、と。これは天皇家も例外ではない。政治的君主として無能であった天皇に対しては廃位も認め、そこには何の同情も悲嘆もない。

「（元慶八年・八八四年、藤原基経が陽成天皇を廃立し時康親王を即位させたことに対して――注）国朝、太子を廃することあるも、未だ天子を廃することあらず。天子を廃するは、藤原基経より始まる。而るに当時異議無く、後世これを称へるは何ぞや。その（基経――注）門望比無きに出るか。その父の勢を藉るか。抑々その器略・神識、中外を圧服するか。三者皆然り。然れどもこれより大なるものあり。曰く、廃する所、当に廃すべき者なればなり。立つる所、当に立つべき者なればなり。当に立つべき者を立て、而して当に廃すべき者を廃す。三者無しと雖も、天下将にこれに服せんとす。」（『日本政記』巻六、陽成天皇紀論賛）(42)

しかし「制度」として天皇を論じた場合、先ほど見たように、山陽は名実乖離論を以て、天皇制の永遠性を保証しようとする。なぜ天皇制は永久に持続するのか。その根拠は何なのか。あれほど鋭く政権寿命の秘密を見抜いた山陽ならば、天皇制持続の原因についても何らかの解答を用意しているのに違いない。山陽はそう思わせる悪魔的な眼力がある政治思想家である。しかし山陽は、「その実を収むと雖も、而して終にその名を存して変ぜざるのみ。故に変ずるは天なり。変ぜざるも亦た天なり。」（『日本政記』巻一六、正親町天皇紀論賛）と「天」の計らいに帰し、天皇制持続の秘密を冥茫の彼方に隠し込むのである。

おわりに――十九世紀的思潮との関連から――

政権の長期化のために有効な政治的術策（「制」）の数々を提示する一方、天皇制の永遠化のために、「実」とは切り離された形で「名」の存続を説く。山陽の政治思想はこの二面性によって成り立っている。朱子学者、尊王主義者…。こうした評価がいかに陳腐であるか…。いままで私たちは山陽という政治思想家に対してほとんどまともに理解してこなかったが、以後、近世政治思想史を論じようとすれば、頼山陽に触れないわけにはいかなくなったと思う。

山陽の思想は、政権担当者には政治的有能性を厳しく要求する一方で、天皇には政治的責任とは無縁な世界で穏やかにその地位を保たせようとする。丸山眞男が苦闘した、天皇制を淵源とした政治的無責任の体系。丸山が対決すべきは「悪魔」的思想家頼山陽の斯かる思想であったのかもしれない。

さて最後に同時代的思想家である会沢正志斎との相違点について少し触れて擱筆したいと思う。

山陽は、「人心一たび背けば、天下糜沸す。」（『日本政記』巻一二、後醍醐天皇紀論賛）と述べ、民心への関心を高く持っている[43]。もちろん儒教には『孟子』に基づく民本主義の伝統があるが、山陽が置かれた十八世紀末から十九世紀初の時代状況を考えてみると、山陽の発言がかなりの重みを持っていたと考えられる。

「天下を治むる者は、常に人心の嚮ふ所に従ひ、以てその事を成す。事成りて、天下吾が権を仰ぐ。人心の嚮ふ所に従はざる者は、一時に克つと雖も、而も未だ久しからずして壊る。」（『日本政記』巻一四、後花園天皇紀論賛[44]）

斯かる民心の重視姿勢は正統論にも見られる。山陽は、栗山潜鋒の「三器を擁するを以て正と為すべし」（『保建大記』巻上、一七一六年刊）という記述について、皮肉を込めて次のように批判する。

「保建大記、我が儕・小人をして神璽・宝剣・内侍鏡を重んぜしむるものなり。然して其の言に曰く、「神璽・宝剣・内侍鏡の在る所を以て、皇統と為す」と。もし然れば則ち、仮に盗賊をして神璽・宝剣・内侍鏡を持たせば、盗賊も亦た皇統と為らんか。」（「保建大記を読む」、享和三年）[45]

山陽は、「祖宗の意、天・人の心の嚮ふ所を正統となす。正統の在る所、神器これに帰す。神器の在る所、正統これに帰するに非ず。」（『日本政記』巻一四、後亀山天皇紀論賛）と述べ、「正統」を民心と結びつけて考えている。ただしどのように民心を天皇と結びつけるのか、その術策については一切触れていない。その術策によって一君万民型の天皇制国家を作ろうとしたのが、会沢正志斎なのである。

前章で述べたように、正志斎は「民心を一にす」ることを盛んに説く。民心は「活物」であるが故に揺動しやすく不安定なものであることを、正志斎は山陽以上に強く意識していた。西洋列国からの圧力に対抗するためには何より民心を一体化する必要があると正志斎は力説する。『新論』（一八二五年成立）で詳述された、天皇を頂点とした祭祀体系はそのための装置である。山陽と同様に政治的術策を説く正志斎は、山陽が残した課題を解決したとも言える。

注

（1）一八〇一年起稿。一八二六年完成。翌二七年松平定信に献上。

（2）一八三〇年頃完成。
（3）「頼襄を論ず」（『国民之友』、一八九三年。『明治文学全集』第三五巻、筑摩書房、一九六五年、三〇四頁）。
（4）『頼山陽及其時代』（民友社、一八九〇年、三四四～三四五頁）。なお山陽史学に対する近代のナラティブについては、宮川康子「『日本外史』のメタヒストリー」（『思想』八七一号、一九九七年）。
（5）「楠正成と子正行と、並びに忠を王室に尽くし、身、国難に殉ず。」（『日本政記』巻一四、後亀山天皇紀論賛）という南朝「忠臣」への激賞。『日本外史』で当代の家斉の治世を「その勢を極む」とする「陰筆」（ここから吉田松陰が徳川政権崩壊の予言を読み取ったと言われる。前田愛『幕末・維新期の文学』「山陽と中斎」、法政大学出版局、一九七二年。百川敬仁「『日本外史』―尊皇思想の史書――吉田松陰との関わりから――」、『国文学解釈と鑑賞』五四―三、一九八九年）などから、山陽の尊王論を提示するのは容易い。『頼山陽全書』（頼山陽先生遺蹟顕彰会、一九三一年）の編纂に大きく寄与した木崎好尚は、「『政記』は『外史』と共に姉妹本として、流伝尤も博く、特に幕末志士の間に愛読せられて、勤王思想の上に寄与する所特に深きものあり。」「（『政記』での南朝正統論は――注）煌々たる国体の精神、尊厳なる大一統の本義は、明目張膽」（『日本政記』解題）と評価する。戦前でのこのような評価は枚挙に暇がないが、戦後でも山陽から尊王思想家というレッテルを外すのは困難であった。例えば、中村真一郎は、『日本政記』に対して、尊王主義一色ではないとしながらも、「『政記』における悪政批判の数々に、現実の幕末の政治の姿を重ねて見、同時に「尊王論」をそれに結合した時、当然の論理的帰結として、倒幕という答えがでて来たのである。」と結んでいる（『頼山陽とその時代』下、一八八頁。中央公論社、一九七六年）。山陽の思想のなかに尊王論が存在することは紛れもない事実である。ただし大政委任論による国家運営がなされてくる寛政期以降の思想家のなかで、純然たる反尊王思想を見いだすのは不可能であり、尊王思想家というレッテルはほとんど無意味である。
（6）例えば頼惟勤氏は『日本外史』の思想的特徴を「朱子学的名分論」に見る（「頼山陽と『日本外史』」、『日本の名著　頼山陽』解説論文、中央公論社、一九七二年）。しかし山陽の弟子たち、江木鰐水は「経説ハ洛閩ニ帰主シ、而シテ甚シクハ墨守セズ。要ハ古聖賢立言ノ大義ニ通ズルヲ以テ、務メトナス」と、森田節斎は「蓋シ先師ノ学ハ経世ヲ以テ主トナシ、宋儒ノ説ニ於テハ、肯テ信奉セズ」とそれぞれ述べていることから分かるように、山陽の思想のなかに朱子学からの逸脱を嗅ぎ取っていた。

（7）理―性―道の系列の思想的範疇（天道もこれに連なる）をあくまでも基本的ファクターとして保持しながら、気―情―勢の系列の思想的範疇をも、これを補うものとして山陽は採り入れていると述べる。「頼山陽の歴史思想」（『日本思想史研究』十二号、一九八〇年）。

（8）天皇の地位を保証する「天」と政権を交替させる「天」の働きがあり、前者は「名」（称号・官位）による君臣秩序を絶対視する大義名分論と、後者は「実」（政治的実権）の在り方を重視する撫民仁政論と結びつくと論ずる（「頼山陽の歴史思想」、『防衛大学校紀要』人文・社会科学編、四二号、一九八一年。「近世儒教の歴史思想――頼山陽の史論を中心として――」、『季刊日本思想史』十六号、一九八一年）。

（9）『頼山陽全書』上、四四九頁。

（10）『通議』は『新策』を増補修正し晩年に成立した著。

（11）「頼山陽と歴史的ロマン主義」（『江戸の歴史家――歴史という名の毒――』、筑摩書房、一九七九年）。

（12）山陽のこのような思考は、政治権力の本質規定を例外状況、つまり戦争とか革命とか合議によって政策決定を行う基盤がなくなった状態のもとで、だれが最高の権限を行使するかの問題に求め、さらにそれを平時の政治権力の源泉にまで敷衍してゆくカール・シュミットの『政治神学』の論理を連想させる。そうした理論化の作業によってナチス独裁制の露払いをしたと言われるこの政治学者はよく悪魔的と評されるが、もちろんわたしはこの人物と山陽との見立て遊びをしようというのではない。だが政治権力というものの本質に内在的に肉薄してゆく論理の透徹力という点ではこの両者は不思議な特性を共有している。有能な政治家は悪魔と手を握っているというマックス・ウェーバーの名言があるが、卓越した政治学者とはおそらくその悪魔の姿が見える人間なのだろう。そして疑いもなく山陽は、シュミットとともに、歴史に跳梁するいくたのデーモンを透視する、それこそ悪魔的に明晰な視力をそなえた人物であった（前掲書、一六八～一六九頁）。

(13) 山陽をそもそも「思想家」として評価すること自体にも疑問を呈せられるかもしれない。魅力的な山陽像の一つに「文人」としての評がある（たとえば衣笠安喜「頼山陽――山紫水明処を求める心」、『思想史と文化史の間』、ぺりかん社、二〇〇四年、一七五頁。初出『中央公論　歴史と人物』四〇号、一九七四年）。山陽の全体的理解のためには、彼の詩書画に見られる色香や粋、雅などにも触れる必要があるが、本章は山陽の史書・経書に対象を絞って「政治思想家」としての像の提示に専心する。

(14) 小松緑編『伊藤公全集』第三巻（伊藤公全集刊行会、一九二七年）、直話「廃藩置県の決定」、一四八頁。

(15) 近世日本における封建・郡県論については、浅井清『明治維新と郡県思想』（巌南堂書店、一九三九年）、小沢栄一『近世史学思想史の研究』（吉川弘文館、一九七四年）、渡辺浩『近世日本社会と宋学』（東京大学出版会、一九八五年）、石井紫郎『日本国制史研究Ⅱ　日本人の国家生活』（東京大学出版会、一九八六年）、張翔ほか編『「封建」・「郡県」再考―東アジア社会体制論の深層』（思文閣出版、二〇〇六年）などを参照。

(16) 「歴史認識における尚古主義と現実批判――日中両国の「封建」・「郡県」論を中心にして――」（林達夫・久野収編『岩波講座　哲学Ⅳ　歴史の哲学』所収、岩波講座、一九六九年）。

(17) 『荻生徂徠全集』第一巻（みすず書房、一九七三年）、四三四頁。

(18) 寛政期を画期として、政治史的には大政委任論の成立があり、思想史ではそれに応じて、統一的国家イデオロギーが成立する。詳細は第二部第一章。

(19) 「近世日本の封建・郡県論のふたつの論点――日本歴史と世界地理の認識」（張翔ほか編『「封建」・「郡県」再考――東アジア社会体制論の深層』所収、思文閣出版、二〇〇六年）。なお国学の三分法については、高橋章則「「上古封建」論と国学――近世史学思想史の一断面――」（『日本思想史研究』一六号、一九八四年）、「本居宣長の「国造」制論とその思想的意味――宣長学考察の一視点――」（『日本思想史学』一六号、一九八四年）。

(20) 石井紫郎氏は、山陽思想の反「封建」的性格を強調し、会沢正志斎の「王土王民」論への橋渡しをなしたと述べる（「「封建」制と天皇制」、初出『法学協会百周年記念論文集第一巻』、有斐閣、一九八三年。後、『日本国制史研究Ⅱ

日本人の国家生活』所収、東京大学出版会、一九八六年）。

(21)「郡県之世、患在於姦臣与叛民、而封建無之。非無之也。雖有之、而不至猝亡其国也。何者、諸侯各有其土地甲兵、其力足以内懾姦邪、而外禁盗賊也。然其力足以禁盗賊、而懾姦邪、故難制。制之以権、権在於上、則天下之勢分、以奉上令。権不在上、則天下之勢合、而下恣其志。合者何謂。謂有党。有党、必有耦而争。争以其土地甲兵。故呑噬拏攫、数十年而不止。非如郡県之存亡立決也。而為之上者、既莫以制之。聴其或勝、或負而已。而勝者或挟我、以取其勝、而及於既勝、乃終制我、我無如之何。是封建之通患、而応仁之乱、亦為然。」（『日本思想大系　頼山陽』、岩波書店、一九七七年、六〇七～六〇八頁）。

(22)「蓋我朝之初建国也。政体簡易、文武一途、挙海内皆兵、而天子為之元帥。大臣・大連、為之偏裨。未嘗別置将帥也。豈復有所謂武門武士者哉。故天下無事則已。有事、則天子必親征伐之労。否則皇子皇后代之。不敢委之臣下也。是以大権在上、能制服海内、施及三韓粛慎、無不来王也。」（『頼山陽全書』上、一頁）。

(23)「大兵之権、不可委之臣下也。（中略）及至後世、兵戎之事、委之有司、雖公卿、亦不甚恤之。況於天子。（中略）終之致大権移下。国政一変、長不復於古。」（『日本思想大系　頼山陽』、四六五頁）。

(24)「至藤原氏、世藉戚畹、専恣極矣。而未嘗至謀反逆者、名分大定有異往昔、而亦不躬兵権故爾。」（『日本思想大系　頼山陽』、四六四頁）。

(25)「夫太政大臣之名、見於大友高市、前後所無。蓋以為定国儲之漸耳。非可常置之官也。何則人臣夾輔天子、不可専管太政。人臣而管太政、是弁髦天子也。故特属之親王、而不敢立官名、称知太政官事、如曰是儲王也。而与知此官庁之事而已。非実任其官者、則有左右大臣。仍分之也。而其下有弁官也。有納言、有外記、判事、体統相属、管轄而上。而天子臨決焉。所以尊人主之勢、而防権柄之下移也。」（『日本思想大系　頼山陽』、四八五頁）。

(26)『日本思想大系　頼山陽』、七八頁。

(27)「源氏者、攘王土以摟王臣者也。足利氏者、奪王土以役王臣者也。故論足利氏之罪、浮於源氏。而源氏再伝而亡。足利氏乃得延之十三世者、蓋源氏剪除宗族、孤立自斃。而足利氏封建子弟旧臣、足以相維持。故不遽滅焉耳。」（『頼山陽全書』上、三二九頁)。

(28)「封建之勢始於源氏、而成於足利氏。足利氏未享其利、而不勝其弊。織田豊臣承其弊、而不知裁之術。蓋皆有待於我徳川氏也。夫有外諸侯、有内功臣。内功臣之封、不能抗外諸侯。然後足以親戴衛護其内、而折衝禦侮其外。否則功臣亦与諸侯等耳。無戴我之心、而有争我之意。是織田氏所以被禍也。雖能存外諸侯、而不知断長補短、使勢力略敵。又不知大封宗族、拠扼塞、犬牙相制、以鎮圧其邪心。是豊臣氏所以絶嗣也。織田氏唯難於取之。故重於分之。豊臣氏唯易於取心。故軽於分之。軽之与重之。其情雖異、其不能収天下英雄之心、一耳。故曰、二氏承封建之弊、而不知裁之之術也。至我徳川氏、鑑二氏之失、而秉其衷、矯之以漸、権其内外軽重之際、以維持於万世。封建之勢、於是一定而不可復撼。」(『頼山陽全書』上、四四八~四四九頁)。

(29)「制馭天下恩与威而已。恩懐之而威服之、相待而行。無恩則威不可以加。加之則怨我。無威則恩不可以施。施之則不徳我。」(『日本思想大系　頼山陽』、五九五~五九六頁)。その他、「それ恩威と威権とは一を闕くべからず。……それ人臣のその君を戴く所以は、その威ありて畏るべく、恩ありて愛すべきを以てなり。」(『日本政記』巻一四、後花園天皇論賛、六〇三頁)というように、山陽の政治思想において「恩」と「威」の持つ比重はきわめて大きい。

(30)「而其分旧臣門族也、所謂三管領、皆拠大封者也。既与之以土地人民之富、而又仮之以官号之崇、授之以権柄之要。是奚異傳虎以翼歟。応仁之乱、是其所由起焉。而終致上将亦擁虚器、同於王室。其極也、并其位号而喪之矣。豈非計之失者哉。」(『頼山陽全書』上、三三二頁)。

(31)山陽は、享和三(一八〇三)年に「爪翼説」という文章を書いているが、臣下に絶大な権力と高い官位を与えてはいけないという一貫した考えを持っていた。

「厚なるもの、重なるもの、并してこれを有するは、唯だ君のみ然りと為す。然らずんば、以てその臣を馭するなし。臣にしてこれを并せば、君を无みすなり。独り君を無みすのみならず、臣をも無みすなり。(中略)而してこれを馭せんとすれば、則ち我を掣き、我を搏ち、我を齧りて颺《あが》る。終にこれを保つ能はざるは、爪牙・羽翼を并せてこれを授くるなり。（原漢文）」（『頼山陽文集』巻二、七三頁）。

（32）「方太閤之時、其布列天下者、概希世之雄也。而欲用尊氏之所施、誰肯為其用、而不敢叛哉。所以肯尽為其用、而有必術焉。曰、中其意也。曰、出其意之外。中其意、足以感喜之。出其意之外、足以畏服之。天下群雄、感喜畏服於我、我之於天下、何為不成、何欲不致。是太閤之所以鼓舞顛倒一世、而使其不自知其何故也。故有及時輒予者。有未当与而与者。有既奪而大与者。有分与而闘之者。故太閤能用土地金帛爵位、以済其術。非専恃土地金帛爵位也。」（『日本思想大系　頼山陽』、六二〇頁）。

（33）荻生徂徠の教化論につき、辻本雅史氏は次のように説明している。

「徂徠は、「民間ノ輩ニハ、孝悌忠信ヲ知ラシムルヨリ外ノ事ハ不入ナリ。孝経・列女伝・三綱行実ノ類ヲ出ヅベカラズ。其外ノ学問ハ、人ノ邪智ヲマシ、散々ノコトナリ。民ニ邪智盛ナレバ、治メガタキ者」（『太平策』）という。」

「しかし徂徠は民衆教化を否定したのではない。徂徠が否定したのは、「道理ヲ人々ニトキ聞セテ、人々ニ合点サセテ、其人々ノ心ヨリ直サントス」る朱子学の、言葉によって人心に説き聞かせる道徳教化の方法であった。」（「幕府の教育政策と民衆」、辻本雅史ほか編『新体系日本史　一六　教育社会史』、山川出版社、二〇〇二年、二四九頁）。

（34）山陽の名実乖離論については、既に丸山眞男や尾藤正英氏によって言及がある。丸山「忠誠と反逆」（初出『近代日本思想史講座』六、筑摩書房、一九六〇年。のち『忠誠と反逆――転形期日本の精神史的位相――』に収録、ちくま学芸文庫、一九九二年）。尾藤「日本における歴史意識の発展」（『岩波講座　日本歴史』別巻一、一九六三年）。

（35）「夫物力者、国之所以存也。而其所以盛衰息耗者、在於紀綱版籍二者。故祖宗定制、必於此致意焉、使後世子孫、頼以守其国、無此不可一日守也。然守之久、二者歳弛月廃、名存実亡、其終至於守空器、而天下之実焉。是和漢之所同、而国朝為著焉。」（『日本思想大系　頼山陽』、五二一頁）。

(36)「官爵、名也。権利、実也。名出於朝廷、而実出於天。天以其実与源氏。曰、是嘗竭力於民者也。故源氏収天下之実。而朝廷擁其名而已。」(『日本思想大系　頼山陽』、五七五頁)。
(37)山陽において広義の「実」とは政治支配の諸相の全体像をさすが、名実乖離論における「実」とは、人民支配を指す用例が多い。
(38)「北条氏別立主、以嗣源氏之名、而己守其実。唯守其実也。故其世世所務、在於養民。養民、非自倹自勤、不可。如曰吾務尽心於其実云爾。名非吾所敢貪也。是以北条義時雖遷官、猶称原銜、子孫皆循其遺意。終於相模守武蔵守、而相模守武蔵守能易置大将軍、能進退摂政関白、能廃立天子、何哉。天下之実、在於此。」(『日本思想大系　頼山陽』五七五頁)。
(39)「或曰、将家礼制、概成於義満之時。而有可憾者。夫行天子事、而謂之将軍。已為不称。而為之下者、受封将家、而班爵王朝。又為不順。使義満有学有術、参酌古今。創立官爵、已下天子一等、除王朝公卿之外。天下万姓、尽為其臣、豈不善哉。外史曰、噫、是助足利氏為虐者也。夫天下有名、有実。昔我王家統馭海内、食租衣税、而以爵秩酬功労。当是時、名実之権並在朝廷。及於其後、有盗其名而敗者。平将門是也。有窃其実而成者。源頼朝是也。有欲并其名実、而両失之者。則足利氏是也。」(『頼山陽全書』上、三三〇～三三一頁)。
(40)王朝既におとろへ、武家天下をしろしめして、天子をたてゝ世の共主となされしよし、その名、人臣なりといへども、その実のある所は、その名に反せり。我すでに王官をうけて、王事にしたがはずして、我につかふるものをして、我事にしたがふべしと令せむには、下、あに心に服せむや。かつ、我がうくる所も王官也。我臣のうくる所も王官也。君臣共に王官をうくる時は、その実は君・臣たりといへども、その名は共に王臣也。その臣、あに我をたつとむの実あらむや。(中略)もし此人(足利義満――注)をして不学無術ならざらましかば、此時、源家、本朝近古の事制を考究して、その名号をたてゝ、天子より下れる事一等にして、王朝の公卿・大夫・士の外、六十余州の人民等、ことごとく、其臣たるべきの制あらば、今代に至るとも遵用するに便あるべし(『読史余論』下、一七二四年跋、『日本思想大系　新井白石』、岩波書店、一九七五年、三六九頁)。

（41）第一部第二章。
（42）「国朝有廃太子。未有廃天子。廃天子、自藤原基経始、而当時無異議。後世称之者、何哉。由其門望無比乎。藉其父勢乎。抑其器略神識、圧服中外乎。三者皆然。然有大焉者。曰、所廃。当廃者也。所立、当立者也。立当立者、而廃当廃者、雖無三者、天下将服之。」（『日本思想大系　頼山陽』、五一四〜五一五頁）。ちなみに陽成天皇と藤原基経に対する評価は、『神皇正統記』を山陽は参照している。
「此天皇性悪ニシテ人主ノ器ニタラズミエ給ケレバ、摂政ナゲキテ廃立ノコトヲサダメラレニケリ。（中略）此大臣マサシキ外戚ノ臣ニテ政ヲモハラニセラレシニ、天下ノタメ大義ヲオモヒテサダメオコナハレケル、イトメデタシ。」（『日本古典文学大系　神皇正統記・増鏡』、岩波書店、一九六五年、一二二〜一二三頁）。
（43）寛政期から民心への配慮が強まってくると辻本雅史氏は述べている（「学問と教育の発展――「人情」の直視と「日本的内部」の形成――」、藤田覚編『日本の時代史十七　近代の胎動』所収、吉川弘文館、二〇〇三年）。
（44）「治天下者、常従人心所嚮、以成其事。事成而天下仰吾権。不従人心所嚮者、雖克於一時、而未久而壊。」（『日本思想大系　頼山陽』、六〇二頁）。
（45）「保建大記、使我儕小人重神璽・宝剣・内侍鏡者也。然其言曰、以神璽宝剣内侍鏡所在、為皇統。若然則仮使盗賊持神璽宝剣内侍鏡乎。盗賊亦為皇統也。」（『頼山陽全書　文集』、七一〜七二頁）。

結　論

以上、本書で述べてきた内容を小括しよう。

本書は、従来の研究史において、正当に位置づけられることのなかった近世中期の政治家・思想家新井白石の思想を、政治思想面、とりわけ「正名」思想に着目して捉え直すとともに、後期の名分論・尊王（皇）論が、白石の正名思想を批判対象としそれを反定立させることによって、昂揚していったことを立体的・構造的に解明したものである。また本書の試みは、丸山眞男以来の古学派─国学を基軸とする近世思想史像とは一線を画して、新たな視角から近世中後期思想史を捉え直すとともに、近世から近代への激動の時代状況のなかで、近代天皇制国家がどのようなイデオロギーの醸成によって成立したのか、その解答を提示しようとするものである。冒頭で、近世王権論で新井白石の思想が占める重要性を指摘し、続いて研究史の整理と本書の問題設定を行った。

第一部では、「合理主義者」という平板な評価に終始していた従来の白石像を、宗教思想や君臣論などの面に焦点を絞り詳細な考察を行った。その結果、徳川政権の永続化への志向や、彼の思想の根幹に、実効的な政治支配に即しその支配を正当化する「正名」思想が存していることを指摘した。また白石の政治政策で根幹たる位置を占める国王復号説を検討し、白石の王権論を詳細に解明した。白石は、「正名」思想を原理として、政治の実権を掌握し、国家の実質的な統一者である徳川将軍の「実」に相応しい「名」として「国王」号を案出したのであった。一方で「天皇」は「礼楽」（文教）を担う者の称号として定義され、国政や軍事に関与しないものとされた。ただし注意すべきは、東アジア世界において国家元首を意味する「天子」号・「皇帝」号は、将軍も天皇にも用いられなかったことである。近年の研究で言われるような徳川将軍＝国王による王権の一元化を白石は模索していたわけではなく、白石は二元的王権論を採っていたと言える。

第二部では、十八世紀末からの尊王（皇）論・名分論がこの新井白石の「正名」思想を反定立することで昂揚していく流れを立体的・構造的に解明した。十八世紀末の思想空間において、主導的な役割を果たしていた中井竹山、菱川秦嶺、藤田幽谷らを対象に、彼らが、新井白石の「正名」思想に対してどのように批判したのかその内実を明らかにした。上記の十八世紀末に活躍した竹山、秦嶺、幽谷らは、「正名」を思想的原理とし、言語的作為によって統一的な支配イデオロギーを構築しようとした。しかし十九世紀前半で活躍した会沢正志斎は、従来の「正名」を転回――言語的作為を否定し、秩序の「自然」なる性格（自己生成的な性格）を強調――することで、イデオロギーの統一化を企てたことを明らかにした。ほぼ同時期に活躍した頼山陽も独自の「正名」思想を構築した。山陽は、政権の「実」（実効的支配）の掌握には天皇家・武家の別なく有効な「制」（政権運営術・臣下操作術・勢力配置術などの具体的な政治技術の総体）が必要であると強調しながら、一方で、「制」とは関係せずに天皇家の「名」（地位）は永続されるという名実乖離論を提示する。政治権力論とは切り離された形で、天皇家の名目的な正統性を確保する論理を創出したのであった。

本書では、政治思想史上の観点から、近代日本の萌芽を十八世紀末、具体的には天明八（一七八八）年に松平定信によってはじめて大政委任論[1]が表明されたことを端緒とし、それに呼応して中井竹山、藤田幽谷らが統一的国家イデオロギーを創出していく寛政期に見いだした。いわゆる「内憂外患」が叫ばれる時期である。私は、「近代」的国家成立の大きな要因に、松平定信や取り巻きの思想家たちによってなされたイデオロギー変革を挙げたい。十八世紀末を「近代」とする区分論は、藤田覚氏の研究(2)の成果を享けているが、藤田氏の研究では十分に明らかにされなかった国家論（朝幕論）イデオロギーへの内在的な理解を通じて、思想史側から改めて提唱したものである。そこでは実効的な政治支配を正当化する新井白石の正名論を反定立することによって、天皇を頂点とした一元的な身分制国家像が示された。本書で「近代(3)」と規定する所以は、白石が描き出した二重王権制を批判者たちが解消して、統一的国家像を提唱したことによる。ただし白石も白石の批判者たちも、「正名」という同一のパラダイムで議論していたことは注目しておく必要があろう。つまりこの時期までは、国家論イデオロギーのなかに、国家像を規定するための政治言語を創出する方向性はあったということである。この時期の議論は、政治言語の内容の是非をめぐって起こったものであった。第二段階は一九世紀初頭で活躍した会沢正志斎や頼山陽らのイデオロギーの誕生に見ることができる。会沢正志斎は、政治言語の創出の一切を否定し、「正名」の無効性を宣言する。その代わりに言語ならざる世界へ関心を移し、天皇による祭祀体系を構築することにより、民心統合がなされるべきだと主張する。また頼山陽は「正名」というパラダイムにのりながらも、天皇を政治的責任から回避する回路を作り出し、天皇制の永遠化を企てる。天皇と民心の結合、天皇の政治的無責任性を説くのが「近代」の第二段階である。本書が論じたのは以上であるが、この第二段階で既に、天皇を頂点とした統一的国家像、天皇と民心との結合、天皇の政治無責任性などが提示されていることは注目に値する。後の段階では、実践主体の側、即ち武士の倫理に注目し、武士的エートスの再生や、「忠誠」観の転回を図った吉田松陰（一八三〇年～一八五九年(4)）や、明治国家において神祇行政に大きな影響力を持った平田国学(5)、天皇と民心との結合を説き、「大帝爵の国体」を海外に膨張することを説いた大国隆正（一七九二年～一八七一年(6)）らの思想解明が重要となる。また本書では近世天皇論で重要な位置を占める白石以前の思想家、山鹿素行（一六二二年〜一六八五年)、闇斎学派などは分析の対象とはしなかった。新井白石の「正名」思想がどのように転回されたかを解明することにあくまで視座を置いたからである。本書が対象とする思想家の範囲が限定されているが、近世中後期の思想の変動(パラダイム内での変化とパラダイム自体の転換)にかなりの程度肉薄したつもりである。

斯かる一連の作業を終えて痛感するのは、近世日本の王権論を、他文化の王権の在り方または既存の分析モデルを視野に入れて考察しようとしても、スンナリとは理解できない面が多いということである。

近年の王権論研究では文化人類学やアナール学派の研究が盛んである。「王殺し」の事例を通じ、王権の神秘性を前面に押し出したJ・G・フレーザー『金枝篇』(一八九〇年)を皮切りに、国王の触手によって癩患者が完癒されるという「奇跡」を取り上げたM・ブロック『奇跡をおこなう王』(一九二四年)、王の身体が肉体的身体、政治的身体の両面を持っていると論じたE・カントーロビッチ『王の二つの身体』(一九五七年)が代表的研究として挙げられる。これらの研究では、王権の呪術的宗教性と正統性との関わりが論じられてきた。こうした議論をふまえて近世日本の王権論を振り返った時に、たとえば深谷克己氏が論じたように、天皇の身体が国家的な「吉」を体現する機能を果たし、そのために、様々な禁忌によって守られていたという指摘(7)や、高木昭作氏のように、国土支配のための呪術的な機能(「冥加」)を天皇が持っていたとする指摘(8)は、先程触れた研究動向との接合点を見いだすことができる。ただし呪術的宗教性を外皮に纏った天皇の姿は、本書で取り扱った国家論的イデオロギーの文脈からは出てこない。大嘗祭などの天皇祭祀が支配イデオロギーのなかで本格的に注目されるようになったのは、おそらく会沢正志斎あたりからであると考えられるが(9)、正志斎にとって大嘗祭は、揺動しやすく強大なエネルギーを持つ民心を天皇のもとに統合して、西洋列国からの圧力に対抗するための術策であり、軍事的なレアリズムに充ちている。天皇を神秘化する発想は希薄である。また中国の皇帝による祭天儀礼は王権の正統性を示すために非常に重要な意義があるが(10)、近世日本の朝廷祭祀は、天皇家が唯一の正統性を持った王権であることを宣布する意図や効果があったわけではない。一方、〈天皇＝宗教的権威―将軍＝世俗的権力〉という従来の図式を真っ向から批判して、初期の徳川政権に対し、仏教側の論理によって徳川王権の神話形成がなされたとする大桑斉氏[11]や曽根原理氏[12]の見解もある。本書では仏教側の論理を取り込まない形で、近世中後期の国家論的イデオロギーを論じて来たが、当該期の儒家からの言辞を見る限り、仏教からの将軍神格化は問題とされていない。儒家からの国家論では、天皇・将軍の両者に対し、神格の問題は除外されていると言ってよい。とりわけ儒者側の名分論・尊王論と王権の宗教性との連絡はあまり見られないというのが現在の結論である。

儒学を基礎とする思想家の言辞を振り返ってみた時に、むしろ注目すべきは、王権の文化的機能という問題である。N・エリアスは『宮廷社会』（原題 *Die höfische Gesellschaft*, 1969）において、ヨーロッパの宮廷儀礼が人々の様式規範となり、「文明」として強要されていく様を描いた。儒家でも同様に王権の文化的機能に注目し、その文化的機能である「礼楽」の所在が、王権の正統性を決定する上で大きな要因であった。李沢厚が明らかにしたように、中国には非ディオニュソス的な美（「雅」）を重んじる伝統がある[13]。本書で論じたように、この文化的機能、とりわけ雅楽に関しては、楽人を統べる朝廷の方に保持者としての役割を認める発想が見られる。ただし文人社会が中国のようには発達しなく、また中世のヨーロッパ貴族社会のようなレベルの宮廷サロンが見られない近世日本においては、朝廷の雅楽によって文化的教化がなされるとまで考える熊沢蕃山や山県大弐のような主張は稀である。また一方で、白石のように、京都王権の持つ文化的機能を一定の程度認めながらも、武家は武家らしい風儀に改めるとする江戸王権内部での文化改善があったことも留意すべきである。ただし武家儀礼は当時の東アジア世界からすれば特異な「礼楽」であり、白石もこの点は認識していた。王権の文化的機能という面から捉えても、近世日本の二元的王権構造が孕む問題は複雑である。

見方を変えて、政治学での古典的見解となっているM・ウェーバーの支配正統性（legitimacy）の三類型論から近世日本の王権論について考察してみよう。ウェーバーは、『支配の社会学』[14]（原著一九二二年）において、支配の諸相を、伝統的支配・カリスマ的支配・合法的支配という三類型に分ける。ウェーバーの三類型論は、その後、ハーバーマスのシステム統合論からの批判も受けるが、現在でも支配方式を分類する型としての一定の有効性は保っている。伝統的支配とは、現在の秩序を伝統によって神聖化・永遠化する支配の方式を指し、家父長制が典型例である。カリスマ的支配とは、支配者の人格、天与の資質（呪術能力、弁舌能力など）によって現状の体制を打破し、新しい社会・国家を創出する方式を指す。合法的支配とは、制定規則による合法的支配を指し、官僚制が典型例である。

この三類型論に即して、たとえば新井白石の徳川王権に対する支配正当化論を分析してみると、家康の治者としての資質を比類なきものに設定する点でカリスマ的支配論を取り、また家康が創成した支配方式を源政権を根拠として正当化する点で伝統的支配論を取る。さらに本書で最も注目した点は、徳川政権の実効的な政治支配を、国王復号、武家勲階制などの「名」によって正当化しようとする合法的支配論を、白石が「正名」を理論的根拠として打ち出していることである。もちろんウェーバーの合法的支配観は、官僚制支配を念頭に置いて述べており、安直に同定できないが、白石の政治思想のなかで「合法性」への志向性が強く見られることは刮目に値する。一方で、尊王（皇）論に似た支配正統論をこの類型のなかで見いだすのは困難である。中井竹山らは、将軍＝「大君」が、歴代の武家とは異なり、政治統治者となった後でも天皇に対する謙譲を忘れなかったことに、徳川政権成立の正統性を認めるが、政治的君主が身分的上位者に対して謙遜を示すことに正統性を認めるという事例をウェーバーはもちろん想定していない。たとえば西洋では国王が教会権力から権威を借りてその正統性を示威する王権神授説があるが、天皇は教皇や法王でもなく、徳川家はその宗教的権威を借りるわけでもない。天皇に対する「尊敬」や「謙譲」だけがその正統性を保証するものである。ここに尊王論の持つ奇怪さがある。

以上、幾つかの論点を提示し比較思想史的に近世日本の王権論を考察してきたが、ある他の文明の王権構造との比較や政治学・社会学上のモデル適用は安直にはできないというのが私の率直な印象である。近世の王権論に迫るためには、現代の眼からではなく、当時生きていた思想家の認識に愚直なまでに即さなければならないというのが私の立場である。したがって「支配イデオロギー」を扱いながらも、イデオロギー暴露という作業は一切拒否した。「虚偽性」を設定する段階で既に研究者の思い込みが注入されてしまうからである。ただし以下のことは、一連の作業を終えた今、当為的問題として、多くの人たちに考えて頂きたいと考えるのである。

近世中後期の思想史では、十八世紀初から十八世紀末まで、「正名」というパラダイムのなかで、王権に関する喧喧囂囂とした議論が存在した。実効的政治支配に重きを置く白石であれ、身分的ヒエラルヒーに重きを置く竹山、幽谷であれ、王権構造を定義すべき政治言語を創出する意欲は漲溢していたのである。しかし正志斎はこのパラダイムを全く転換し、「正名」自体の無効性を宣言し、かわりに「言葉」ならざる世界―「心」へと関心を移す。もちろんそれは朱子学のように個人の心の修養を目的とするものではない。言語制定による統治（government by verbal command）[15]を破棄し、代わりに儀礼による統治（government by ritual）――天皇の祭祀による民心統合――をヒステリックに叫ぶのである。国家論からすれば、支配の正統性を遡及して言語化するという思考は、もはや遮断され、全ての支配は「自然」[16]（おのずから、spontaneity）なる秩序として、その支配の〈根源〉に対する問いは一切許されなくなった。ここに私は、「国家理性」の喪失や「超国家主義」の誕生の前表を感じ取ってしまうのである。

注

（1）後掲の藤田覚氏が詳細な検討をしているが、藤田氏の論じるがごとく、大政委任論の成立によって、公家処罰の正当性を確保するために、将軍も含めた全ての武家が「王臣」として正式に表明されることの国家論的意義は大きい。その他に東島誠氏が、松平定信の思想を論じ、定信が〈公共心〉に基づく政治規範を実現しようとし、〈公共性〉を示すために天皇という君主像を創出したと述べている（「近世における大政委任論の形成過程――近代天皇制国家創出の論理形成――」『王と公――天皇の日本史――』第六章、柏書房、一九九八年）。

（2）『近世政治史と天皇』（吉川弘文館、一九九九年）。

（3）いうまでもなくこの「近代」とは作為的・主体的な制度の創出や個人の「自由」、市民社会の誕生などといった西洋文明の指標をもって語られるものではない。西洋近代的な価値評価を離れてみると、一八世紀後期には統一的な国家像、忠孝一致の家族国家観を基軸とした統合論が「近代日本」に歴史的事実として連続していくことが注目される。

（4）丸山眞男「忠誠と反逆」（初出『近代日本思想史講座』六、筑摩書房、一九六〇年。のち『忠誠と反逆――転形期日本の精神史的位相――』に収録、ちくま学芸文庫、一九九二年）。桐原健真「吉田松陰における「忠誠」の転向――幕末維新期における「家国」秩序の超克」（『日本思想史研究』三三号、二〇〇一年）など。

（5）明治期における平田国学の研究については、阪本是丸『明治維新と国学者』（大明堂、一九九三年）、『国家神道形成過程の研究』（岩波書店、一九九四年）など。

（6）玉懸博之「幕末における『宗教』と『歴史』」（『東北大学文学部研究年報』三一、一九八二年）。桂島宣弘「近代天皇制イデオロギーの思想過程――徳川思想及び平田篤胤像の転回を中心に――」（安丸良夫ほか編『岩波講座　天皇と王権を考える』四所収、岩波書店、二〇〇二年。前掲『増補改訂版　幕末民衆思想の研究』に収録）。

（7）『近世の国家・社会と天皇』（校倉書房、一九九一年）。

（8）「「惣無事」令について」（『歴史学研究　別冊』五四七号、一九八五年）。「幕藩体制と役」（『日本の社会史　三　権威と支配』に収録。岩波書店、一九八七年）。

（9）もちろん支配イデオロギー以外では天皇と宗教性を結びつける言説は多い。たとえば闇斎学派の玉木正英（一六七〇年～一七三六年）は、三種の神器には天照大神の霊力がこもり、天皇を「現人神」だと信じ忠誠を尽くすことを説いた（前田勉「呪術師玉木正英と現人神」、『日本文化論叢』三、一九九五年。のち『近世神道と国学』に収録、ぺりかん社、二〇〇二年）。ただしこうした思想は「ユートピア」的であり、イデオロギー的色彩は強くはなかったと見るべきであろう。神道・国学において「宗教的な天皇」が「政治的な天皇」へと転換するのは、平田国学以降だと私は現段階で考えている。換言すれば、平田国学の問題は、宣長によってユートピア的に捉えられていた「天皇」を、支配イデオロギーのレベルに転換させていくことにあったとも言える。そのために、「道」の規範化に対して、頑なに拒否した宣長とは対照的に、篤胤はそれを容易く受け入れる（したがって儒教倫理も許容）という相違が見られる。「ユートピア思想家としての宣長」と「イデオロギー思想家としての篤胤」という構図についての詳細は現段階では十分に論じるに至ることができないので、これからの課題としたい。

（10）妹尾達彦氏は以下のように述べている。

「中華帝国期（漢～清）に郊祀が長期にわたって存続した理由も、郊祀の祭天儀礼が、抽象的な観念としての宇宙論（宇宙の生成や構造をめぐる思想）を、具体的な地上の王権（天子―皇帝の権力）に結びつけるための、最も効果的で洗練された手段の一つであったからと考えられる。郊祀の挙行によって、天命の所在が具現化し、地上の権力者の正統性が証明されると観念されたのである。」（「帝国の宇宙論――中華帝国の祭天儀礼――」、水林彪ほか編『王権のコスモロジー』、弘文堂、一九九八年、二三五頁）。

その他、皇帝祭祀については、金子修一（『古代中国と皇帝祭祀』、汲古書院、二〇〇一年）が詳しく論じている。

（11）「徳川将軍権力と宗教」（網野善彦ほか編『岩波講座　天皇と王権を考える』四所収、岩波書店、二〇〇二年）。

（12）「徳川王権論と神格化問題」（『歴史評論』六二九号、二〇〇二年）。

（13）『中国の伝統美学』（興膳宏ほか訳、平凡社、一九九五年）。
（14）*Soziologie der Herrschaft, 4. Aufl.*, 1956. 邦訳は世良晃志郎訳、創文社。なお三類型論については、佐々木毅『政治学講義』（東京大学出版会、一九九九年）を参照。
（15）government by verbal command,government by ritualについては、J・G・A・ポーコック「儀礼、言語、権力――古代中国哲学の明らかに政治的な意味について――」（中島隆博訳、『中国哲学研究』七号、一九九三年。原題は"Ritual,Language,Power : An Essay on the Apparent Political Meanings of Anciet Chinese Philosophy" in *Politics,Language and time* : Essays on political Thought and History,The University of Chicago Press,1989）
（16）もちろんこの「自然」は「自然法」と同じものではない。中国朱子学にせよ、キリスト教にせよ、それらの自然法的秩序には、「理」や「神」などの超越的価値を一切の価値根源とする。しかし正志斎の「自然」には、超越的・根源的価値がなくとも、秩序が「おのずから」存在するという思考がある。なお西洋社会の自然法理解については、A・P・ダンドレーブ『自然法』（久保正幡訳、岩波書店、二〇〇六年）。

あとがき

東北大学の教員であった私は、学会事務の所用を済ますために、仙台中央郵便局にまで車で向かっていた。私は、信号待ちの車中のなかで二〇一一年三月一一日一四時四六分を迎えた。ラジオから聞こえる緊急地震速報、そして直後に起こった長い揺れに、同じ震度六弱を記録した二〇〇五年八月一六日の地震とは全く違う恐怖を感じた。揺れの最中で多くの被害が出ることを予想したが、まさかあれほどの津波被害が起こり多くの尊い人命が犠牲になっているとは全く予想だにしていなかった。

仙台中心部のオフィス街では多くの人がビルの外へ避難し、なかには恐怖のあまり泣いている女性も数多く見受けられた。わたしは真っ先に二歳の長男と〇歳の長女の安否を思った。彼らがもし私の書斎に入って遊んでいたら、まず無事ではすまなく、最悪の場合も覚悟しなければならないという想像がはたらいた。耐え難い不安と一刻も早く救出しなければという想いで自宅に向かった。玄関を開けてみると、両脇に長男・長女を抱えた妻が泣き崩れ、しゃがんでいた。幸いなことに私の家族は無事であった。

震災とその後の体験は、私そのものを大きく変えた。そのなかで忘れ得ぬ体験がいくつかある。避難所でも水がもらえず、一日コップ一杯の水を一家で分けることになった三日目の夜。母乳が出なくなりはじめた妻が、もっと水をほしがる長男の口から、泣きながらコップを離したこと。マンションから逃げていく途中、同じ棟に住んでいる高校生の男の子がわたしたちに食べ物の心配をしてくれたこと。仙台港の石油コンビナートが爆発し燃えさかる真っ赤な夜のなかで、私は、私という存在の根幹を揺さぶられる体験をした。おそらく震災を体験しなかったら、研究の第一線の場である大学から離れることはなかったと思う。震災で大きく変わった私は、自分の持っている「知」を大学という限られた組織・場ではなく、より多くの人たちに活用してもらう場を選択した。その時に八九年前に起きた関東大震災で帝大教員を辞して、民間で被災者の自立支援のために社会事業を展開し、また震災後では新井白石から自由民権期までの日本政治思想史研究に没頭した、大正デモクラシーの旗手吉野作造の存在が自分の胸中のなかでどんどん大きくなり、吉野の出身地である宮城県大崎市古川（ササニシキ・ひとめぼれを産みだした有数の米どころ）にある吉野作造記念館（ＮＰＯ法人古川学人指定管理）で奉職（着任当時は事務長、後に副館長）することを選択した。学芸だけではなく営業のためいろんな地元企業に協賛金のお願いに車を一日中走らせ、また記念館運営のみならず、まちづくり、被災地の学校での講演、ＮＰＯ法人会の部会参加、女性向けトークカフェ講師、地元小学校の自然学習の付き添い、農産物の加工講習会参加…。つなぎや長靴での仕事？　も多くあり、地元のほとんどの市民は、私が研究者であることを知らなく、「記念館の大川さん」で通っている。知り合いの大学人からたまに羨ましいと言われたりもするが、年収も大学教員時代と比べおよそ四割減り、研究や執筆に充てられる時間は本務以外の早朝と深夜の限られた時間であり、本一冊借りるのに、年休を取って往復三時間以上かけ、元の職場の図書館まで行き、冬は雪かきで腰を痛め、いろんな方からクレームやお叱りの言葉をいただく日々である。ただ私のような生き方は私しかできないとも思って、ひそかに一度きりの私自身の人生を楽しんでいる。愉快なこともイヤなことがあるのも震災で生かされたお陰なのだろう。

本書は平成二〇年に東北大学文学研究科に提出した博士論文『王権・言葉・心をめぐる近世政治思想史研究』を加筆修正したものである。主査の佐藤弘夫先生、副査の片岡龍先生、大藤修先生には数々の貴重なご意見を賜った。心より御礼申し上げたい。また私の師匠である玉懸博之先生、授業や修士論文の副査でご指導いただいた吉田忠先生、いつも私のことを気に掛けていただき、お仕事や激励のお言葉を下さった石毛忠先生、研究の高い目標である前田勉さん、様々な研究会にお誘いいただき厳しいながらとても優しい曽根原理さん、公私ともどもお世話になっている先輩である高橋禎雄さん、本村昌文さん、昆野伸幸さん、また温かい励ましのお言葉と有益なご指導を賜ってきた源了圓先生、黒住真先生、高橋文博先生、辻本雅史先生、佐久間正先生、植村和秀先生の諸先生、本書でも何度もお名前を出させていただき、私が白石研究を志したきっかけとなった憧れの存在であるケイト・W・ナカイ先生、韓国の韓亨祚先生、オランダのW・ボート先生、キリ・パラモアさん、台湾の田世民さん、藍弘岳さん、非常勤先の山形県立米沢女子短期大学日本史学科の先生方、国際日本文化研究センターの笠谷和比古先生をはじめとするチームの先生方、夏季の人材育成研修会で大変お世話になっている猪木武徳先生をはじめとする先生方、東北大学日本思想史研究室のみなさん、そして法人の佐々木源一郎理事長、佐藤俊明前専務理事、石ヶ森信幸前財務理事、高橋久之専務理事、我妻孝財務理事、突然やってきて自分勝手にいろんな事業を展開する上司に付いてきてくれる佐々木威事務長をはじめとする吉野作造記念館の職員のみなさん。すべての方に心より深く御礼申し上げる。

本書の刊行について、御茶の水書房の橋本盛作社長、小堺章夫氏、そして、ほとんど面識のない私に対し、アカデミズムの世界から離れていく時から一貫して御心配と温かい励ましのお言葉をいただき、ご多忙のなかで出版のお世話をしていただいだ国士舘大学の竹村英二先生。このお三人の多大なご配慮、ご尽力がなければ本書は世に出ることはなかった。心より感謝申し上げる次第である。なお本書の刊行に関しては、独立行政法人日本学術振興会より平成二〇一四年度科学研究補助金（研究成果公開促進費、課題番号245007）の助成を受けた。あわせて謝意を記したい。

大川　真

初出一覧

序論　「天皇と幕府・政府――権威と権力――」（遠山淳ほか編『日本文化論キーワード』所収、有斐閣、二〇〇九年）

第一部　新井白石の政治思想史的研究

第一章　新井白石の鬼神論再考（『日本歴史』六七四号、三六～五一頁。日本歴史学会、吉川弘文館、二〇〇四年七月一日）

第二章

1、新井白石の国家構想――国王復号・武家勲階制の検討を通じて――（『日本思想史学』三四号、二七～四二頁。日本思想史学会、ぺりかん社、二〇〇二年九月三〇日）

2、文武論をてがかりとした近世王権論研究（原題「近世王権論研究の新たな視座――文武論をてがかりとして――」、『日本思想史研究』三六号、二七～四二頁。二〇〇四年三月二五日）

第三章　伊兵衛殺人事件考――新井白石の君臣観――（『日本史研究』五二四号、三〇～五一頁。日本史研究会、二〇〇六年四月二〇日）

第二部　「正名」の転回史――近世後期思想史をめぐって――

第一章　叫ばれる「正名」――統一的国家イデオロギーの成立――（『歴史』一〇八輯、七八～一〇〇頁。東北史学会、二〇〇七年四月二五日）

第二章　後期水戸学における思想的転回――会沢正志斎の思想を中心に――（『日本思想史学』三九号、一一二～一二八

頁。日本思想史学会、ぺりかん社。二〇〇七年九月三〇日）

第三章　頼山陽における政治なるもの（『日本思想史研究』三九号、一五～三三頁。日本思想史研究室、二〇〇七年三月二五日）

結論　書き下ろし

文献リスト（中国・朝鮮の人名は日本語の音読みにしたがって配列）

序論

研究書・研究論文

朝尾直弘「幕藩制と天皇」（『大系　日本国家史』近世編所収、原秀三郎ほか編、東京大学出版会、一九七五年）。

同『将軍権力の創出』（岩波書店、一九七五年）。

石井良助『天皇──天皇統治の史的解明──』（弘文堂、一九五〇年）。

同『天皇──天皇の生成および不親政の伝統──』（山川出版社、一九八二年）。

池内敏『大君外交と「武威」』（名古屋大学出版会、二〇〇六年）。

石田雄『丸山眞男との対話』（みすず書房、一九九五年）。

今谷明『武家と天皇──王権をめぐる相剋──』（岩波新書、一九九三年）。

大島明秀『「鎖国」という言説──ケンペル著・志筑忠雄訳『鎖国論』の受容史──』（ミネルヴァ書房、二〇〇九年）。

Ooms.H.*Tokugawa ideology : early constructs, 1570–1680*, Princeton. N.J., Princeton University Press. 1985. H・オームス『徳川イデオロギー』（黒住真ほか共訳、ぺりかん社、一九九〇年）。

北島正元『日本史概説』Ⅰ・Ⅱ（岩波全書、一九六八年）。

久保貴子『近世の朝廷運営』（岩田書院、一九九八年）。

黒住真『近世日本社会と儒教』（ぺりかん社、二〇〇三年）。

同『複数性の日本思想』（ぺりかん社、二〇〇六年）。

子安宣邦『本居宣長』（岩波新書、一九九二年）。

相良亨『本居宣長』（東京大学出版会、一九七八年）。

櫻井進『江戸の無意識――都市空間の民俗学――』（講談社現代新書、一九九一年）。

佐々木潤之介「『幕藩制と天皇』について」（『遡行』三、一九七四年）。

曽根原理『徳川家康神格化への道――中世天台思想の展開――』（吉川弘文館、一九九六年）。

同『神君家康の誕生――東照宮と権現様――』（吉川弘文館、二〇〇八年）。

高木昭作「幕藩体制と役」（『日本の社会史』三所収、朝尾直弘ほか編、岩波書店、一九八七年）。

同『日本近世国家史の研究』（岩波書店、一九九〇年）。

同『将軍権力と天皇――秀吉・家康の神国観――』（青木書店、二〇〇三年）。

高埜利彦『近世日本の国家権力と宗教』（東京大学出版会、一九八九年）。

田原嗣郎『徳川思想史研究』（未来社、一九六七年）。

土田健次郎「朱子学の正統論・道統論と日本への展開」（『国際シンポジウム　東アジア世界と儒教』所収、吾妻重二編、東方書店、二〇〇五年）。

中川学『近世の死と政治文化――鳴物停止と穢――』（吉川弘文館、二〇〇九年）。

中村安宏「尾藤二洲の天皇観・皇統意識」（『フィロソフィア・イワテ』三二、二〇〇〇年）。

同「林述斎と佐藤一斎の皇統意識について」（『アルテス・リベラレス』七二、二〇〇三年）。

野村玄『日本近世国家の確立と天皇』（清文堂出版、二〇〇六年）。

橋本政宣『近世公家社会の研究』（吉川弘文館、二〇〇二年）。

服部之総「天皇制絶対主義の確立」（『服部之総著作集』四所収、理論社、一九四八年）。

羽仁五郎「天皇制の解明」（『毎日新聞』一九四六年一月一三日～一五日）。

原昭午「幕藩制国家の成立について」（『歴史評論』二四四、一九七〇年）。

東より子『宣長神学の虚構』（ぺりかん社、一九九九年）。

尾藤正英「国家主義の祖型としての徂徠」（『日本の名著　荻生徂徠』解説論文、尾藤正英責任編集、中央公論社、一九七四年）。

同『江戸時代とはなにか――日本史上の近世と近代――』（岩波書店、一九九二年）。

平石直昭「戦中・戦後徂徠論批判――初期丸山・吉川両学説の検討を中心に――」（『社会科学研究』三九―一〇、一九八七年）。

Foucault, M.*Surveiller et punir : naissance de la prison ,Paris* , Gallimard,1975, M・フーコー『監獄の誕生――監視と処罰――』（田村俶訳、新潮社、一九七五年）。

深谷克己『近世の国家・社会と天皇』（校倉書房、一九九一年）。

藤井譲治「江戸幕府の成立と天皇」（『講座　前近代の天皇』二所収、永原慶二ほか編、青木書店、一九九三年）。

藤田覚『幕末の天皇』（講談社、一九九四年）。

同『近世政治思想史と天皇』（吉川弘文館、一九九九年）。

堀新「近世「公儀」を構成するもの」（『〈江戸〉の人と身分』三所収、堀新・深谷克己編、吉川弘文館、二〇一〇年）。

前田勉『近世日本の儒学と兵学』（ぺりかん社、一九九六年）。

同『近世神道と国学』（ぺりかん社、二〇〇二年）。

松本三之介『国学政治思想の研究』（有斐閣、一九五七年）。

丸山眞男『現代政治の思想と行動』（上）（下）（未来社、一九五六～一九五七年。増補版、一九六四年）。

同「闇斎学と闇斎学派」（『日本思想大系　闇斎学派』解説論文、西順蔵ほか校注、岩波書店、一九八〇年）。

同「政事《まつりごと》の構造――政治意識の執拗低音」（『百華』二五、一九八五年）。

同『丸山眞男集』一二巻（岩波書店、一九九六年）。

Mannheim,von K.*Ideologie und Utopie,Bonn*, F. Cohen,1929, K・マンハイム『イデオロギーとユートピア』（鈴木二郎訳、未来社、一九六八年）。

水林彪「幕藩体制における公儀と朝廷」（『日本の社会史』三所収、朝尾直弘ほか編、岩波書店、一九八七年）。

同「近世天皇制についての一考察」（上）（下）（『歴史学研究』五九六～五九八、一九八九年）。

三宅英利『近世の日本と朝鮮』（講談社学術文庫、二〇〇六年）。

宮沢誠一「幕藩体制における天皇をめぐる思想的動向――水戸学を中心に――」（『歴史学研究』別冊、一九七五年）。

宮地正人『天皇制の政治史的研究』（校倉書房、一九八一年）。

村岡典嗣『本居宣長』（警醒社、一九一一年。のち岩波書店、一九二八年）。

山本博文「徳川王権の成立と東アジア世界」（『王権のコスモロジー』所収、水林彪ほか編、弘文堂、一九九八年）。

吉田昌彦『幕末における「王」と「覇者」』（ぺりかん社、一九九七年）。

渡辺浩『近世日本社会と宋学』（東京大学出版会、一九八五年）。

同『東アジアの王権と思想』（東京大学出版会、一九九七年）。

渡邉義浩『儒教と中国――「二千年の正統思想」の起源――』（講談社選書メチエ、二〇一〇年）

第一部

はじめに

研究書・研究論文

片岡龍「荻生徂徠の『道』観と朱子学時代の仁斎批判」（『早稲田大学文学研究科紀要別冊』哲学・史学篇二一、一九九五年）。

加藤周一「新井白石の世界」（『日本思想大系　新井白石』解説論文、松村明ほか校注、岩波書店、一九七五年）。

栗田元次『新井白石の文治政治』（石崎書店、一九五二年）。

桑原武夫「日本の百科全書家、新井白石」（『日本の名著　新井白石』解説論文、桑原武夫責任編集、中央公論社、一九六九年）。

澤井啓一「ケイト・ナカイ「徳川朝幕関係の再編――新井白石の幕府王権論をめぐって――」について」(『日本思想史学』二七、ぺりかん社、一九五五年)。

高橋磌一『洋学思想史論』(新日本出版社、一九七二年)。

Nakai,Kate W,*Shogunal Politics:Arai Hakuseki and the Premises of Tokugawa Rule* (Council on East Asian Studies, Harvard University,1988).ケイト・W・ナカイ『新井白石の政治戦略――儒学と史論――』(平石直昭ほか訳、東京大学出版会、二〇〇一年)。

同「徳川朝幕関係の再編――新井白石の幕府王権論をめぐって――」(『日本思想史学』二七、一九九五年)。

中田喜万「新井白石における「史学」・「武家」・「礼楽」」(『国家学会雑誌』一一〇―一一・一二、一九九七年)。

同「書評　戦略的思想家の統一像」(『政治思想学会会報』一三、二〇〇一年)。

羽仁五郎『白石・諭吉』(岩波書店、一九三七年)。

前田勉「ケイト・W・ナカイ著『新井白石の政治戦略――儒学と史論』」(『日本思想史学』三四、ぺりかん社、二〇〇二年)。

丸山眞男『日本政治思想史研究』(東京大学出版会、一九五二年)。

源了圓『徳川合理思想の系譜』(中央公論社、一九七二年)。

宮崎道生『新井白石の研究』(吉川弘文館、初版本一九五八年、増訂版一九六九年)。

同編『新井白石の現代的考察』(吉川弘文館、一九八五年)。

史料

『新井白石全集』(国書刊行会、一九〇五年)。

上田万年著『興国の偉人新井白石』(広文堂、一九一七年)。

海保青陵『稽古談』、文化十(一八一三)年成立、『日本思想大系　本多利明・海保青陵』所収(塚谷晃弘、蔵並省自校注、岩波書店、一九七〇年)。

徳富蘇峰著『近世日本国民史』（明治書院、一九三六年）。

原念斎『先哲叢談』、文化一三（一八一六）年刊、源了圓・前田勉訳注『先哲叢談』所収（平凡社、一九九四年）。

広瀬淡窓『儒林評』、天保七（一八三六）年成立、日田郡教育会篇『増補淡窓全集』中所収（思文閣、一九七一年）。

室鳩巣『兼山麗澤秘策』。『日本経済大典』六巻所収（滝本誠一編、一九二八年）。

第一章

研究書・研究論文

石毛忠「江戸時代中期における天の思想――新井白石の天観をめぐって――」（『日本思想史研究』三、一九六九年）。

上山春平「朱子の礼学――『儀礼経伝通解』研究序説――」（『人文学報』四一、京都大学人文科学研究所、一九七六年）。

大川真「「朱子学」と日本近世社会――岡山藩神職請を題材にして――」（『日本思想史研究』三二、二〇〇〇年）。

加地伸行『儒教とは何か』（中公新書、一九九〇年）。

加藤周一「新井白石の世界」（『日本思想大系　新井白石』解説論文、松村明ほか校注、岩波書店、一九七五年）。

栗原孝「近世「鬼神論」の政治思想的意味――白石・篤胤・象山をめぐって――」（『桐朋学園大学研究紀要』九、一九八三年）。

黒住真「儒学と近世日本社会」（岩波講座『日本通史　第一三巻　近世三』所収、岩波書店、一九九四年）。

子安宣邦『鬼神論――儒家知識人のディスクール』（福武書店、一九九二年）。

近藤萌美「新井白石の礼楽思想と鬼神論の関係性――積み重なる礼楽と「統」の観念――」（『寧楽史苑』五三、二〇〇八年）。

佐藤仁『朱子学の基本用語――北渓字義訳解――』（研文出版、一九九六年）。

高田衛『江戸の悪霊祓い師（エクソシスト）』（筑摩書房、一九九一年）。

田尻祐一郎「儒教・儒家神道と「死」――「朱子家礼」受容をめぐって――」（『日本思想史学』二九、一九九七年）。

玉懸博之「『読史余論』の歴史観」（『日本思想史研究』三、一九六九年）。

同「新井白石――その思想的営為と基本的思惟様式」（相良亨ほか編『江戸の思想家たち』上、研究社出版、一九七四年）。

土田健次郎「鬼神と「かみ」――儒家神道初探――」（『斯文』一〇四、一九九六年）。

友枝龍太郎「『鬼神論』解題」（『日本思想大系　新井白石』所収、松村明ほか校注、岩波書店、一九七五年）。

平石直昭「徳川思想史における天と鬼神」（『アジアから考える　七　世界像の形成』所収、溝口雄三ほか編、東京大学出版会、一九九四年）。

三浦国雄『朱子と気と身体』（平凡社、一九九七年）。

宮崎道生『新井白石の研究』（吉川弘文館、初版本一九五八年、増訂版一九六九年）。

渡辺浩『近世日本社会と宋学』（東京大学出版会、一九八五年）

史料

新井白石『折たく柴の記』、享保元（一七一六）年起稿、岩波文庫『折たく芝の記』（松村明校注、一九九九年）。

同『鬼神論』、宝永六（一七〇九）年以前成立、『日本思想大系　新井白石』（松村明ほか校注、岩波書店、一九七五年）所収。

同『古史通或問』、享保元（一七一六）年成立、『新井白石全集』三（国書刊行会、一九〇五年）所収。

同『祭祀考』、宝永六（一七〇九）年から正徳二（一七一二）年の間に成立、『新井白石全集』六（国書刊行会、一九〇五年）所収。

同『読史余論』、正徳二（一七一二）年起稿、享保九（一七二四）年成立、『日本思想大系　新井白石』（松村明ほか校注、岩波書店、一九七五年）所収。

荻生徂徠「私擬対策鬼神一道」（『徂徠集』巻一七）、元文元（一七三六）年成立、『徂徠集　徂徠集拾遺』（『近世儒家文集集成』三、平石直昭編、ぺりかん社、一九八五年）所収。

陳淳（北渓）『北渓字義』、『近世漢籍叢刊　北渓字義』（中文出版社、一九七二年）所収。

三坂春編選『老媼茶話』、寛保二（一七四二年）序、『近世奇談集成（一）』（高田衛校訂、国書刊行会、一九九二年）所収。

山片蟠桃『夢ノ代』、文政三（一八二〇）年成立、『日本思想大系　富永仲基・山片蟠桃』（水田紀久、有坂隆道校注、岩波書店、一九七三年）所収。

山岡元隣『古今百物語評判』、貞享三（一六八六）年刊、『続百物語怪談集成』（太刀川清校訂、国書刊行会、一九九三年）所収。

第二章

1

研究書・研究論文

朝尾直弘「幕藩制と天皇」（『大系日本国家史』三所収、原秀三郎ほか編、東京大学出版会、一九七六年）。

荒野泰典『近世日本と東アジア』（東京大学出版会、一九八八年）。

池内敏『大君外交と「武威」――近世日本の国際秩序と朝鮮観――』（名古屋大学出版会、二〇〇六年）。

石毛忠「江戸時代中期における天の思想――新井白石の天観をめぐって――」（『日本思想史研究』三、一九六九年）。

上田万年『興国の偉人新井白石』（広文堂、一九一七年）。

小沢栄一『近世史学思想史研究』（吉川弘文館、一九七四年）。

勝田勝年『新井白石の歴史学』（厚生閣、一九三九年）。

紙屋敦之『大君外交と東アジア』（吉川弘文館、一九九七年）。

栗田元次『新井白石の文治政治』（石崎書店、一九五二年）。

田代和生『近世日朝通交貿易史の研究』（創文社、一九八一年）。

同『書き替えられた国書――徳川・朝鮮外交の舞台裏』（中央公論社、一九八三年）。

玉懸博之「『読史余論』の歴史観」（『日本思想史研究』三、一九六九年）。

同「新井白石――その思想的営為と基本的思惟様式――」（相良亨ほか編『江戸の思想家たち』（上）、研究社出版、一九七九年）。

Toby,Ronald P,*State and diplomacy in early modern Japan : Asia in the development of the Tokugawa Bakufu*,Princeton University Press,1984. ロナルド・トビ『近世日本の国家形成と外交』（速水融、永積洋子、川勝平太訳、創文社、一九九〇年）。

内藤耻叟「徳川時代武家皇室に対する議論」（『国史論纂』所収、國學院編、一九〇三年）。

Nakai,Kate W.*Shogunal Politics:Arai Hakuseki and the Premises of Tokugawa Rule*（Council on East Asian Studies, Harvard University,1988）.ケイト・W・ナカイ『新井白石の政治戦略――儒学と史論――』（平石直昭ほか訳、東京大学出版会、二〇〇一年）。

同「徳川朝幕関係の再編――新井白石の幕府王権論をめぐって――」（『日本思想史学』二七、一九九五年）。

中田喜万「新井白石における「史学」・「武家」・「礼楽」」（『国家学会雑誌』一一〇―一一・一二、一九九七年）。

橋本雄「室町政権と東アジア」『日本史研究』五三六、二〇〇七年）。

尾藤正英「新井白石の歴史思想」（『日本思想大系　新井白石』解説論文、松村明ほか校注、一九七五年）。

閔徳基『前近代　東アジアのなかの韓日関係』（早稲田大学出版部、一九九四年）。

深谷克己「領主権力と『武家官位』」（『講座日本近世史』一所収、深谷克己編、有斐閣、一九八一年）。

同『近世の国家・社会と天皇』（校倉書房、一九九一年）。

藤田覚「近世朝幕関係の転換――大政委任論・王臣論の成立」（『歴史評論』五〇〇、一九九一年）。

同『近世政治史と天皇』（吉川弘文館、一九九九年）。

堀新「岡山藩と武家官位」（『史観』一三三、一九九五年）。

同「近世武家官位の「近世武家官位試論」（『歴史学研究』七〇三、一九九七年）。

同「大名の官位と『官位』『国政』」（『藩世界の意識と関係』所収、岡山藩研究会編、岩田書院、二〇〇〇年）。

同「官位昇進運動からみた藩世界」（『藩世界と近世社会』所収、岡山藩研究会編、岩田書院、二〇一〇年）。

同「近世大名の上昇願望」（『〈江戸〉の人と身分三　権威と上昇願望』所収、深谷克己・堀新編、吉川弘文館、二〇一〇年）。

本郷隆盛「新井白石の政治思想と世界像――日本的習俗への挑戦――」（『宮城教育大学紀要』第三一巻第一分冊、一九九六年）。

三浦周行「新井白石と復問題」（『史林』九―三、一九三八年）。

三宅英利『近世日朝関係史の研究』（文献出版、一九八六年）。

宮崎道生『新井白石の研究』（吉川弘文館、一九五八年、増訂版一九六九年）。

李元植「新井白石と朝鮮通信使――「白石詩草」の序・跋を中心に――」（『季刊日本思想史』四六、一九九五年）。

渡辺浩『東アジアの王権と思想』（東京大学出版会、一九九七年）。

同「「礼」「御武威」「雅び」――徳川政権の儀礼と儒学――」（『国際シンポジウム　公家と武家の比較文明史』所収、笠谷和比古編、思文閣出版、二〇〇五年）。

史料

雨森芳洲、正徳元年三月十四日付「与新井白石書」、（『吉田松陰全集』第八巻所収、山口県教育会、岩波書店、一九三五年）所収。※『橘窓文集』巻之二「論国王事与某人書」（関西大学東西学術研究所資料集刊一一―二、一九八〇年）所収。

同、正徳元年三月二十三日付白石宛書簡（『吉田松陰全集』第八巻（山口県教育会、岩波書店、一九三五年）所収。

新井白石『折たく柴の記』、享保元（一七一六）年起稿、岩波文庫『折たく柴の記』（松村明校注、一九九九年）。

同『国書復号紀事』、正徳二（一七一二）年成立、『新井白石全集』四（国書刊行会、一九〇五年）所収。

同、正徳元年七月十六日近衛家煕宛書状、栗田元次『新井白石の文治政治』（石崎書店、一九五二年）所収。

同『坐間筆語』、正徳元（一七一一）年成立。『新井白石全集』四（国書刊行会、一九〇五年）所収。

同『殊号事略』、正徳三年から享保元年（一七一三～一七一六）の間に成立か。新井白石全集』三（国書刊行会、一九〇五年）所収。

同『朝鮮国信書の式の事』、宝永七年（一七一〇）頃成立。『新井白石全集』四（国書刊行会、一九〇五年）所収。

同『朝鮮聘使後議』、正徳五（一七一五）年頃成立か。『新井白石全集』四（国書刊行会、一九〇五年）所収。

同『読史余論』、正徳二（一七一二）年起稿、享保九（一七二四）年成立。『日本思想大系　新井白石』（松村明ほか校注、岩波書店、一九七五年）所収。

同『武家官位装束考』、宝永七（一七一〇）年頃成立か。『新井白石全集』六（国書刊行会、一九〇五年）所収。

荻生徂徠『政談』、享保一一（一七二六）年頃成立か。『日本思想大系　荻生徂徠』（吉川幸次郎ほか校注、岩波書店、一九七三年）所収。

久保亨識語『続善隣国宝記』、天明四（一七八四）年成立、『善隣国宝記・新訂続善隣国宝記』（田中健夫編、集英社、一九九五年）所収。

申維翰『海遊録』、享保四（一七一九）年起稿、『海游録――朝鮮通信使の日本紀行――』（姜在彦訳注、平凡社東洋文庫、一九七四年）参照。

申叔舟『海東諸国紀――朝鮮人の見た中世の日本と琉球――』、文明三（一四七一）年成立。『海東諸国紀』（田中健夫訳注、岩波文庫、一九九一年）参照。

太宰春台『経済録』、享保十四（一七二九）年序。滝本誠一編『日本経済大典』九（明治文献、一九六七年）所収。

中井竹山『竹山国字牘』下、『懐徳堂遺書』三（懐徳堂記念会、一九一一年）所収。

任守幹・李邦彦『東槎録』、正徳元（一七一一）年起稿、『大系朝鮮通信使』二（辛基秀、仲尾宏責任編、明石書店、一九九三年）。

福澤諭吉『西洋事情』、初編慶応二年（一八六六）年刊、『福澤諭吉著作集』一（マリオン・ソシエ、西川俊作編、慶應義塾大学出版会、二〇〇二年）所収。

2

研究書・研究論文

飯塚重威『山県大弐正伝』(三井出版、一九四三年)。

石井紫郎「近世の国制における「武家」と「武士」」(『日本思想大系　近世武家思想』解説論文、石井紫郎校注、岩波書店、一九七四年)。

石毛忠「『心学五倫書』の成立事情とその思想的特質――『仮名性理』『本佐録』理解の前提として――」(『日本思想大系　藤原惺窩・林羅山』解説論文、石田一良ほか校注、岩波書店、一九七五年)。

同「江戸初期における天の思想」(『日本思想史研究』二、一九七八年)。

同「江戸中期における天の思想」(『日本思想史研究』三、一九七九年)。

石田一良「徳川封建社会と朱子学派の研究」(『東北大学文学部研究年報』一三下、一九六三年)。

小川朝子「楽人」(『近世の身分的周縁』二所収、横田冬彦編、吉川弘文館、二〇〇〇年)。

小沢栄一『近世史学思想史研究』(吉川弘文館、一九七四年)。

川口浩「江戸期の職分論と維新期の職分論――その思想構造と機能――」(『中京大学経済学論叢』二、一九八九年)。

衣笠安喜「幕藩制下の天皇と幕府」(『天皇制と民衆』所収、後藤靖編、東京大学出版会、一九七六年)。

同「近世人の近世社会観――近世人は幕藩支配体制をどうみていたか――」(『日本史研究』一九九、一九七九年)。

倉地克直「幕藩制と支配イデオロギー」(『講座日本近世史三　幕藩制社会の構造』、深谷克己ほか編、有斐閣、一九八〇年)。

小島毅「宋代の音楽論」(『東京大学東洋文化研究所紀要』一〇九、一九八九年)。

佐久間正「徳川前期儒教と身分秩序」(『日本思想史学』二二、一九九〇年)。

同「徳川期の職分論の特質」(『国家と宗教』所収、源了圓・玉懸博之編、思文閣出版、一九九二年)。

同『徳川日本の思想形成と儒教』(ぺりかん社、二〇〇七年)。

高野澄「『柳子新論』解題」（『日本思想大系　近世政道論』所収、奈良本辰也校注、岩波書店、一九七六年）。

高埜利彦「幕藩制国家安定期」（『新体系日本史』一所収、宮地正人ほか編、山川出版社、二〇〇六年）。

玉懸博之「近世前期における神観念――小瀬甫庵から中江藤樹・熊沢蕃山へ――」（『神観念の比較文化論的研究』所収、東北大学日本文化研究所編、講談社、一九八一年）。

同「熊沢蕃山の歴史思想」（『東北大学文学部日本文化研究所研究報告』一七、一九八一年）。

西村慎太郎『近世朝廷社会と地下官人』（吉川弘文館、二〇〇八年）。

西山松之助『家元の研究』（吉川弘文館、一九八二年）。

野口武彦『江戸の兵学思想』（中央公論社、一九九一年）。

尾藤正英「日本における歴史意識の発展」（『岩波講座　日本歴史』別巻一所収、朝尾直弘ほか編、一九六三年）。

同「新井白石の歴史思想」（『日本思想大系　新井白石』解説論文、松村明ほか校注、岩波書店、一九七五年）。

同「江戸時代の社会と政治思想の特質」（『思想』六八五、一九八一年）。

同「江戸時代の天皇」（『法学セミナー増刊号　これからの天皇制』、日本評論社、一九八五年）。

同『江戸時代とはなにか』（岩波書店、一九九二年）。

本郷隆盛「新井白石の政治思想と世界像――日本的習俗への挑戦――」（『宮城教育大学紀要』第三一巻第一分冊、一九九六年）。

丸山眞男「歴史意識の『古層』」（『日本の思想』六、筑摩書房、一九七二年）。

同『忠誠と反逆』（筑摩書房、一九九二年）。

溝口雄三ほか編『中国思想文化事典』（東京大学出版会、二〇〇一年）。

源了圓『近世実学思想の研究』（創文社、一九八〇年）。

宮崎道生「熊沢蕃山の史観と史論」（『国史学』一一〇・一一一、一九八〇年）。

同「熊沢蕃山と京都の縉紳および門人たち――蕃山学進展との関連において――」（『国学院大学紀要』一二、一九八一年）。

同『熊沢蕃山の研究』（思文閣出版、一九九〇年）。

八木正一「熊沢蕃山の音楽観とその教育思想」（『音楽教育学』六、一九七六年）。

山本眞功『「心学五倫書」の基礎的研究』（学習院大学研究叢書一二、一九八五年）。

和辻哲郎『尊皇思想とその伝統』（一九四三年、岩波書店）。

渡辺浩『宋学と近世日本社会』（東京大学出版会、一九八五年）。

同「「礼」「御武威」「雅び」――徳川政権の儀礼と儒学――」（笠谷和比古編『国際シンポジウム――公家と武家の比較文明史――』所収、思文閣出版、二〇〇五年）。

史料

新井白石『孫武兵法択』、享保七（一七二二）年成立、『新井白石全集』六（国書刊行会、一九〇五年）所収。

同『読史余論』、正徳二（一七一二）年起稿、享保九（一七二四）年成立、『日本思想大系　新井白石』（松村明ほか校注、岩波書店、一九七五年）所収。

同『武家官位装束考』、宝永七（一七一〇）年頃成立か、『新井白石全集』六（国書刊行会、一九〇五年）所収。

同（朝倉景衡編集、蜂谷廣成図）『本朝軍器考』、元文元（一七四〇）年刊、『新井白石全集』六（国書刊行会、一九〇五年）所収。

熊沢蕃山『易経小解』、元禄四（一六九一）年成立、『増訂蕃山全集』四（正宗敦夫編、名著出版、一九七八年）所収。

同『源語外伝』、『増訂蕃山全集』二（正宗敦夫編、名著出版、一九七八年）所収。

同『孝経外伝或問』、元禄三（一六九〇）年迄成立、『増訂蕃山全集』三（正宗敦夫編、名著出版、一九七八年）所収。

同『集義和書』、初版本は寛文一二（一六七二）年、二版本は延宝四（一六七六）年刊。『日本思想大系　熊沢蕃山』（後藤陽一ほか校注、岩波書店、一九七一年）所収。

同『集義外書』、延宝七（一六七九）年成立、『増訂蕃山全集』二（正宗敦夫編、名著出版、一九七八年）所収。

同『中庸小解』、延宝四（一六七六）年成立、『増訂蕃山全集』三（正宗敦夫編、名著出版、一九七八年）所収。

同『三輪物語』、『増訂蕃山全集』第五冊（正宗敦夫編、名著出版、一九七八年）所収。

同『論語小解』、貞享三（一六八六）年頃成立、『増訂蕃山全集』四（正宗敦夫編、名著出版、一九七八年）所収。

朱熹述『朱子語類』、『朱子語類大全』（中文出版社、一九七三年）。

『心学五倫書』、慶安三（一六五〇）年刊。『日本思想大系　藤原惺窩・林羅山』（石田一良ほか校注、岩波書店、一九七五年）所収。

程顥、程頤撰、徐必達編『二程全書』、『近世漢籍叢刊　二程全書』（中文出版社、一九七二年）。

『東照宮御遺訓』（及び附録）、黒川真道所蔵本、『日本教育文庫』家訓篇（日本図書センターより一九七七年復刻）所収。

三宅観瀾『将軍伝私議』、宝永六（一七〇九）年成立、『観瀾集』一三（続々群書類従、国書刊行会、一九六九年）所収。

山県大弐『琴学発揮』、宝暦十三（一七六三）年成立、甲陽図書刊行会、一九一四年。

同『柳子新論』、宝暦九（一七五九）年成立、『日本思想大系　近世政道論』（奈良本辰也校注、岩波書店、一九七六年）所収。

第三章

研究書・研究論文

朝尾直弘「将軍政治の権力構造」（『岩波講座　日本歴史』十、岩波書店、一九七五年）。

同『将軍権力の創出』（岩波書店、一九九四年）

石井紫郎「近世の国制における「武家」と「武士」」（『日本思想大系　近世武家思想』解説論文、石井紫郎編、岩波書店、一九七四年）。

入江宏『近世庶民家訓の研究――「家」の経営と教育』（多賀出版、一九九六年）。

尾形利雄「江戸時代における庶民教化理念としての忠孝道徳の一考察」（『上智大学教育学論集』教育学科、二一、一九八六年）。

笠谷和比古『主君「押込」の構造』（平凡社、一九八八年）。

倉地克直「近世都市文化論」（『講座日本歴史五　近世一』所収、歴史学研究会・日本史研究会編、東京大学出版会、一九八五年）。

同『近世の民衆と支配思想』（柏書房、一九九六年）。

栗田元次『新井白石の文治政治』（石崎書店、一九五二年）。

桑原隲藏「支那の孝道殊に法律上より観たる支那の孝道」（『狩野教授還暦記念支那学論叢』所収、鈴木虎雄編、弘文堂書房、一九二八年）。

同『桑原隲藏全集』第三巻（岩波書店、一九六八年）。

小林宏「新井白石における法的弁証――正徳元年の疑獄事件を例として――」（『国学院大学紀要』三四巻、一九九六年）。

小池喜明「「変」の論理――新井白石論」（『倫理学年報』二一、一九七二年）。

同『攘夷と伝統』（ぺりかん社、一九八五年）。

同『葉隠――武士と「奉公」――』（講談社学術文庫、一九九九年）。

滋賀秀三『中国家族法の原理』（創文社、一九六七年）。

島田虔次『朱子学と陽明学』（岩波新書、一九六七年）。

瀬賀正博「干名犯義に関する覚書」（『国学院法研論叢』二二、一九九五年）。

田原嗣郎『赤穂四十六士論――幕藩制の精神構造』（吉川弘文館、一九七八年）。

塚本学「綱吉政権の歴史的性格をめぐって」（『日本史研究』二三六、一九八二年）。

時野谷滋「『折たく柴の記』に見えたる「大赦」と「疑獄一条」とをめぐって」（『大倉山論叢』二四輯、一九八八年）。

Nakai,Kate W.,*Shogunal Politics:Arai Hakuseki and the Premises of Tokugawa Rule*（Council on East Asian Studies, Harvard University,1988）,『新井白石の政治戦略――儒学と史論――』（平石直昭他訳、東京大学出版会、二〇〇一年）。

同「「礼楽」・「征伐」の再統一――新井白石の将軍権力再構築構想とその挫折の意味するもの」（『季刊日本思想史』三一、一九八八年）。

同「徳川朝幕関係の再編――新井白石の幕府王権論をめぐって――」（『日本思想史学』二七、一九九五年）。

尾藤正英「新井白石の歴史思想」（『日本思想大系　新井白石』解説論文、岩波書店、一九七五年）。

同『江戸時代とは何か』（岩波書店、一九九二年）。

Bellah,Robert N.Tokugawa religion : the values of pre-industrial Japan ,Glencoe : Free Press : Falcon's Wing Press,1957. R・N・ベラー『徳川時代の宗教』（池田昭訳、岩波文庫、一九九六年）。

本郷隆盛「新井白石の政治思想と世界像――日本的習俗への挑戦――」（『宮城教育大学紀要』第三一巻第一分冊、一九九六年）。

McMullen, Ian J「江戸前期における「忠」と「孝」の問題について」（『季刊日本思想史』三一、一九八八年）。

丸山眞男『日本政治思想史研究』（東京大学出版会、一九五二年）。

同「闇斎学と闇斎学派」（『日本思想大系　山崎闇斎学派』解説論文、岩波書店、一九八〇年）。

溝口雄三編『中国という視座』（平凡社、一九九五年）。

三宅正彦「幕藩主従制の思想的原理――公私分離の発展――」（『日本史研究』一二七、一九七二年）。

宮崎市定「東洋的近世」（『アジア史論稿』上、朝日新聞社、一九七六年）。

宮崎道生「新井白石と裁判」（『弘前大学国史研究』三九、一九六五年）。

同『定本　折たく柴の記釈義』（一九六四年、至文堂、増訂版、近藤出版社、一九八五年）。

同『新井白石の人物と政治』（吉川弘文館、一九七七年）。

山口繁『新井白石と裁判』（西神田編集室、二〇〇三年）。

山本眞功「『家訓集』解説論文」（『家訓集』、山本眞功編注、平凡社、二〇〇一年）。

渡辺浩『近世日本社会と宋学』（東京大学出版会、一九八五年）

史料

浅見絅斎講・若林強斎録『拘幽操師説』、『日本思想大系　山崎闇斎学派』（西順蔵ほか校注、岩波書店、一九八〇年）所収。

新井白石『折たく柴の記』、享保元（一七一六）年起稿。岩波文庫『折たく柴の記』（松村明校注、一九九九年）。

同『決獄考』、正徳元（一七一一）年成立、『新井白石全集』六（国書刊行会、一九〇五年）所収。

同『東雅』、享保四（一七一九年成立）、『新井白石全集』四（国書刊行会、一九〇五年）所収。

井上哲次郎「武士道総論」、『武士道全書』（時代社、一九四二年）所収。

大久保彦左衛門忠教著『三河物語』、寛永三（一六二六年）成立、『日本思想大系　三河物語・葉隠』（岩波書店、一九七四年）所収。

荻生徂徠『明律国字解』、享保八年（一七二三）刊、『定本明律国字解』（内田智雄・日原利國校訂、創文社、一九六六年）。

『儀礼』、『儀礼』（池田末利訳註、東海大学出版会、一九七三年）。

朱熹『論語集注』、『四書集注』（藝文印書館、一九八〇年）。

『春秋左氏伝』、『新釈漢文大系　春秋左氏伝』（鎌田正著、明治書院、一九七一年）。

林鳳岡『鳳岡林先生全集』、延享元（一七四四）年刊（国立公文書館内閣文庫所蔵本）。

穂積陳重『法窓夜話』（有斐閣、一九一六年）。

山鹿素行『山鹿語類』、寛文五（一六六五）年成立、『山鹿素行全集』四〜一〇（広瀬豊編、岩波書店、一九四〇年）所収。

山本常朝述、田代陣基記『葉隠』、享保元（一七一六）年成立、『日本思想大系　三河物語・葉隠』（岩波書店、一九七四年）所収。

湯浅常山著『文会雑記』、天明二（一七八二）年序、『日本随筆大成』第一期巻七（吉川弘文館、一九二七年）所収。

第二部

第一章

研究書・研究論文

相原耕作「古文辞学から徂徠学へ――聖人命名説と荻生徂徠の言語戦略――」(『政治思想研究』七、二〇〇七年)。

浅野裕一『古代中国の言語哲学』(岩波書店、二〇〇三年)。

石井紫郎「近世の国制における「武家」と「武士」」(『日本思想大系　近世武家思想』解説論文、石井紫郎校注、岩波書店、一九七四年)。

梅澤秀夫「称謂と正名」(『日本近世史論叢』下巻所収、尾藤正英先生還暦記念会編、吉川弘文館、一九八四年)。

加地伸行『中国論理学史研究――経学の基礎的探究――』(研文出版、一九八三年)。

桑原隲藏「支那の孝道殊に法律上より観たる支那の孝道」(『狩野教授還暦記念支那学論叢』所収、鈴木虎雄編、弘文堂書房、一九二八年)。

同『桑原隲藏全集』第三巻(岩波書店、一九六八年)。

高橋章則「近世後期史学史と『逸史』」(『日本思想史学』一九、一九八七年)。

同「『逸史』献上と歴史叙述の方法について」(『近世儒家資料集成第四巻　中井竹山資料集』解説論文、高橋章則編、ぺりかん社、一九八八年)。

同「近世の家康研究と『逸史』」(『季刊日本思想史』三六、一九九〇年)。

田尻祐一郎、J・ヴィクター・コシュマン『水戸イデオロギー』(田尻祐一郎、梅森直之訳、ぺりかん社、一九九八年)解説論文。

辻本雅史「十八世紀後半儒学の再検討――折衷学・正学派朱子学をめぐって――」、『思想』七六六、一九八八年)。

同『近世教育思想史の研究――日本における「公教育」思想の源流――』(思文閣出版、一九九〇年)。

土田健次郎「朱子学の正統論・道統論と日本への展開」、『国際シンポジウム　東アジア世界と儒教』所収、吾妻重二編、東方書店、二〇〇五年）。

Nakai.Kate W.*Shogunal Politics:Arai Hakuseki and the Premises of Tokugawa Rule* (Council on East Asian Studies, Harvard University,1988).『新井白石の政治戦略――儒学と史論――』（平石直昭ほか訳、東京大学出版会、二〇〇一年）。

同「「礼楽」・「征伐」の再統一――新井白石の将軍権力再構築構想とその挫折の意味するもの」（『季刊日本思想史』三一、一九八八年）。

同「徳川朝幕関係の再編――新井白石の幕府王権論をめぐって――」（『日本思想史学』二七、一九九五年）。

テツオ・ナジタ「懐徳堂のイデオロギー――普遍性・生産・科学――」（櫻井進訳、『思想』七六六、一九八八年）。

同Najita,Tetuo,Visions of virtue in Tokugawa Japan : the Kaitokudō, merchant academy of Osaka,Chicago : University of Chicago Press,1987.『懐徳堂――一八世紀日本の「徳」の諸相――』（子安宣邦訳、岩波書店、一九九二年）。

『日本思想史事典』（ぺりかん社、二〇〇一年）。

野口武彦『江戸の歴史家――歴史という名の毒――』（筑摩書房、一九七九年）。

尾藤正英「水戸学の特質」（『日本思想大系　水戸学』解説論文、今井宇三郎ほか校注、岩波書店、一九七三年）。

同「国家主義の祖型としての徂徠」（『日本の名著　荻生徂徠』解説論文、尾藤正英責任編集、中央公論社、一九七四年）。

同「新井白石の歴史思想」（『日本思想大系　新井白石』解説論文、松村明ほか校注、一九七五年）。

同「尊王攘夷思想」（『岩波講座　日本歴史近世五』所収、岩波書店、一九七七年）。

同「正名論と名分論――南朝正統論の思想的性格をめぐって――」（『近代日本の国家と思想』所収、家永三郎教授東京教育大学退官記念論集刊行委員会編、三省堂、一九七九年）。

日野龍夫『徂徠学派――儒学から文学へ――』（筑摩書房、一九七五年）。

藤田覚『幕末の天皇』（講談社選書メチエ、一九九四年）。

同『近世政治史と天皇』（吉川弘文館、一九九九年）。

藤直幹「中井竹山の日本史研究について」(『国史論集二』所収、京都大学文学部読史会創立五十周年記念会編、京都大学文学部読史会、一九五九年)。

同『武家時代の社会と精神』(創元社、一九六七年)。

Bellah,Robert N.*Tokugawa religion : the values of pre-industrial Japan* ,Glencoe : Free Press : Falcon's Wing Press,1957. R・N・ベラー『徳川時代の宗教』(池田昭訳、岩波文庫、一九九六年)。

本郷隆盛「藤田幽谷「正名論」の歴史的位置――水戸学研究の現在――」(『近世思想史研究の現在』所収、衣笠安喜編、思文閣出版、一九九五年)。

同「新井白石の政治思想と世界像――日本的習俗への挑戦――」(『宮城教育大学紀要』第三一巻第一分冊、一九九六年)。

丸山眞男『日本政治思想史研究』(東京大学出版会、一九五二年)。

同『丸山眞男講義録』第七冊(東京大学出版会、一九九八年)。

宮川康子「『日本外史』のメタヒストリー」(『思想』八七一、一九九七年)。

同「儒教的歴史記述とナショナリズム」(『江戸の思想』一〇、ぺりかん社、一九九九年)。

山本博文「徳川王権の成立と東アジア世界」(『王権のコスモロジー』所収、水林彪ほか編、弘文堂、一九九八年)。

渡辺浩「「泰平」と「皇国」」(『国家と市民』第二巻所収、国家学会百年記念、有斐閣、一九八七年)。

同『東アジアの王権と思想』(東京大学出版会、一九九七年)。

同「「礼」「御武威」「雅び」――徳川政権の儀礼と儒学――」(『国際シンポジウム　公家と武家の比較文明史』所収、笠谷和比古編、思文閣出版、二〇〇五年)。

史料

会沢正志斎『新論』、文政八(一八二五)年成立。『日本思想大系　水戸学』(今井宇三郎ほか校注、岩波書店、一九七三年)所収。

新井白石『国書復号紀事』、正徳二（一七一二）年成立、『新井白石全集』四（国書刊行会、一九〇五年）所収。

同『読史余論』、正徳二（一七一二）年起稿、享保九（一七二四）年成立。『日本思想大系　新井白石』（松村明ほか校注、岩波書店、一九七五年）所収。

猪飼敬所『操觚正名』、寛政七（一七九五）年成立、関儀一郎編『日本儒林叢書』第八巻（鳳出版、一九七一年復刊）所収。

歐陽脩ら撰『新唐書』、臺灣商務印書館、一九六七年。

荻生徂徠「私擬対策鬼神一道」（『徂徠集』巻一七）、元文元（一七三六）年成立、平石直昭編『徂徠集　徂徠集拾遺』（近世儒家文集集成三、ぺりかん社、一九八五年）。

同『弁名』、享保二（一七一七）年頃成立、『日本思想大系　荻生徂徠』（吉川幸次郎ほか校注、岩波書店、一九七三年）。

朱熹『論語集注』、『四書集注』（藝文印書館、一九八〇年）。

中井竹山『逸史』明和七（一七七〇）年草稿成立、『近世儒家資料集成第四巻　中井竹山資料集』（高橋章則編、ぺりかん社、一九八八年）所収。

『草茅危言』、寛政元（一七八九）年成立、滝本誠一編『日本経済叢書』一六（日本経済叢書刊行会、一九一四年）。

同『竹山国字牘』二篇上、「答大室渋井氏第一書」「答大室渋井氏第三書」、（東北大学付属図書館狩野文庫所蔵本）。

菱川秦嶺『逸史問答』、『近世儒家資料集成第四巻　中井竹山資料集』（高橋章則編、ぺりかん社、一九八八年）所収。大阪大学付属図書館懐徳堂文庫所蔵本。

同『正名緒言』、天明八（一七八八）年成立、『日本経済大典』二三（滝本誠一編、鳳文書館、初版一九二八年。再版一九九二年）所収。

藤田幽谷『正名論』、寛政三（一七九一）年成立、『日本思想大系　水戸学』（今井宇三郎ほか校注、岩波書店、一九七三年）所収。

松平定信『花月草紙』、文政元（一八一八）年刊、岩波文庫『花月草紙』（西尾実、松平定光校訂、一九三九年）。

本居宣長『玉かつま』、寛政五（一七九三）年起稿、『本居宣長全集』一（筑摩書房、一九六八年）所収。

第二章

研究書・研究論文

浅野裕一『古代中国の言語哲学』（岩波書店、二〇〇三年）。

梅澤秀夫「称謂と正名」（『日本近世史論叢』下所収、尾藤正英先生還暦記念会編、吉川弘文館、一九八四年）。

加地伸行『中国論理学史研究――経学の基礎的探究――』（研文出版、一九八三年）。

桂島宣弘「国学と後期水戸学――後期水戸学の思想史的考察に向けて――」（『日ノ本学園短期大学研究紀要』一四、一九八六年）。

同「近代天皇制イデオロギーの思想過程――徳川思想及び平田篤胤像の転回を中心に――」（『岩波講座　天皇と王権を考える』四所収、安丸良夫ほか編、岩波書店、二〇〇二年）。

同『増補版　幕末民衆思想の研究――幕末国学と民衆宗教――』、文理閣、二〇〇五年）。

栗原茂幸「藤田東湖の政治思想」（『東京都立大学法学会雑誌』二〇―一、一九七九年）。

黒住真『近世日本社会と儒教』（ぺりかん社、二〇〇三年）。

同『複数性の日本思想』（ぺりかん社、二〇〇六年）

Koschmann,J.V.*The Mito ideology : discourse, reform, and insurrection in late Tokugawa Japan, 1790–1864*,Berkeley : University of California Press,1987.『水戸イデオロギー――徳川後期の言説・改革・叛乱――』（田尻祐一郎、梅森直之訳、ぺりかん社、一九九八年）。

子安宣邦「「天祖」概念の再構築――『新論』と危機の政治神学・その一――」（『現代思想』三一―一〇、二〇〇三年）。

同「祭祀的国家の理念――『新論』と危機の政治神学・その二――」（『現代思想』三一―一一、二〇〇三年）。

同『国家と祭祀――国家神道の現在――』（青土社、二〇〇四年）。

澤井啓一「会沢正志斎の祭政一致論」（『フィロソフィア』六五、一九七七年）。

高山大毅「遅れてきた「古学」者――会沢正志斎の位置――」(『季刊日本思想史』七九、二〇一二年)。

田尻祐一郎「会沢正志斎に於ける礼の構想」(『日本思想史学』一三、一九八〇年)。

辻本雅史『近世教育思想史の研究――日本における「公教育」思想の源流――』(思文閣出版、一九九〇年)。

遠山茂樹『明治維新』(岩波書店、一九五一年)。

橋川文三「水戸学の源流と成立」(『日本の名著　藤田東湖』解説論文、橋川文三責任編集・訳、中央公論社、一九七四年)。

尾藤正英「水戸学の特質」(『日本思想大系　水戸学』解説論文、今井宇三郎ほか校注、岩波書店、一九七三年)。

同「国家主義の祖型としての徂徠」(『日本の名著　荻生徂徠』解説論文、尾藤正英責任編集、中央公論社、一九七四年)。

平石直昭「徂徠学の再構成」(『思想』七六六、一九八八年)。

同「徳川思想史における天と鬼神――前半期儒学を中心に――」(『アジアから考える　第七巻　世界像の形成』所収、溝口雄三ほか編、東京大学出版会、一九九四年)。

本郷隆盛「藤田幽谷「正名論」の歴史的位置――水戸学研究の現在――」(『近世思想史研究の現在』所収、衣笠安喜編、思文閣出版、一九九五年)。

同「幕藩制の動揺と国体イデオロギーの形成――後期水戸学を中心に――」(『民族と国家』所収、歴史学研究会編、青木書店、一九七九年)。

前田勉『近世日本の儒学と兵学』(ぺりかん社、一九九六年)。

丸山眞男『日本政治思想史研究』(東京大学出版会、一九五二年)。

溝口雄三「中国近世の思想世界」(『中国という視座』所収、溝口雄三編、平凡社、一九九五年)。

本山幸彦「後期水戸学の人々」(『江戸の思想家たち』下所収、相良亨ほか編、研究社出版、一九七九年)。

山本博文「徳川王権の成立と東アジア世界」(『王権のコスモロジー』所収、水林彪ほか編弘文堂、一九九八年)。

吉田俊純『水戸学と明治維新』(吉川弘文館、二〇〇三年)。

同「水戸学と伊藤仁斎」(『茨城の思想研究』八、二〇〇八年)。

同『寛政期水戸学の研究――翠軒から幽谷へ』（吉川弘文館、二〇一一年）。

史　料

会沢正志斎『下学邇言』、弘化四（一八四七）年起稿、会沢善発行刊本、一八九二年。

同『退食間話』、天保一三（一八四二）年迄成立、『日本思想大系　水戸学』（今井宇三郎ほか校注、岩波書店、一九七三年）所収。

同『迪彝篇』、天保四（一八三三）年成立、『水戸学大系　会沢正志斎集』（高須芳次郎編、井田書店、一九四一年）所収、時雍館版本（天保十三年序、東北大学付属図書館狩野文庫所蔵）。

同『読直毘霊』、安政五（一八五八）年成立、『日本儒林叢書』四（関儀一郎編、東洋図書刊行会、一九二七年）所収。

豊田天功「道の大原」、『水戸学大系　立原翠軒・豊田天功』（高須芳次郎編、水戸学大系刊行会、一九四一年）所収。

藤田東湖『弘道館記述義』巻上、一八四二年成立、『日本思想大系　水戸学』（今井宇三郎ほか校注、岩波書店、一九七三年）所収。

藤田幽谷「木村子虚に答ふ」、寛政元（一七八九）年成立、『幽谷全集』（菊池謙二郎編、吉田彌平刊、一九三五年）所収。

同『正名論』、寛政三（一七九一）年成立、『日本思想大系　水戸学』（今井宇三郎ほか校注、岩波書店、一九七三年）所収。

本居宣長『直毘霊』、明和八（一七七一）年成立、『本居宣長全集』九（大野晋、大久保正編集校訂、筑摩書房、一九六八年）所収。

第三章

研究書・研究論文

浅井清『明治維新と郡県思想』（巌南堂書店、一九三九年）。

石井紫郎「「封建」制と天皇制」（『法学協会百周年記念論文集』一所収、有斐閣、一九八三年）。

同『日本国制史研究Ⅱ　日本人の国家生活』（東京大学出版会、一九八六年）。

石毛忠「頼山陽の歴史思想」（『防衛大学校紀要』人文・社会科学編、四二、一九八一年）。

同「近世儒教の歴史思想――頼山陽の史論を中心として――」（『季刊日本思想史』一六、一九八一年）。

小沢栄一『近世史学思想史の研究』（吉川弘文館、一九七四年）。

衣笠安喜「頼山陽――山紫水明処を求める心――」『中央公論　歴史と人物』四〇、一九七四年）。

同（『思想史と文化史の間』、ぺりかん社、二〇〇四年）。

木崎好尚「『日本政記』解題」（『頼山陽全書』、頼山陽先生遺蹟顕彰会、一九三一年）。

高橋章則「「上古封建」論と国学――近世史学思想史の一断面――」（『日本思想史研究』一六、一九八四年）。

同「本居宣長の「国造」制論とその思想的意味――宣長学考察の一視点――」（『日本思想史学』一六、一九八四年）。

玉懸博之「頼山陽の歴史思想」（『日本思想史研究』十二、一九八〇年）。

張翔ほか編『「封建」・「郡県」再考――東アジア社会体制論の深層』（思文閣出版、二〇〇六年）。

辻本雅史「幕府の教育政策と民衆」（『新体系日本史　一六　教育社会史』所収、辻本雅史ほか編、山川出版社、二〇〇二年）。

同「学問と教育の発展――「人情」の直視と「日本的内部」の形成――」（『日本の時代史十七　近代の胎動』所収、藤田覚編、吉川弘文館、二〇〇三年）。

中村真一郎『頼山陽とその時代』（中央公論社、一九七六年）。

野口武彦『江戸の歴史家――歴史という名の毒――』（筑摩書房、一九七九年）。

尾藤正英「日本における歴史意識の発展」（『岩波講座　日本歴史』別巻一所収、家永三郎ほか編、一九六三年）。

前田勉「近世日本の封建・郡県論のふたつの論点――日本歴史と世界地理の認識――」（張翔ほか編『「封建」・「郡県」再考――東アジア社会体制論の深層――』所収、思文閣出版、二〇〇六年）。

前田愛『幕末・維新期の文学』（法政大学出版局、一九七二年）。

増淵龍夫「歴史認識における尚古主義と現実批判――日中両国の「封建」・「郡県」論を中心にして――」（林達夫・久野収編

『岩波講座　哲学Ⅳ　歴史の哲学』所収、岩波講座、一九六九年）。

丸山眞男「忠誠と反逆」（『近代日本思想史講座』六所収、小田切秀雄編、筑摩書房、一九六〇年）。

同『忠誠と反逆――転形期日本の精神史的位相――』（ちくま学芸文庫、一九九二年）。

宮川康子「『日本外史』のメタヒストリー」（『思想』八七一、一九九七年）。

百川敬仁「『日本外史』――尊皇思想の史書――吉田松陰との関わりから――」（『国文学解釈と鑑賞』五四―三、一九八九年）。

森田思軒『頼山陽及其時代』（民友社、一八九〇年）。

山路愛山「頼襄を論ず」（『国民之友』、一八九三年。『明治文学全集』第三五巻所収、大久保利謙編、筑摩書房、一九六五年）。

頼惟勤「頼山陽と『日本外史』」（『日本の名著　頼山陽』解説論文、頼惟勤責任編集、中央公論社、一九七二年）。

渡辺浩『近世日本社会と宋学』（東京大学出版会、一九八五年）。

史料

新井白石『読史余論』、正徳二（一七一二）年起稿、享保九（一七二四）年成立。『日本思想大系　新井白石』（松村明ほか校注、岩波書店、一九七五年）所収。

伊藤博文「直話」、小松緑編『伊藤公全集』三（伊藤公全集刊行会、一九二七年）。

荻生徂徠『徂徠先生答問書』、『荻生徂徠全集』一（みすず書房、一九七三年）所収。

同『弁道』、享保二（一七一七）成立、『日本思想大系　荻生徂徠』（吉川幸次郎ほか校注、岩波書店、一九七三年）所収。

同『弁名』、享保二（一七一七）年頃成立、『日本思想大系　荻生徂徠』（吉川幸次郎ほか校注、岩波書店、一九七三年）所収。

北畠親房『神皇正統記』、暦応二・延元四（一三三九）年成立、『日本古典文学大系　神皇正統記・増鏡』、岩佐正校ほか注、岩波書店、一九六五年）所収。

馬端臨『文獻通考』、『文献通考』（上海師範大学古籍研究所、華東師範大学古籍研究所点校、北京、中華書局、二〇一一年）。

山鹿素行『中朝事実』、寛文九（一六六九）年成立、『山鹿語類』、寛文五（一六六五）年成立、『山鹿素行全集』四～一〇（広瀬豊編、岩波書店、一九四〇年）所収。

頼山陽『通議』、弘化四（一八四七）年刊、『頼山陽全書』全集（中）（木崎好尚、頼成一編、国書刊行会、一九八三年）所収。

『日本外史』、一八二六（文政九）年成立、『頼山陽全書』全集（上）（木崎好尚、頼成一編、国書刊行会、一九八三年）所収。

同『日本政記』、一八三〇（天保元）年頃成立、『日本思想大系　頼山陽』（植手通有校注、岩波書店、一九七七年）所収。

同「『保建大記を読む』」、享和三（一八〇三）年成立、『頼山陽全書』文集（木崎好尚、頼成一編、国書刊行会、一九八三年）所収。

結論

研究書・研究論文

大桑斉「徳川将軍権力と宗教」（『岩波講座　天皇と王権を考える』四、網野善彦ほか編、岩波書店、二〇〇二年）所収。

桂島宣弘「近代天皇制イデオロギーの思想過程——徳川思想及び平田篤胤像の転回を中心に——」（『岩波講座　天皇と王権を考える』四、安丸良夫ほか編、岩波書店、二〇〇二年）所収。

同『増補版　幕末民衆思想の研究——幕末国学と民衆宗教——』（文理閣、二〇〇五年）。

金子修一『古代中国と皇帝祭祀』（汲古書院、二〇〇一年）。

桐原健真「吉田松陰における「忠誠」の転向——幕末維新期における「家国」秩序の超克——」（『日本思想史研究』三三、二〇〇一年）。

阪本是丸『明治維新と国学者』（大明堂、一九九三年）。

同『国家神道形成過程の研究』（岩波書店、一九九四年）。

佐々木毅『政治学講義』（東京大学出版会、一九九九年）。

妹尾達彦「帝国の宇宙論——中華帝国の祭天儀礼——」（『王権のコスモロジー』、水林彪ほか編、弘文堂、一九九八年）所収。

曽根原理「徳川王権論と神格化問題」（『歴史評論』六二九、二〇〇二年）。

高木昭作「「惣無事」令について」(『歴史学研究　別冊』五四七、一九八五年)。

同「幕藩体制と役」(『日本の社会史』三所収、朝尾直弘ほか編、岩波書店、一九八七年)。

玉懸博之「幕末における『宗教』と『歴史』」(『東北大学文学部研究年報』三一、一九八二年)。

D'Entrèves.A.P.*Natural law: an introduction to legal philosophy*.London : Hutchinson.1951.『自然法』(久保正幡訳、岩波モダンクラシックス、二〇〇六年)。

東島誠「近世における大政委任論の形成過程——近代天皇制国家創出の論理形成——」(『王と公——天皇の日本史——』所収、鈴木正幸編、柏書房、一九九八年)。

深谷克己『近世の国家・社会と天皇』(校倉書房、一九九一年)。

藤田覚『近世政治史と天皇』(吉川弘文館、一九九九年)。

Pocock, John G. A."Ritual,Language,Power:An Essay on the Apparent Political Meanings of Anciet Chinese Philosophy" in Politics,Language,and time:Essays on political Thought and History,TheUniversity of Chicago Press,1989).「儀礼、言語、権力——古代中国哲学の明らかに政治的な意味について——」(中島隆博訳、『中国哲学研究』七、一九九三年)。

前田勉「呪術師玉木正英と現人神」(『日本文化論叢』三、一九九五年)。

同『近世神道と国学』(ぺりかん社、二〇〇二年)。

Max,Weber. *Soziologie der Herrschaft,4.Aufl.*.1956.『支配の社会学』一(世良晃志郎訳、創文社、一九六〇年)。

丸山眞男「忠誠と反逆」(『近代日本思想史講座』六所収、小田切秀雄編、筑摩書房、一九六〇年)。

同『忠誠と反逆——転形期日本の精神史的位相——』(ちくま学芸文庫、一九九二年)。

李沢厚『中国の伝統美学』(興膳宏ほか訳、平凡社、一九九五年)。

人名索引

（中国・朝鮮の人名は日本語の音読みにしたがって配列）

ア　行

会沢正志斎　204–217, 242–243, 254–256
相原耕作　193
秋元喬朝　134
浅井清　229, 246
安積澹泊　217
浅野裕一　190, 217
浅見絅斎　147–148, 160
朝尾直弘　8, 23, 102, 157
足利義昭　182
足利義満　89, 180
雨森芳洲　76, 85, 86, 96
新井白石　16–17, 33–41, 62–64, 95–98, 118–126, 150–154, 253–258
荒野泰典　77
飯塚重威　130
猪飼敬所　167, 172, 217
池内敏　21, 22, 78
池田光政　46
石井紫郎　127, 159, 193, 246
石井良助　4, 8, 21
石川謙　157
石毛忠　71, 100, 126, 225
石田一良　126
石田雄　28
伊藤仁斎　11, 211–213
伊藤博文　227
石母田正　8
市兵衛　160
伊兵衛　133
井上哲次郎　154
今谷明　24
入江宏　158
尹趾完　4
上田万年　76
植手通有　223
M・ウェーバー（Max Weber）　245, 258
上山春平　67
梅澤秀夫　170, 219
江木鰐水　244
N・エリアス（Norbert Elias）　257
欧陽脩　191
王陽明　112
大国隆正　216, 255
大久保忠教　144
大桑斉　257
大島明秀　21
大塚蒼梧（大塚嘉樹，橘嘉樹）　5
H・オームス（Herman Ooms）　11
尾形利雄　157
小川朝子　129
荻生徂徠　13, 40, 171, 209–210, 228–229
小沢栄一　100, 127–128, 246

織田信長　57-58

カ　行

海保青陵　32
加賀美桜塢　130
笠谷和比古　158
加地伸行　45, 67, 190, 217
片岡龍　66
勝田勝年　100
桂島宣弘　216, 219, 260
加藤周一　33, 46
紙屋敦之　78
川口浩　127
閑院宮家　63
顔師古　228
神田喜一郎　28, 191
祇園南海　35
北島正元　8
衣笠安喜　127, 246
木崎好尚　244
丘濬　46
桐原健真　260
愚堂東寔　71
久保貴子　9
久保亨　82
熊沢蕃山　107-114, 257
倉地克直　127, 157
栗田元次　41, 77, 134
栗原茂幸 218
栗原孝　69
栗山潜峰　217, 243
黒川真道　127
黒住真　11, 24, 26, 222
桑原隲藏　159, 193
桑原武夫　33
権尚游　88
ケンペル（Engelbert Kaempfer）4
小池喜明　135, 157
興膳宏　262
小島毅　130
J・ヴィクター・コシュマン（J. Victor Koschmann）189, 220
近衛家熙　85, 102
小林宏　134
小松綠　246
五味釜川　130
子安宣邦　14, 68, 223
近藤萌美　69

サ　行

蔡元定　114
祭仲　136
斎藤次郎兵衛　160
阪本是丸　260
相良亨　15
佐久間正　127
佐久間洞巌　36
櫻井進　26
佐々木潤之介　8
佐々木毅　262
佐藤仁　70
佐藤直方　49, 160
澤井啓一　67, 221
滋賀秀三　158

志筑忠雄　20
司馬光　191
島田虔次　156
朱熹　112, 129, 191
粛宗　4
カール・シュミット（Carl Schmitt）
226, 245
鐘始聲　42
章望之　191
諸葛元明　186
四郎兵衛　133
甚五兵衛　133
申叔舟　87
妹尾達彦　261
瀬賀正博　134
曹元首　228
宗義成　100
蘇軾　191
蘇東坡　228
曽根原理　21, 257

タ　行

高木昭作　9, 256
高須芳次郎　220
高田衛　70
高野澄　130
高埜利彦　9, 130
高橋章則　170, 179, 182, 246
高山大毅　224
太宰春台　76
田尻祐一郎　220
田代和生　100
田代陣基　148
田中健夫　100
田原嗣郎　13
玉懸博之　70, 100, 126, 130, 225, 260
玉木正英　261
張翔　246
趙泰億　98
陳淳　53
塚本学　157
辻本雅史　189, 199, 249, 251
土田健次郎　28, 73, 191
程伊川　129
鄭伯　136
陶淵明　117
時野谷滋　134
徳川家継　61
徳川家綱　59
徳川家斉　165
徳川家宣　60–62
徳川家康　90, 121, 176
徳川忠長　61
徳川綱吉　59, 120, 146
徳川吉通　61
徳富蘇峰　66
ロナルド・トビ（Ronald Toby）　86
友枝龍太郎　46
豊田天功　216
豊臣家　63
豊臣秀吉　89, 174–176, 236

ナ　行

内藤湖南　28, 191

内藤耻叟　76
ケイト・W・ナカイ（Kate Wildman Nakai）　42–44, 77, 82–83, 151, 177
中井竹山　97, 167–168, 173–180, 200
中川学　22
中島隆博　262
中田喜万　42, 66, 89
中村真一郎　244
中村安宏　28
テツオ・ナジタ（Tetsuo Najita）　195
西順蔵　28, 191
西村慎太郎　130
西山松之助　129
任守幹　87, 98
野口武彦　131, 188, 226
野村玄　10

ハ　行

橋川文三　220
橋本政宣　9
橋本雄　102
服部之総　8
服部南郭　172
羽仁五郎　8, 33
林鳳岡　134, 137, 140–145, 160
原昭午　8
原念斎　66
東島誠　260
東より子　14, 27
菱川秦嶺　167–168, 180–184, 217
尾藤二洲　167, 217
尾藤正英　11–13, 148, 166, 168–170
日野龍夫　193
平石直昭　11, 72, 210
平田篤胤　223
閔徳基　78, 102
広瀬淡窓　32
M・フーコー（Michel Foucault）　24
深谷克己　8, 102, 256
福澤諭吉　4, 100
藤井讓治　9
藤田覚　9, 76, 188, 　255, 260
藤田東湖　202–203, 217
藤田幽谷　　6, 16, 167, 185–188, 200–202, 217
藤直幹　195
J・G・フレーザー（James George Frazer）　256
M・ブロッグ（Marc Bloch）　256
A・ベッグ（August Boeckh）　14
R・N・ベラー（Robert N Bellah）　159, 193
J・G・A・ポーコック（John Greville Agard Pocock）　262
穂積陳重　134
堀新　5, 22, 93
本郷隆盛　102, 132, 159, 194, 199, 217

マ　行

前田愛　244
前田勉　11, 26, 221, 229, 261
増淵龍夫　228
I・J・マックマレン（Ian James MacMullen）　152, 159

松平定信　97, 165, 255
松本三之介　14
丸山眞男　5, 11-13, 18, 33, 142, 166, 205, 242
K・マンハイム（Karl Mannheim）　14
三浦国雄　70
三浦周行　77
三坂春編　71
水林彪　9, 23
溝口雄三　130, 156
源頼朝　92, 121
源了圓　33, 127
宮川康子　195, 244
三宅観瀾　104, 217
三宅尚斎　49, 160
三宅英利　21, 102
三宅正彦　152, 159
宮崎市定　143
宮崎道生　41-42, 68, 77, 127-128, 134
宮沢誠一　10
宮地正人　8
村岡典嗣　14, 44
室鳩巣　34, 160
本居宣長　11, 13-16, 190, 207
本山幸彦　199
百川敬仁　244
森田思軒　225
森田節斎　244
諸橋轍次　28, 82, 191

ヤ　行

八木正一　128
山岡元隣　48
山鹿素行　160, 228, 255
山県大弐　115-118, 257
山片蟠桃　47
山口繁　155
山路愛山　76, 225
山本常朝　148
山本眞功　126
山本博文　5, 22, 165, 217
柳川調興　100
湯浅常山　159, 172
藪嗣章　114
結城秀康　61
雍姞　136
雍糾　136
吉田松陰　244, 255
吉田俊純　223
吉田昌彦　29

ラ　行

頼山陽　18, 167, 217, 225-243, 254-255
頼惟勤　244
陸士衡　228
李沢厚　257
李百薬　228
李邦彦　87, 98
劉敞　228
柳宗元　226, 228

ワ　行

渡辺浩　11, 21, 22, 98, 101, 130, 131, 156,

194, 246
渡邉義浩　21
和辻哲郎　127

事項索引

ア　行

新井白石への評価　33-34
逸史（中井竹山）　174-176
逸史問答（菱川秦嶺問・中井竹山答）　182-184
イデオロギーとユートピア（K・マンハイム）　14
易経小解（熊沢蕃山）　112
王権　7
王権の正統性 18-20
王権論研究　256-257
王覇の別　19
王の二つの身体（E・カントーロビッチ）　256
岡山藩神職請　46
折たく柴の記（新井白石）　134-140

カ　行

海東諸国紀（申叔舟）　88
下学邇言（会沢正志斎）　204, 208-209
学問の党派性（新井白石）　39
活物的世界観（会沢正志斎）　212-213
閑院宮家創設（新井白石）　63, 72
咸宜園　32
鬼神論（新井白石）　48
奇跡をおこなう王（M・ブロック）　256
宮廷生活（N・エリアス）　257
共主（新井白石）　89
キリシタン（新井白石）　58
『儀礼』喪服伝斬衰条　138-139
儀礼による統治（J・G・A・ポーコック）　259
琴学発揮（山県大弐）　117-118
金枝篇（J・G・フレーザー）　256
近世日本儒教の宗教性（新井白石）　45-46
禁中並公家諸法度　5, 88, 94
君臣の大義（新井白石）　135
稽古談（海保青陵）　32
慶長公家諸法度註釈（大塚蒼梧）　5
源語外伝（熊沢蕃山）　109
兼山麗澤秘策（室鳩巣）　34
現代政治の思想と行動（丸山眞男）　12
孝経外伝或問（熊沢蕃山）　114
孔子の学への尊信（新井白石）　40
弘道館記述義（藤田東湖）　202-203
拘幽操師説（浅見絅斎）　147
国王称号論（雨森芳洲）　87
国王復号説（新井白石）　80-91, 61
国書復号紀事（新井白石）172
古今百物語評判（山岡元隣）　48

サ　行

祭祀考（新井白石）　49

祭政一致論（会沢正志斎）　210
坐間筆語（新井白石）　83, 123
叫ばれる正名　167–168
支配の社会学（M・ウェーバー）　258
朱子語類（黎靖徳編）　129
殊号事略（新井白石）　81, 86, 186
集義外書（熊沢蕃山）　108–109, 113–114
集義和書　（熊沢蕃山）　107, 110–112
朱子学における「自然的秩序観」（丸山眞男）　205
儒林評（広瀬淡窓）　32
称謂　170
春秋公羊伝　18
将軍家御心得十五箇条　165
将軍職後継問題　59
将軍伝私議（三宅観瀾）　105
将軍と天皇（二人の君主）　3–5
心学五倫書　105
仁斎学　212–213
進呈之案（新井白石）　100
新唐書（欧陽脩ら）　192
神皇正統記（北畠親房）　251
新論（会沢正志斎）　17, 206, 211, 214–215
政事の構造（丸山眞男）　5
摂政号（藤田幽谷）　186, 201
制（頼山陽）　226–227, 233–237
正名　6, 16–17, 90
正名緒言（菱川秦嶺）　181
正名論（藤田幽谷）185–188, 201
正名論・名分論　168–170
西洋事情（福澤諭吉）　100
前王朝に対する処遇　57
爪翼説（頼山陽）　248
操觚正名（猪飼敬所）　172
草茅危言（中井竹山）　176
続善隣国宝記（久保亨）　82
徂徠先生答問書（荻生徂徠）　229
孫武兵法択（新井白石）　131

タ　行

『大学』の三綱領（新井白石）　39
退食間話（会沢正志斎）　206
大政委任論　76, 98, 165
玉かつま（本居宣長）　190
竹山国字牘（中井竹山）　97, 173, 176–178
忠孝　146–147, 152–153
中国における封建・郡県論争　228
中国の伝統美学（李沢厚）　257
中朝事実（山鹿素行）　228
中庸小解（熊沢蕃山）　111
朝鮮国信書の式の事（新井白石）　80
通議（頼山陽）　226
迪彝篇（会沢正志斎）　205, 207
天下の権（新井白石）　89
天皇制　8–10
天命説　105–106
東雅（新井白石）　144
東槎録（任守幹・李邦彦）　87
東照宮御遺訓　106–107
東照宮信仰　4
読史余論（新井白石）　89–90, 124, 174, 180

読直毘霊（会沢正志斎） 208

ナ 行

直毘霊（本居宣長） 207
鳴物停止 5
二程全書（程明道・程伊川） 129
日本外史（頼山陽） 226, 231, 233–234, 240
日本誌（ケンペル） 4
日本政記（頼山陽） 230–232, 235, 236–239, 242
日本政治思想史研究（丸山眞男） 11–13
日本封建思想史研究（尾藤正英） 11–13

ハ 行

廃藩置県の決定（伊藤博文） 227
葉隠（山本常朝） 148
白石先生学訓（佐久間洞巌宛書簡） 36
伯有 55
覇（伯）者 175
父子天合・君臣義合 142–143, 153
風俗通義（應劭） 19
武家官位装束考（新井白石） 83, 91–93, 120–123
武家勲階制（新井白石） 91–94
文会雑記（湯浅常山） 172
文公家礼（朱熹） 46
文公家礼儀節（丘濬）46
文明論之概略（福澤諭吉） 4
弁道（荻生徂徠） 209, 237
弁名（荻生徂徠） 213, 237
保建大記（栗山潜鋒） 243
鳳岡林先生全集 146
法窓夜話（穂積陳重） 134
北渓字義（陳淳） 53

マ 行

民心重視と正統論 242–243
三河物語（大久保忠教） 144
明律国字解（荻生徂徠） 141
無責任の体系（丸山眞男） 5
明治維新と郡県思想（浅井清） 229
名実一致論（新井白石） 90, 94
名実乖離論（頼山陽）237–241

ヤ 行

山鹿語類（山鹿素行） 228

ラ 行

蘭学 213
「理」「勢」（頼山陽） 225
律呂新書（蔡元定） 114
柳子新論（山県大弐） 116
両朝平攘録（諸葛元明） 186
礼楽百年制定論（新井白石） 121–123
厲鬼（新井白石） 52–57
論語集注（朱熹） 192
『論語』巻八季氏篇 82

著者紹介

大川　真（おおかわ　まこと）

1974年　群馬県生まれ。
1993年　群馬県立沼田高等学校卒業
1998年　東北大学文学部卒業
2000年　東北大学大学院文学研究科博士課程前期修了（修士（文学））
2008年　東北大学大学院文学研究科博士課程後期修了（博士（文学））
　　　　東北大学大学院文学研究科助教（～2011年3月）。
現　在　吉野作造記念館副館長。国際日本文化研究センター共同研究員、
　　　　山形県立米沢女子短期大学非常勤講師を兼任。

主要論文
「新井白石の鬼神論再考」（『日本歴史』674号、2004年）、「伊兵衛殺人事件考――新井白石の君臣観――」（『日本史研究』524号、2006年）、「後期水戸学における思想的転回――会沢正志斎の思想を中心に――」（『日本思想史学』39号、2007年）、「消失しない霊魂――江戸精神史の一側面――」（『季刊日本思想史』78号、2011年）など。

近世王権論《きんせいおうけんろん》と「正名《せいめい》」の転回史《てんかいし》

2012年10月18日　第1版第1刷発行

著　者　大　川　　真
発行者　橋　本　盛　作

〒113-0033 東京都文京区本郷5-30-20
発行所　株式会社　御茶の水書房
電　話　03-5684-0751
FAX　03-5684-0753

Printed in Japan

印刷・製本　シナノ印刷㈱

ISBN 978-4-275-00992-0　C3021